Günther Schmitz
Zivilrechtliche Musterklausuren für die Assessorprüfung

Zivilrechtliche Musterklausuren für die Assessorprüfung

von

Dr. Günther Schmitz

Richter am Bayerischen Obersten Landesgericht

unter Mitarbeit von

Dr. Bernd-Peter Gerhardt

Richter am Oberlandesgericht München

2., überarbeitete und erweiterte Auflage

C. H. Beck'sche Verlagsbuchhandlung
München 1994

Die Deutsche Bibliothek – CIP-Einheitsaufnahme

Schmitz, Günther:
Zivilrechtliche Musterklausuren für die Assessorprüfung / von
Günther Schmitz. Unter Mitarb. von Bernd-Peter Gerhardt. –
2., überarb. und erw. Aufl. – München : Beck, 1994
    ISBN 3 406 37955 9

ISBN 3406 37955 9
Satz und Druck: Druckerei Appl, Wemding
Gedruckt auf säurefreiem Papier, hergestellt aus chlorfrei gebleichtem Zellstoff.

Vorwort zur 2. Auflage

Die Überarbeitung der Neuauflage berücksichtigt das zwischenzeitlich in Kraft getretene Rechtspflege-Entlastungsgesetz. An verschiedenen Stellen mußten die Lösungsvorschläge der Entwicklung von Rechtsprechung und Literatur angepaßt werden. Wegen der zunehmenden Bedeutung von Familien- und Erbrecht in der Referendarausbildung wurde diesen beiden Rechtsgebieten je eine weitere Musterklausur gewidmet.

Der Band enthält nunmehr zwölf ausgewählte Examensklausuren, wobei jede Aufgabe neben einem materiell-rechtlichen Thema auch Probleme des Zivilprozeßrechts und der Freiwilligen Gerichtsbarkeit erörtert.

Es handelt sich überwiegend um Originalarbeiten, die auf Vorschlag des Verfassers im Bayerischen Staatsexamen gestellt worden sind. Neben einer ausführlichen Musterlösung finden sich in den Fußnoten zahlreiche Hinweise zur Methodik der Fallbearbeitung sowie Hinweise auf typische Fehler, die dem Verfasser bei der Korrektur dieser Examensaufgaben aufgefallen sind. Es ist daher unerläßlich, neben der eigentlichen Musterlösung diese Fußnoten sorgfältig durchzuarbeiten.

Der Verfasser war acht Jahre hauptamtlicher Arbeitsgemeinschaftsleiter für Rechtsreferendare und dreizehn Jahre als Prüfer im Bayerischen Staatsexamen tätig. Seine langjährigen Erfahrungen als Ausbilder und Prüfer sind in diese Neuerscheinung eingeflossen.

Die familienrechtlichen Klausuren wurden von Herrn Dr. Gerhardt bearbeitet, der seit Jahren Familienrecht in der Referendarausbildung unterrichtet.

München, im September 1993   Autor und Verlag

Inhaltsverzeichnis

1. KLAUSUR: Campingfreuden

Aktenauszug

Klaus Tüchtig   München, d. 2. 11. 1992
Rechtsanwalt
Nibelungenstraße 25
80107 München

> Amtsgericht München
> Eingang: 4. 11. 1992

An das
Amtsgericht München
– Streitgericht –

Klage

In Sachen
Kling Michael, Kaufmann,[1] Residenzstraße 5, 82233 Traunstein

Kläger,

vertreten durch den Unterfertigten

gegen

Beck Ernst, Angestellter, Aichacher Straße 21, 80109 München,

Beklagter,

wegen Forderung.

Namens und im Auftrag des Klägers erhebe ich Klage zum Amtsgericht München. In der mündlichen Verhandlung werde ich beantragen:
1. Der Beklagte wird verurteilt an den Kläger 800 DM zu bezahlen.
2. Der Beklagte wird verurteilt, an den Kläger das gebrauchte 4-Mann-Zelt, Marke Supertend, Fabrik-Nr. 171213 herauszugeben.
3. Der Beklagte trägt die Kosten des Rechtsstreits.[2]
4. Das Urteil ist vorläufig vollstreckbar.[2]

---

[1] Kling könnte auch unter seiner Firma klagen (§ 17 II HGB). Vgl. zu dieser Möglichkeit Deubner, JuS 1979, 357 Erl. 3; Müller, JuS 1981, 448.
[2] Die Anträge hinsichtlich der Kosten und der vorläufigen Vollstreckbarkeit sind an sich überflüssig, da das Gericht darüber von Amts wegen zu entscheiden hat (vgl. §§ 308 II, 708, 709 ZPO). Dennoch finden sich in der Praxis diesbezügliche Anträge in der Regel in den Schriftsätzen der Anwälte.

Begründung:

Der Kläger ist Inhaber der Firma Elektro-Blitz in der Residenzstraße in Traunstein.

1. Am 30. 5. 1992 kaufte der Beklagte beim Kläger ein großes, schwer transportierbares Grillgerät zum Preis von 800 DM. Da der Beklagte zu dieser Zeit seine Ferien in einem Zelt am Ufer des Warmsees verbrachte, verpflichtete sich der Kläger, das Gerät dorthin zu liefern und dort aufzustellen. Am 1. 6. 1992 ließ der Kläger den Grill durch seinen Angestellten Gustav Artig ausliefern. Da sich der Beklagte bis heute grundlos geweigert hat, den Kaufpreis für das Grillgerät zu begleichen, ist Klage geboten.

2. Auf dem öffentlichen Ufergelände des Warmsees war zwar kein Campingplatz eingerichtet, doch wurde das Aufstellen von Zelten von der örtlichen Gemeinde stillschweigend geduldet. Dort hatte ein Zeltnachbar des Beklagten, ein gewisser Franz Eigen, sein Zelt aufgebaut. Dieser entschloß sich nach Ende seines Urlaubs, sein Zelt möglichst rasch loszuwerden. Am 20. 7. 1992 beauftragte und bevollmächtigte er Georg Langsam, einen Händler für gebrauchte Campingartikel, das Zelt zu veräußern. Da Langsam längere Zeit keinen Käufer fand und das Zelt nach wie vor am Warmsee stand, bat Eigen seinen Freund Hans Hurtig, sich unter der Hand nach Käufern umzusehen.

Am 20. 9. 1992 veräußerte Hurtig dem Kläger das Zelt vorbehaltlich der Genehmigung des Eigen und gestattete ihm dieses am Warmsee selbst abzubrechen. Noch am gleichen Tag holte Hurtig bei Eigen telefonisch dessen Genehmigung für die erfolgte Veräußerung ein. Als der Kläger am 22. 9. 1992 das Zelt abholen wollte, fand er es nicht mehr vor. Wie seine Nachforschungen ergaben, hatte der Beklagte das Zelt am 21. 9. 1992 eigenmächtig abgebaut und abtransportiert. Der Wert des Zeltes beträgt 1200 DM.

Es versteht sich von selbst, daß der Beklagte verpflichtet ist, an den Kläger das Zelt herauszugeben, da allein dieser rechtmäßiger Eigentümer der Sache ist. Da der Beklagte dazu nicht freiwillig bereit ist, ist auch in diesem Punkt Klage geboten. Um die baldige Anberaumung eines frühen ersten Termins wird gebeten.

Klaus Tüchtig
Rechtsanwalt

Az.: 6 C 2005/92   München, 6. 11. 1992

Verfügung:

1. Früher erster Termin[3] zur mündlichen Verhandlung wird bestimmt auf Montag, den 4. 12. 1992, 8.30 Uhr, Sitzungssaal 8.
2. An Beklagten zustellen
   a) Klageschrift[4]
   b) Ladung zum Termin gem. Ziff. 1 mit der Aufforderung, etwa vorzubringende Verteidigungsmittel unverzüglich schriftlich mitzuteilen.[5]
3. An Klägervertreter formlos Ladung gem. Ziff. 1.
4. WV. m. E. spätestens zum Termin.

Dr. Fleißig
Richter am Amtsgericht

Ernst Beck   München, d. 15. 11. 1992
Angestellter   Aichacher Straße 21

> Amtsgericht München
> Eingang: 16. 11. 1992

An das
Amtsgericht München
– Az.: 6 C 2005/92 –

Sehr geehrte Herren!

Ich bestätige den Eingang der mir am 10. 11. 1992 zugegangenen[6] Klageschrift und beantrage, die Klage in vollem Umfang abzuweisen.

1. Ich wüßte nicht, weshalb ich Herrn Kling auch nur einen Pfennig bezahlen sollte. Außergerichtlich habe ich ihm und seinem Rechtsanwalt schon mehrfach geschrieben, daß ich ihm nichts schulde. Es ist zwar richtig, daß ich am 30. 5. 1992 beim Kläger ein Grillgerät zum Preis von 800 DM gekauft habe. Zutreffend ist auch, daß der Kläger dieses Gerät durch seinen Angestellten Artig am 1. 6. 1992 ausliefern ließ. Im übrigen verschweigt der Kläger jedoch wesentliche Fakten:

Beim Verladen entglitt dem Angestellten Artig das originalver-

---

[3] Das Gericht hat grundsätzlich die Wahl, frühen ersten Termin zu bestimmen oder das schriftliche Vorverfahren anzuordnen (§ 272 II ZPO).

[4] Erst mit der Zustellung der Klageschrift gem. § 271 I ZPO tritt die Rechtshängigkeit ein (§ 261 I ZPO). Zu den prozessualen und materiell-rechtlichen Folgen der Rechtshängigkeit vgl. Schmitz, JuS 1977, 35.

[5] Vgl. §§ 274, 275 I 2 ZPO.

[6] Vgl. oben Fußnote 4.

packte Grillgerät. Dessen ungeachtet stellte Artig das Gerät am Zeltplatz auf, ohne es auf seine Funktionsfähigkeit oder auf etwaige
Beschädigungen zu überprüfen. Als meine Frau, Emma Beck, noch
am gleichen Abend den Grill zum erstenmal benutzen wollte, entstand eine plötzliche Stichflamme, die auf eine beim unvorsichtigen
Verladen aufgetretene Beschädigung des Geräts zurückzuführen war.
Aufgrund des Vorfalls war die Sache völlig unbrauchbar geworden.
Zu allem Unglück erlitt meine Frau durch das geschilderte Ereignis
erhebliche Brandverletzungen an beiden Unterarmen.

Ihr neues Sommerkleid, das sie wenige Tage vorher für 300 DM
gekauft hatte, war teilweise verkohlt, so daß es nicht mehr getragen
werden konnte. Ich mußte die angefallenen Arztkosten in Höhe von
700 DM vorstrecken und meiner Frau ein neues Sommerkleid für
300 DM kaufen. Bei dieser Sachlage bin ich nicht bereit auch nur
eine Mark zu bezahlen. Die Kaufpreisforderung ist von selbst erloschen, da das Grillgerät zerstört ist. Im übrigen verweigere ich jede
Zahlung, da der Grill unbrauchbar ist. Ich behalte mir ferner vor,
Schadensersatzansprüche gegen den Kläger geltend zu machen.

2. Auch zur Herausgabe des Zeltes bin ich nicht verpflichtet. Erneut
muß darauf hingewiesen werden, daß der Sachvortrag des Klägers
nicht vollständig ist. Es ist zwar richtig, daß der von Eigen beauftragte
Händler Langsam längere Zeit keinen Käufer fand und Eigen daher
durch seinen Freund Hurtig am 20. 9. 1992 dem Kläger das Zelt veräußern ließ und dieses Geschäft telefonisch genehmigte. Maßgeblich
ist jedoch, daß am 20. 9. 1992 keine Übergabe der Sache stattfand, da
der Kläger die Sache erst am 22. 9. 1992 abholen wollte. Inzwischen
hatte nämlich Langsam am 21. 9. 1992 das Zelt an mich veräußert und
mir gestattet, dieses noch am gleichen Tag abzubauen und abzutransportieren. Da somit bereits am 21. 9. 1992 das Eigentum am Zelt auf
mich übergegangen war, konnte der Kläger am 22. 9. 1992 das Eigentum an der Sache nicht mehr erwerben. Aus diesem Grunde steht das
Zelt allein mir zu.

Hochachtungsvoll!
Ernst Beck

Verfügung:
1. Abschrift von Beklagtenerwiderung formlos an Klägervertreter.
2. WV. m. E. spätestens zum Termin.

Dr. Fleißig
Richter am Amtsgericht

Amtsgericht München
Az. 6 C 2005/92

Auszug aus der Niederschrift aufgenommen in der
Öffentlichen Sitzung vom 4. 12. 1992

Bei Aufruf der Sache erschien:
Für die Klagepartei: Rechtsanwalt Tüchtig,
für die beklagte Partei: niemand.
Es wird festgestellt, daß der Beklagte zum heutigen Termin am 10. 11. 1992
geladen wurde, jedoch nicht erschienen ist.
Der Klägervertreter beantragte um 9.35 Uhr Versäumnisurteil.[7]
Das Gericht verkündet hierauf folgendes

Versäumnisurteil:

1. Der Beklagte wird verurteilt, an den Kläger 800 DM zu bezahlen.
2. Der Beklagte wird verurteilt an den Kläger das gebrauchte 4-Mann-Zelt,
   Marke Supertend, Fabrik-Nr. 171213 herauszugeben.
3. Der Beklagte trägt die Kosten des Rechtsstreits.
4. Das Urteil ist vorläufig vollstreckbar.[8]

Dr. Fleißig   Huber
Richter am Amtsgericht   Justizangestellte

Heinrich Schlau   München, d. 20. 12. 1992
Rechtsanwalt   Moosacher Straße 30

> Amtsgericht München
> Eingang: 22. 12. 1992

An das
Amtsgericht München
– Streitgericht –
Az.: 6 C 2005/92

In dem Rechtsstreit Kling ./. Beck wegen Forderung hat mich der
Beklagte mit seiner Vertretung beauftragt.

In seinem Namen und Auftrag lege ich hiermit gegen das am

---

[7] Ein Versäumnisurteil ergeht grundsätzlich nur auf Antrag der erschienenen
Partei, niemals von Amts wegen (vgl. §§ 330, 331 I ZPO).
[8] Versäumnisurteile sind gem. § 708 Nr. 2 ZPO ohne Sicherheitsleistung für
vorläufig vollstreckbar zu erklären.

16. 12. 1992[9] zugestellte Versäumnisurteil Einspruch ein und beantrage seine Aufhebung sowie Klageabweisung.
  Gleichzeitig erhebe ich Widerklage mit dem Antrag:
  Der Kläger wird verurteilt, an die Ehefrau des Beklagten, Emma
  Beck, 1000 DM zu bezahlen.
  1. Das Versäumnisurteil muß aufgehoben werden, weil der Kläger
vom Beklagten weder 800 DM Kaufpreis noch Herausgabe des Zeltes
verlangen kann. Um Wiederholungen zu vermeiden, mache ich das
gesamte Vorbringen aus der Klageerwiderung vom 15. 11. 1992 zum
Gegenstand meines Sachvortrages.
  2. Wie der Beklagte in seiner Klageerwiderungsschrift bereits
angekündigt hat, werden nunmehr im Wege der Widerklage Schadensersatzansprüche gegenüber dem Kläger geltend gemacht. Auch
insoweit darf ich auf den bisherigen Vortrag meines Mandanten
Bezug nehmen. Es versteht sich von selbst, daß der Kläger für den
von seinem Angestellten schuldhaft verursachten Schaden einstehen
muß. Die Ehefrau des Beklagten hat ihren Mann ermächtigt, die ihr
gegen den Kläger zustehenden Schadensersatzansprüche im eigenen
Namen gerichtlich zu verfolgen.

Heinrich Schlau
Rechtsanwalt

  Terminsbestimmung vom 22. 12. 1992 auf 20. 1. 1993, die beiden
Parteivertretern am 5. 1. 1993 zugestellt wird. – Klägervertreter erhält
außerdem Abschrift der Einspruchsschrift und Mitteilung durch das
Gericht, daß das Versäumnisurteil vom 4. 12. 1992 am 16. 12. 1992
zugestellt und am 22. 12. 1992 Einspruch eingelegt wurde.[10]

Klaus Tüchtig   München, d. 7. 1. 1993
Rechtsanwalt

Amtsgericht München Eingang: 7. 1. 1993

---

  [9] Dieses Datum ist von Bedeutung, weil die Einspruchsfrist erst ab Zustellung
des Versäumnisurteils zu laufen beginnt (§ 339 ZPO).
  [10] Vgl. dazu § 340 a ZPO.

An das
Amtsgericht München
– Streitgericht –

In Sachen Kling ./. Beck, Az.: 6 C 2005/92
 beantrage ich, das Versäumnisurteil vom 4. 12. 1992 aufrechtzuerhalten.
Zum Schriftsatz der Gegenseite vom 20. 12. 1992 führe ich folgendes aus:
1. Wie der Kläger inzwischen durch Rückfrage bei seinem Angestellten Artig festgestellt hat, ist diesem tatsächlich das originalverpackte Grillgerät beim Verladen entfallen. Es wird daher nicht bestritten, daß dieser Vorfall letztlich zur Beschädigung des Geräts geführt
hat. Rechtlich ist dies jedoch alles ohne Bedeutung. Es ist Sache des
Beklagten, anstelle des zerstörten Gerätes einen neuen Grill zu verlangen. Dies ändert jedoch nichts daran, daß der Beklagte nach wie
vor zur Kaufpreiszahlung verpflichtet ist.
2. Was die Herausgabe des Zeltes anbelangt, soll nicht bestritten
werden, daß der Händler Langsam dem Beklagten am 21. 9. 1992 das
Zelt veräußerte und diesem gestattete, die Sache abzutransportieren.
Dessen ungeachtet konnte mein Mandant im Hinblick auf seine Gutgläubigkeit auch noch am 22. 9. 1992 Eigentümer der Sache werden.
3. Was schließlich die Widerklage betrifft, so soll die vom Beklagten vorgetragene Ermächtigung seiner Ehefrau zur Prozeßführung
nicht bestritten werden. Auf diese Ermächtigung kommt es nämlich
letztlich gar nicht an. Maßgeblich ist allein, daß der Kläger seinen
Angestellten Artig sorgfältig ausgewählt und laufend überwacht hat.
Zum Beweis dafür benennt der Kläger den Personalchef seiner Firma,
Jakob Scharf, als Zeugen.

Klaus Tüchtig
Rechtsanwalt

---

6 C 2005/92   München, d. 20. 1. 1993

Auszug aus der Niederschrift
für den Kläger: Rechtsanwalt Tüchtig
für den Beklagten: Rechtsanwalt Schlau

 Der Vorsitzende führt in den Sach- und Streitstand ein.
 Festgestellt wird, daß das Versäumnisurteil vom 4. 12. 1992 dem Beklagten
mittels Postzustellungsurkunde vom 16. 12. 1992 zugestellt wurde.

Rechtsanwalt Tüchtig stellt Antrag gemäß Schriftsatz vom 7. 1. 1993, Rechtsanwalt Schlau gemäß Schriftsatz vom 20. 12. 1992. Rechtsanwalt Tüchtig beantragt ferner, die Widerklage abzuweisen.[11]
Die Parteien verhandeln streitig zur Sache nach Maßgabe der gewechselten Schriftsätze.
Der Beklagtenvertreter bestreitet, daß der Kläger den Angestellten Artig sorgfältig ausgewählt und laufend überwacht habe.
Der Vorsitzende verkündete folgenden

Beschluß:

Termin zur Verkündung einer Entscheidung wird bestimmt auf Donnerstag, d. 29. 1. 1993, 9.00 Uhr, Sitzungssaal 8.

Dr. Fleißig   Huber
Richter am Amtsgericht   Justizangestellte

Vermerk für den Bearbeiter: Die vollständige[12] Entscheidung des Gerichts ist zu entwerfen.

Ladungen, Zustellungen, Vollmachten und sonstige Formalien sind in Ordnung.

Wenn das Ergebnis der mündlichen Verhandlung nach Ansicht des Bearbeiters für die Entscheidung nicht ausreicht, ist zu unterstellen, daß trotz Wahrnehmung der richterlichen Aufklärungspflicht eine weitere Aufklärung nicht zu erzielen war. Es ist davon auszugehen, daß das Gericht auf alle in Betracht kommenden rechtlichen Gesichtspunkte hingewiesen und Gelegenheit zur Äußerung hierzu gegeben hat.

Soweit die Entscheidung keiner Begründung bedarf oder in den Gründen ein Eingehen auf alle berührten Rechtsfragen nicht erforderlich erscheint, sind diese in einem Hilfsgutachten zu erörtern.[13]

---

[11] Der Antrag des Klägers, die Widerklage abzuweisen, wird hier in der mündlichen Verhandlung nachgeholt, da dieser Antrag im Schriftsatz vom 7. 1. 1993 noch nicht enthalten ist.

[12] Das bayerische Assessorexamen kennt sowohl Klausuren, bei denen die vollständige Entscheidung des Gerichts zu entwerfen ist, als auch Aufsichtsarbeiten, in denen die Anfertigung des Tatbestands erlassen ist.

[13] Der vorliegende Bearbeitervermerk entspricht der Praxis des bayerischen Assessorexamens. Neben dem Entscheidungsentwurf ist daher stets die Anfertigung eines Hilfsgutachtens erforderlich.

Entscheidungsentwurf

6 C 2005/92

IM NAMEN DES VOLKES![14]

In dem Rechtsstreit

Kling Michael, Residenzstraße 5, 82233 Traunstein

– Kläger und Widerbeklagter –

Prozeßbevollmächtigter: Rechtsanwalt Klaus Tüchtig, Nibelungenstraße 25, 80107 München

gegen

Beck Ernst, Aichacher Straße 21, 80109 München

– Beklagter und Widerkläger –

Prozeßbevollmächtigter: Rechtsanwalt Heinrich Schlau, Moosacher Straße 30, 80351 München

wegen Forderung

erläßt das Amtsgericht München – Streitgericht – durch Richter am Amtsgericht Dr. Fleißig aufgrund der mündlichen Verhandlung vom 20. Januar 1993 folgendes

Endurteil:

I. Das Versäumnisurteil vom 4. Dezember 1992 wird aufrechterhalten, soweit der Beklagte verurteilt wird, das gebrauchte 4-Mann-Zelt, Marke Supertend, Fabrik-Nr. 171213, herauszugeben.[15]

---

[14] Viele Examenskandidaten legten – wohl aus Zeitnot – wenig Wert auf eine sorgfältige Anfertigung des Rubrums. Dies sollte vermieden werden, weil diese Unzulänglichkeiten zwangsweise zu einem Punktabzug führen müssen. So fiel bei der Korrektur der Examensaufgaben auf, daß relativ viele Bearbeiter Aktenzeichen und Urteilseingang „Im Namen des Volkes" (vgl. § 311 I ZPO) vergaßen. Ferner wurde in das Rubrum unkritisch die Berufsbezeichnung der Parteien aus der Klageschrift vom 2. 11. 1992 übernommen, ohne zu bedenken, daß diese Angaben sich zwar in der Praxis wie vor in den Schriftsätzen der Rechtsanwälte finden, die Berufsbezeichnung jedoch in das Rubrum des Urteils heute nicht mehr aufgenommen wird. Häufig wurde auch kein Wert darauf gelegt, die Adresse der Prozeßbevollmächtigten im Rubrum genau aufzuführen, was im Hinblick auf § 176 ZPO in der Praxis zu großen Schwierigkeiten führen würde. Schließlich übersahen viele Klausurbearbeiter, daß das Datum der letzten mündlichen Verhandlung in das Rubrum aufzunehmen ist. Zu den Einzelheiten der Anfertigung eines ordnungsgemäßen Rubrums vgl. Böhme-Fleck-Bayerlein, Formularsammlung für Rechtsprechung und Verwaltung, 10. Aufl. 1991, S. 33. Diese Formularsammlung ist im Bayerischen Assessorexamen zugelassen.

[15] Der Bearbeiter der Klausur mußte erkennen, daß das Versäumnisurteil vom 4. 12. 1992 teilweise aufrecht zu erhalten war, soweit es um die Herausgabe des Zel

II. Im übrigen wird das Versäumnisurteil vom 4. Dezember 1992 aufgehoben und die Klage abgewiesen.[16]

III. Auf die Widerklage wird der Kläger verurteilt, an die Ehefrau des Beklagten, Emma Beck, 1000 DM zu bezahlen.

IV. Der Beklagte trägt die Kosten seiner Säumnis; von den übrigen Kosten des Rechtsstreits trägt der Kläger ⅗ und der Beklagte ⅖.

V. Das Urteil ist vorläufig vollstreckbar. Der Kläger kann die Vollstreckung gegen Sicherheitsleistung in Höhe von 1400 DM abwenden, wenn nicht der Beklagte vor der Vollstreckung in gleicher Höhe Sicherheit leistet.

Tatbestand:

Am 30. 5. 1992 kaufte der Beklagte beim Kläger, ein großes, schwer transportierbares Grillgerät zum Preis von 800 DM. Da der Beklagte zu dieser Zeit seine Ferien in einem Zelt am Ufer des Warmsees verbrachte, verpflichtete sich der Kläger das Gerät dorthin zu liefern und dort aufzustellen. Am 1. 6. 1992 ließ der Kläger den Grill durch seinen Angestellten Artig ausliefern. Beim Verladen entglitt Artig der originalverpackte Gegenstand. Dessen ungeachtet stellte Artig das Gerät am Zeltplatz des Beklagten auf, ohne es auf seine Funktionsfähigkeit oder auf etwaige Beschädigungen zu überprüfen. Als die Ehefrau des Beklagten, Emma Beck, noch am gleichen Abend das Grillgerät zum erstenmal benutzen wollte, entstand eine plötzliche Stichflamme, die auf eine beim unvorsichtigen Verladen aufgetretene Beschädigung der Sache zurückzuführen war. Aufgrund des Vorfalles war das Grillgerät völlig unbrauchbar geworden.

Auf dem öffentlichen Ufergelände des Warmsees war zwar kein Campingplatz eingerichtet, doch wurde das Aufstellen von Zelten von der örtlichen Gemeinde stillschweigend geduldet. Ein Zeltnachbar des Beklagten, Franz Eigen, entschloß sich Mitte Juli 1992, sein Zelt im Wert von 1200 DM zu veräußern. Am 20. 7. 1992 beauftragte und bevollmächtigte er Georg Langsam, einen Händler für gebrauchte Campingartikel, das Zelt zu veräußern. Da Langsam längere Zeit keinen Käufer fand und das Zelt nach wie vor am Warmsee stand, bat Eigen seinen Freund Hans Hurtig, sich unter der Hand nach Käufern umzusehen. Am 20. 9. 1992 veräußerte Hurtig vorbe-

---

tes ging, teilweise jedoch auch aufzuheben war, soweit es den Zahlungsanspruch betraf. Die gleichzeitig erforderliche Anwendung von § 343 Satz 1 und § 343 Satz 2 ZPO wurde von vielen Examenskandidaten nicht gesehen. Zur Tenorierung bei einem teilweise aufrechterhaltenden Versäumnisurteil vgl. Thomas-Putzo, ZPO 18. Aufl. 1993, § 343 Rdnrn. 2, 3, 4; Böhme-Fleck-Bayerlein aaO S. 38.

[16] Selbst in besseren Arbeiten wurde häufig übersehen, daß nach § 343 Satz 2 ZPO das Versäumnisurteil nicht nur aufzuheben, sondern zusätzlich die Klage auch noch abzuweisen ist.

haltlich der Genehmigung des Eigen das Zelt an den Kläger und gestattete ihm, dieses am Warmsee selbst abzubrechen. Noch am gleichen Tag holte Hurtig bei Eigen telefonisch dessen Genehmigung zur erfolgten Veräußerung ein. Als der Kläger am 22. 9. 1992 das Zelt abholen wollte, fand er es nicht mehr vor. Langsam hatte das Zelt am 21. 9. 1992 an den Beklagten veräußert, und dieser hatte das Zelt noch am gleichen Tag abgebaut und abtransportiert.

Mit der am 10. 11. 1992 erhobenen Klage verlangt der Kläger vom Beklagten Zahlung des Kaufpreises in Höhe von 800 DM sowie Herausgabe des Zeltes. Er ist der Ansicht,[17] daß der Beklagte zur Zahlung des Kaufpreises nach wie vor verpflichtet sei und allenfalls die Lieferung eines neuwertigen Grillgeräts verlangen könne. Hinsichtlich des Zeltes vertritt der Kläger die Auffassung,[17] daß er Eigentümer geworden sei und als solcher vom Beklagten die Herausgabe verlangen könne.

Am 4. 12. 1992 erließ das Gericht Versäumnisurteil[18] nach Antrag des Klägers. Gegen dieses dem Beklagten am 16. 12. 1992 zugestellte Versäumnisurteil ließ dieser durch Schriftsatz seines Prozeßbevollmächtigten vom 20. 12. 1992, eingegangen bei Gericht am 22. 12. 1992 Einspruch einlegen.[19]

Der Kläger beantragt,

das Versäumnisurteil vom 4. 12. 1992 aufrechtzuerhalten.

Der Beklagte beantragt,

das Versäumnisurteil vom 4. 12. 1992 aufzuheben und die Klage abzuweisen.

Der Beklagte ist der Meinung, daß der Kaufpreisanspruch ohne weiteres von selbst erloschen sei, da das Grillgerät zerstört sei. Im

---

[17] Die tragenden Rechtsansichten der Parteien sollten im Tatbestand kurz wiedergegeben werden, jedenfalls dann, wenn wie hier der Sachverhalt, der der Klage zugrunde liegt, praktisch unstreitig ist.

[18] Viele Bearbeiter der Klausur hatten Schwierigkeiten, das Säumnisverfahren (Erlaß des Versäumnisurteils, Einspruchseinlegung) aufbaumäßig an der richtigen Stelle im Tatbestand zu schildern. Der Umstand, daß das Gericht Versäumnisurteil erlassen, und der Beklagte dagegen Einspruch eingelegt hat, gehört an sich zur Prozeßgeschichte und wäre daher nach dem üblichen Aufbauschema des Tatbestands grundsätzlich erst am Ende des Tatbestands anzuführen. Bei einem solchen Aufbau wären jedoch die Anträge der Parteien (Aufrechterhaltung bzw. Aufhebung des Versäumnisurteils) für den Leser des Tatbestands nicht verständlich. Daher muß der Teil der Prozeßgeschichte, der sich auf den Erlaß des Versäumnisurteils bezieht, im Tatbestand vorgezogen und vor den gestellten Anträgen eingeordnet werden.

[19] An dieser Stelle des Tatbestands ist vielen Bearbeitern ein grober Fehler unterlaufen, indem sie nicht die faktischen Umstände der Einspruchseinlegung schilderten, sondern lapidar feststellten, daß der Einspruch form- und fristgerecht eingelegt worden sei. Ein solches Vorgehen verstößt gegen den Grundsatz, daß der Tatbestand keinerlei rechtliche Würdigung zu enthalten hat. Vielmehr muß die Frage, ob der Einspruch gegen das Versäumnisurteil form- und fristgerecht eingelegt worden ist, den Entscheidungsgründen vorbehalten bleiben.

übrigen verweigert er jede Zahlung mit dem Hinweis darauf, daß der Grill für ihn unbrauchbar sei. Hinsichtlich des Zeltes ist der Beklagte der Auffassung, daß er am 21. 9. 1992 Eigentümer der Sache geworden sei.

Weiter erhebt der Beklagte Widerklage gegen den Kläger auf Zahlung von 1000 DM Schadensersatz. Unstreitig[20] erlitt die Ehefrau des Beklagten durch die Benutzung des Grillgeräts am 1. 6. 1992 erhebliche Brandverletzungen an beiden Unterarmen. Außerdem wurde ihr neues Sommerkleid im Wert von 300 DM beschädigt. Der Beklagte bezahlte die angefallenen Arztkosten in Höhe von 700 DM und kaufte seiner Ehefrau ein neues Sommerkleid zum Preis von 300 DM.

Der Beklagte, der von seiner Ehefrau zur gerichtlichen Geltendmachung von Schadensersatzansprüchen im eigenen Namen ermächtigt worden ist, beantragt,

den Kläger zur Zahlung von 1000 DM an seine Ehefrau Emma Beck zu verurteilen.

Der Kläger beantragt,

die Widerklage abzuweisen.

Er behauptet, seinen Angestellten Artig sorgfältig ausgewählt und laufend überwacht zu haben.[21] Er ist daher der Ansicht, daß er für das Verschulden seines Angestellten nicht einstehen müsse. Zum Beweis für die sorgfältige Auswahl und Überwachung hat er die Vernehmung des Zeugen Jakob Scharf beantragt.[22]

Wegen des Parteivorbringens im einzelnen wird auf die Schriftsätze und die Sitzungsniederschrift vom 20. 1. 1993 verwiesen.

Entscheidungsgründe:

I. Der Einspruch[23] gegen das Versäumnisurteil vom 4. 12. 1992 ist statthaft (§ 338 ZPO), sowie form- und fristgerecht eingelegt

---

[20] Wie bei der Klage ist auch bei der Widerklage zunächst der unstreitige Sachverhalt zu schildern.

[21] Zahlreiche Bearbeiter der Klausur haben übersehen, daß dies die einzige streitige Behauptung des Klägers zur Widerklage ist und deswegen an dieser Stelle des Tatbestands, nämlich nach dem Antrag, die Widerklage abzuweisen, aufzuführen ist. Der übrige Sachverhalt der Klausur zu Klage und Widerklage besteht dagegen aus unstreitigem Vorbringen beider Parteien.

[22] Häufig wurde bei der Bearbeitung der Klausur vergessen, das Beweisangebot des Klägers in den Tatbestand aufzunehmen. Beweisangebote einer Partei, denen das Gericht nicht gefolgt ist, sind jedoch im Tatbestand zu erwähnen, da in den Entscheidungsgründen darüber Rechenschaft abzulegen ist, warum das Gericht von einer Beweisaufnahme absehen durfte. Im Hinblick auf die sog. Konkrenz von Tatbestand und Entscheidungsgründen muß daher wegen der späteren Verbescheidung des Beweisangebots in den Entscheidungsgründen dieses vorher bereits im Tatbestand erwähnt werden (vgl. auch unten Fußnote 41).

[23] Mehrere Bearbeiter haben sofort die Zulässigkeit und Begründetheit der Klage geprüft, ohne zu beachten, daß ein Versäumnisurteil ergangen ist, gegen das

(§§ 339, 340 ZPO). Durch den Einspruch wird der Prozeß in die Lage vor Eintritt der Säumnis zurückversetzt (§ 342 ZPO).

II. Die zulässige Klage[24] ist nur zum Teil begründet.

1. Dem Kläger steht gegen den Beklagten kein Anspruch nach § 433 II BGB auf Zahlung des Kaufpreises in Höhe von 800 DM zu.

Entgegen der Auffassung des Beklagten ist der an sich wirksam entstandene Kaufpreisanspruch zwar nicht schon deshalb erloschen, weil das gelieferte Grillgerät unbrauchbar war. Gem. § 323 I BGB verliert der Verkäufer einer Sache seinen Anspruch auf die Gegenleistung nämlich nur dann, wenn ihm selbst die Erbringung seiner Leistung unmöglich geworden ist. Davon kann hier nicht die Rede sein. Bei dem gekauften Grill handelt es sich um eine Gattungssache. Bis zur Annahme der Sache hat der Käufer Anspruch auf Lieferung einer mangelfreien Sache mittlerer Art und Güte (§ 243 I BGB). Darum kann er eine dieser Vorschrift nicht entsprechende Sache zurückweisen.[25] Mit der Annahme einer wenn auch mangelhaften Gattungssache durch den Käufer hat der Verkäufer jedoch zunächst erfüllt. Es ist Sache des Käufers, seine Ansprüche wegen aufgetretener Mängel gemäß § 480 I BGB zu verfolgen.[26] Für eine Anwendung des § 323 BGB ist daher von vornherein kein Raum mehr.[27]

Einspruch eingelegt worden ist. Daher ist im Rahmen der Entscheidungsgründe vor der Prüfung der Zulässigkeit und Begründetheit der Klage zunächst die Zulässigkeit des Einspruchs zu erörtern. Nur ein zulässiger Einspruch macht überhaupt den Weg für eine Überprüfung des Versäumnisurteils frei. Anderenfalls wäre der Einspruch gemäß § 341 ZPO als unzulässig zu verwerfen.

[24] An dieser Stelle der Klausur hatten viele Bearbeiter größere Aufbauschwierigkeiten. Eine nicht unerhebliche Zahl von Examenskandidaten prüfte nach der Zulässigkeit des Einspruchs unter II.) die „Begründetheit des Einspruchs". Dies ist ein grober Aufbaufehler, da es eine Begründetheit des Einspruchs überhaupt nicht gibt. Der Einspruch ist nämlich kein Rechtsmittel sondern nur ein Rechtsbehelf mit Suspensiv- aber ohne Devolutiveffekt. Die Konsequenz ist, daß ein zulässiger Einspruch nach § 342 ZPO den Rechtsstreit in die Lage vor Eintritt der Säumnis zurückversetzt, und daher unter II.) sofort die Zulässigkeit und Begründetheit der Klage zu prüfen ist.

Andere Bearbeiter vermieden zwar den eben erwähnten Aufbaufehler, erkannten jedoch nicht, daß die Zulässigkeit der Klage in der vorliegenden Examensklausur keine Probleme aufwarf. Eine umfangreiche Prüfung von sämtlichen Sachurteilsvoraussetzungen war daher nicht nur als überflüssig, sondern als falsch anzusehen. Allenfalls war ein Satz zur sachlichen (§§ 23, 71 GVG) und örtlichen (§§ 12, 13 ZPO) Zuständigkeit des Amtsgerichts München vertretbar.

[25] Palandt-Putzo, BGB 52. Aufl. 1993, § 480 Rdnr. 2.

[26] So Palandt-Putzo, § 480 Rdnr. 2 bis zur 48. Aufl.; a. M. nunmehr 52. Aufl. aaO ohne Begründung.

[27] Mehrere Bearbeiter der Klausur haben an dieser Stelle damit argumentiert, daß der Kläger als Verkäufer einer Gattungssache im Hinblick auf § 243 I BGB gar nicht erfüllt hat, wenn die gelieferte Sache mangelhaft ist. Diese Auffassung ist durchaus als vertretbar anzusehen. In diesem Fall fehlt es an der Unmöglichkeit der Leistung als Voraussetzung für § 323 I BGB, da der Verkäufer einer Gattungsschuld

Dem Kaufpreisanspruch des Klägers kann der Beklagte jedoch mit Erfolg die Einrede entgegenhalten, daß er zur Wandelung berechtigt ist (§ 478 I BGB). Die Voraussetzungen des Wandelungsanspruchs des Beklagten sind hier in vollem Umfang erfüllt. Das Grillgerät wies einen Fehler i. S. des § 459 I BGB auf, der bei der hier vereinbarten Bringschuld[28] im Zeitpunkt des Gefahrübergangs, also mit der Aushändigung des Grillgeräts an den Beklagten, bereits vorhanden war. Wegen dieses Fehlers kann der Beklagte gem. § 462 BGB Wandelung verlangen. Dem Wandelungsanspruch des Beklagten steht auch nicht entgegen, daß er den gelieferten Grill nicht an den Kläger zurückgeben kann. Dies wird durch die Vorschriften der §§ 467, 350 BGB ausdrücklich klargestellt.[29] Schließlich muß sich der Beklagte nicht auf einen Nachlieferungsanspruch bei Fortbestehen der Kaufpreisforderung verweisen lassen, da ihm das Gesetz in § 480 I BGB ein Wahlrecht zwischen Nachlieferungs- und Wandelungsanspruch eingeräumt hat. Der Wandelungsanspruch ist zwar mit dem Ablauf des 1.12. 1992 verjährt (§ 477 I BGB). Da der Beklagte den Mangel dem Kläger aber zuvor angezeigt hatte, kann er sich einredeweise auch weiterhin auf sein Wandelungsrecht berufen (§ 478 I 1 BGB). Der Kaufpreisanspruch des Klägers ist also dauernd gehemmt.[30]

---

jederzeit in der Lage ist, eine andere Sache aus der Gattung, hier ein anderes Grillgerät des jeweiligen Typs, zu liefern. Auch nach dieser Auffassung ist somit der Kaufpreisanspruch des Klägers nicht gem. § 323 I BGB erloschen.

[28] Zur Abgrenzung von Bring- und Schickschuld vgl. Palandt-Heinrichs, § 269 Rdnrn. 8 ff.

[29] § 350 BGB muß erst recht gelten, wenn wie hier der Untergang der Sache nicht auf Zufall, sondern sogar auf Verschulden des Verkäufers zurückzuführen ist. Eine Prüfung der §§ 467, 350 BGB wurde selbst in besseren Arbeiten häufig nicht vorgenommen.

[30] Gerade an dieser Stelle der Klausur unterliefen den Bearbeitern zahlreiche und erhebliche Fehler. Vielen Examenskandidaten war offensichtlich die Vorschrift des § 478 BGB überhaupt nicht bekannt. Sie versuchten, die Klausur über den Wandelungsanspruch des § 462 BGB zu lösen in Verkennung dessen, daß der Beklagte eine solche Wandelung nie erklärt hat und keinesfalls Rückabwicklung des Kaufvertrags begehrte. Vielmehr hatte der Kläger seinen Kaufpreisanspruch nach § 433 II BGB eingeklagt, und der Beklagte sich dagegen mit der Geltendmachung der Mängeleinrede verteidigt. Den Bearbeitern, die an sich § 478 BGB erkannt hatten, unterlief dagegen häufig ein anderer unnötiger Fehler, indem sie zu dem Ergebnis kamen, daß der Kaufpreisanspruch **erloschen** sei. Sie übersahen dabei, daß die Geltendmachung der Mängeleinrede nicht dazu führt, daß der Kaufpreisanspruch erlischt, sondern daß er lediglich dauernd gehemmt ist (vgl. Jauernig-Vollkommer, BGB 6. Aufl. 1991, § 478 Anm. 3 a, b; Palandt-Putzo, § 478 Rdnr. 7). – Vertretbar war dagegen, daß manche Bearbeiter die Rechtsgrundlage der Mängeleinrede nicht in § 478 BGB selbst sahen mit der Begründung, daß diese Vorschrift lediglich eine Regelung der Verjährung enthalte. In diesem Fall mußten die Bearbeiter konsequenterweise die Grundlage für die Mängeleinrede aus §§ 467, 348 Satz 2, 320 BGB oder aus § 242 BGB herleiten.

2. Dagegen ist die Klage begründet, soweit der Kläger Herausgabe des Zeltes verlangt. Der Kläger ist Eigentümer und der Beklagte nichtberechtigter Besitzer der Sache (§ 985 BGB).

Zunächst stand das Eigentum dem Eigen zu. Dieser hat jedoch sein Eigentum durch die von Hurtig am 20. 9. 1992 vorgenommene Veräußerung des Zeltes an den Kläger verloren. Für eine Übereignung nach § 929 BGB sind die dingliche Einigung des Veräußerers mit dem Erwerber und die Übergabe der Sache erforderlich.[31] Hurtig hat den dinglichen Vertrag gem. § 929 BGB im Namen des Eigen abgeschlossen. Das ergibt sich aus dem Ersuchen des Eigen und aus der Tatsache, daß Hurtig für seinen Vertragspartner erkennbar den Vertrag vorbehaltlich der Genehmigung des Eigentümers abschloß (§ 164 I 2 BGB). Mangels ausdrücklich erteilter Vollmacht hat Hurtig den dinglichen Vertrag als Vertreter ohne Vertretungsmacht geschlossen (§ 177 I BGB).[32] Der zunächst schwebend unwirksame Vertrag wurde durch die Genehmigung des Eigen gegenüber Hurtig (§ 182 I BGB) von Anfang an wirksam (§ 184 I BGB).[33] Auch die zur Eigentumsübertragung erforderliche Übergabe (§ 929 Satz 1 BGB) ist erfolgt. Übergabe bedeutet die Verschaffung des unmittelbaren Besitzes, und Hurtig hat dem Kläger den unmittelbaren Besitz gem. § 854 II BGB verschafft. Nach dieser Vorschrift reicht die Einigung des früheren Besitzers und des Erwerbers über den Besitzübergang aus, wenn der Erwerber in der Lage ist, die tatsächliche Gewalt ohne weiteres auszuüben.[34] Bei der in § 854 II BGB angesprochenen Einigung handelt es

---

[31] Einige Bearbeiter meinten, daß der Kläger und Hurtig lediglich den Kaufvertrag, also das Verpflichtungsgeschäft, abgeschlossen hätten, ohne daß eine dingliche Einigung erfolgt sei. Eine solche Auslegung des Sachverhaltes ist nicht vertretbar. Vielmehr spricht der Sachverhalt davon, daß Hurtig dem Kläger das Zelt **veräußerte**. Dies umfaßt nach dem Sprachgebrauch üblicherweise sowohl den Abschluß des Kaufvertrags als auch die dingliche Einigung des § 929 BGB. Für diese Auslegung spricht nicht zuletzt auch der Umstand, daß der Kläger das Zelt selbst abholen sollte.

[32] Zu Unrecht unterstellten einige Bearbeiter eine Vollmachterteilung des Eigen für Hurtig. Der Sachverhalt spricht dagegen nur davon, daß Eigen den Hurtig **bat,** sich unter der Hand nach Käufern **umzusehen.** Aus diesen Tatumständen eine Vollmacht herleiten zu wollen, muß als unzulässige Sachverhaltsunterstellung angesehen werden. Im übrigen wäre dieser Fehler bei genauem Durchlesen des Aufgabentextes durchaus vermeidbar gewesen. Aus der Formulierung im Sachverhalt, daß Eigen den Langsam **beauftragte** und **bevollmächtigte,** das Zelt zu veräußern, während er Hurtig nur **bat,** sich unter der Hand nach Käufern **umzusehen,** wäre die unterschiedliche Sachverhaltsgestaltung unschwer zu erkennen gewesen.

[33] Durch das Telefonat genehmigte Eigen selbstverständlich nicht nur den Kaufvertrag, sondern gleichzeitig auch die dingliche Einigung, da es ihm nach dem Sachverhalt entscheidend darum ging, das Zelt möglichst rasch los zu werden.

[34] Die Vorschrift des § 854 II BGB mußte der Bearbeiter der Klausur unbedingt erkennen, da es sich insoweit um ein zentrales Problem der Prüfungsaufgabe han-

sich um einen echten Vertrag, auf den die Vorschriften der §§ 164 ff. BGB anwendbar sind.[35] Im vorliegenden Fall ist die Einigung zustande gekommen, da Hurtig dem Kläger gestattet hat, das Zelt selbst am Ufergelände abzuholen, also den unmittelbaren Besitz an der Kaufsache zu begründen. Zwar handelte Hurtig erneut als Vertreter ohne Vertretungsmacht (§ 177 I BGB), doch wurde auch dieser Vertrag von dem Eigentümer Eigen nachträglich telefonisch genehmigt.

Der Kläger war auch ohne weiteres in der Lage, die tatsächliche Gewalt über die Sache auszuüben. Er konnte das Zelt jederzeit abbrechen und abtransportieren. Hierzu bedurfte es keiner Genehmigung eines Platzwarts oder einer sonstigen Aufsichtsperson, da das Zelt am freizugänglichen Seeufer und nicht auf einem offiziellen Campingplatz stand. Überdies sind an die Möglichkeit der Gewaltausübung i. S. des § 854 II BGB geringere Anforderungen zu stellen, als an die tatsächliche Gewaltausübung selbst.[36] Es ist daher ohne Bedeutung, daß der Kläger das Zelt erst am 22. 9. 1992 abholen wollte.

Sein Eigentum hat der Kläger nicht dadurch verloren, daß Langsam am 21. 9. 1992 das Zelt an den Beklagten veräußerte. Zwar war Langsam bevollmächtigt, für Eigen sowohl das Verpflichtungs- wie das Verfügungsgeschäft abzuschließen und hat ebenfalls im Wege der §§ 929 Satz 1, 854 II, 164 I BGB über die Sache verfügt. Ein Eigentumserwerb des Beklagten nach § 929 BGB scheitert jedoch daran, daß Eigen im Zeitpunkt der Verfügung nicht mehr Eigentümer des Zeltes war. Auch ein gutgläubiger Eigentumserwerb des Beklagten gem. § 932 BGB scheidet aus. Er setzt voraus, daß die Rechtsakte des § 929 BGB wirksam vorgenommen werden. Nur das fehlende Eigentum wird durch den guten Glauben des Erwerbers ersetzt. Eine wirksame Übergabe i. S. des § 929 Satz 1 BGB fehlt aber. Langsam hat dem Beklagten nicht die tatsächliche Gewalt über das Zelt verschafft und die von ihm gewählte Möglichkeit des § 854 II BGB scheitert daran, daß Eigen im Zeitpunkt der Einigung nicht mehr Besitzer des Zeltes war. Der Besitz am Zelt war vielmehr bereits am 20. 9. 1992 gem. § 854 II BGB auf den Kläger übergegangen. Der Besitzerwerb gem. § 854 II BGB setzt aber zwingend voraus, daß der Veräußerer Besitzer der Sache ist.[37] In dem Abbruch des Zeltes liegt daher der eigenmächtige Entzug des bereits auf den Kläger übergegangenen Besitzes durch den Beklagten. Nachdem ein gutgläubiger

---

delte. Zu den Voraussetzungen des § 854 II BGB im einzelnen vgl. Palandt-Bassenge, § 854 Rdnrn. 8 ff.; Baur, Sachenrecht 16. Aufl. 1992, § 51 III 4.

[35] Vgl. Palandt-Bassenge, § 854 Rdnr. 9.

[36] Vgl. Staudinger-Seufert, BGB 12. Aufl. 1989, § 854 Rdnrn. 19 ff.; Palandt-Bassenge, § 854 Rdnr. 8.

[37] Westermann, Sachenrecht 6. Aufl. 1990, § 13 III 1.

Eigentumserwerb des Beklagten nach § 932 BGB bereits an der fehlenden Übergabe scheitert, kommt es auf den guten Glauben des Beklagten nicht mehr an.[38]

Nach § 343 Satz 2 ZPO war das Versäumnisurteil teilweise aufzuheben und nur insoweit aufrechtzuerhalten, als der Beklagte zur Herausgabe des Zeltes verurteilt wurde (§ 343 Satz 1 ZPO).

III. Die Widerklage ist zulässig und begründet.

1. Das Amtsgericht München ist für die Widerklage sachlich zuständig (§§ 23, 71 GVG). Auch hinsichtlich der örtlichen Zuständigkeit bestehen keine Bedenken. Zwar liegen die Voraussetzungen der §§ 12, 13 ZPO hinsichtlich der Widerklage nicht vor, da der Kläger seinen Wohnsitz in Traunstein hat. Die örtliche Zuständigkeit folgt jedoch aus § 33 ZPO. Der für diese Vorschrift erforderliche rechtliche Zusammenhang ist gegeben, da der in der Klage erhobene Kaufpreisanspruch und die mit der Widerklage geltend gemachten Mängelfolgeansprüche dem gleichen Rechtsverhältnis, nämlich dem zwischen den Parteien abgeschlossenen Kaufvertrag entspringen.

Der Beklagte ist für die Widerklage auch prozeßführungsbefugt. Es handelt sich hier um einen Fall der sog. gewillkürten Prozeßstandschaft. Die Ermächtigung der Ehefrau als Trägerin des materiellen Rechts, die ihr zustehenden Schadensersatzansprüche im eigenen Namen einzuklagen, liegt vor. Zwar erfolgt die Prüfung der Prozeßführungsbefugnis wie bei jeder Sachurteilsvoraussetzung von Amts wegen durch das Gericht. Ist jedoch wie hier zwischen den Parteien unstreitig, daß der Beklagte von seiner Ehefrau ermächtigt wurde, so hat das Gericht keinerlei Anlaß, an der Existenz dieser Ermächtigung zu zweifeln. Auch an dem nach der Rechtsprechung erforderlichen eigenen schutzwürdigen Interesse des Prozeßstandschafters fehlt es nicht.[39] Dieses läßt sich aus dem Umstand ableiten, daß der Beklagte hinsichtlich des erlittenen Schadens finanziell in Vorlage getreten ist. Zwar mag der Beklagte dazu unterhaltsrechtlich verpflichtet gewesen sein, doch ändert dies nichts daran, daß primär der Schädiger zur Begleichung des Schadens herangezogen werden soll. Der Beklagte hat daher ein eigenes Interesse, daß seine Auslagen möglichst umgehend erstattet werden. Er ist daher befugt, die seiner Ehefrau zustehenden Schadensersatzansprüche gegenüber dem Kläger im eigenen Namen gerichtlich geltend zu machen.

---

[38] Deshalb war es verfehlt, daß mehrere Prüflinge umfangreiche Ausführungen zur Gutgläubigkeit des Erwerbers machten. Abgesehen davon, daß diese überflüssig und daher als falsch anzusehen sind, kosteten sie dem Bearbeiter der Klausur unnötig Zeit.

[39] Vgl. dazu Thomas-Putzo, § 51 Rdnr. 34.

2. Die Widerklage ist auch begründet. Anspruchsgrundlage dafür ist positive Vertragsverletzung, ergänzt durch das Institut des sog. Vertrages mit Schutzwirkung zugunsten Dritter.[40] Zwar stand der Anspruch auf die geschuldete Hauptleistung, nämlich die Eigentumsübertragung am Grillgerät, allein dem Beklagten zu. Darüber hinaus oblag dem Kläger jedoch die Nebenpflicht, dafür Sorge zu tragen, daß bei der Lieferung der Sache nicht nur der Beklagte, sondern auch seine nahen Angehörigen nicht zu Schaden kommen. Für den Kläger war erkennbar, daß nicht nur der Beklagte, sondern auch seine Familienangehörigen mit der Benützung des Grillgeräts bestimmungsgemäß in Berührung kommen mußten. Im Rahmen des Vertrags mit Schutzwirkung zugunsten Dritter hat der Kläger für das Verschulden seines Erfüllungsgehilfen Artig gem. § 278 BGB einzustehen. Das Verschulden des Artig lag nicht im unsachgemäßen Verladen als solchem, sondern darin, daß er es unterlassen hat, bei der Aufstellung des Grillgeräts nachzuprüfen, ob dieses einen Schaden erlitten hatte. Da dem Kläger bei der Haftung nach § 278 BGB im Gegensatz zu § 831 BGB die Möglichkeit der Exkulpation verwehrt ist, war das Vorbringen des Klägers, es handele sich um einen zuverlässigen Angestellten, der laufend überwacht worden sei, unerheblich. Der insoweit vom Kläger angebotene Beweis war daher nicht zu erheben.[41]

Nach alledem steht der Ehefrau des Beklagten ein eigener Schadensersatzanspruch aus dem Vertrag mit Schutzwirkung zugunsten Dritter zu. Dieser umfaßt nicht nur den erlittenen Personenschaden, also die Arztkosten in Höhe von 700 DM, sondern auch den eingetretenen Sachschaden von 300 DM. Mit Recht vertritt die Rechtsprechung die Auffassung, daß kein sachlicher Grund ersichtlich ist, im Rahmen des Vertrags mit Schutzwirkung für Dritte zwischen Sach- und Personenschäden zu differenzieren.[42] Schließlich steht dem Ersatzanspruch nicht entgegen, daß der unterhaltsrechtlich hierzu verpflichtete Ehegatte den seiner Ehefrau entstandenen Schaden bereits

---

[40] Die exakte Angabe der Anspruchsgrundlage ist bei der Bearbeitung einer Klausur unerläßlich. Gegen dieses Gebot wurde gerade an dieser Stelle der Prüfungsaufgabe häufig verstoßen. Viele Bearbeiter stützten die Widerklage ausschließlich auf positive Vertragsverletzung, ohne zu bedenken, daß nicht der Beklagte sondern dessen Ehefrau, die gar nicht Vertragspartnerin geworden war, Ansprüche gegen den Kläger geltend machte (vgl. zu den Einzelheiten des Vertrags mit Schutzwirkung zugunsten Dritter Palandt-Heinrichs, § 328 Rdnrn. 13 ff.).

[41] Nahezu alle Klausuren litten an dem Mangel, daß das Beweisangebot des Klägers in den Entscheidungsgründen nicht verbeschieden wurde. Dies muß als erheblicher prozessualer Fehler angesehen werden, da so nicht erkennbar ist, warum das Gericht von einer Beweisaufnahme absehen und zu einem Endurteil kommen durfte. Vgl. dazu auch Teplitzky, JuS 1968, 76 sowie oben Fußnote 22.

[42] Vgl. BGHZ 49, 355.

beglichen hat, da diese Zahlung die Existenz des eingetretenen Schadens nicht beseitigt.[43] Als Prozeßstandschafter kann der Beklagte jedoch nur Leistung an den Inhaber des materiellen Rechts, also an seine Ehefrau verlangen. Daher war der Kläger zur Zahlung von 1000 DM an die Ehefrau des Beklagten zu verurteilen.[44]

Die Kostenentscheidung folgt aus § 92 ZPO.[45] Die Kosten der Säumnis sind auszusondern und gem. § 344 ZPO dem Beklagten aufzuerlegen, da das Versäumnisurteil in gesetzlicher Weise erlassen worden ist und auf den Einspruch hin eine zumindest teilweise abändernde Entscheidung ergangen ist.[46]

Der Ausspruch über die vorläufige Vollstreckbarkeit ergibt sich aus § 708 Nr. 11, § 711 Satz 1, 713 ZPO.[47]

Dr. Fleißig
Richter am Amtsgericht

---

[43] Vgl. zur sog. unechten Gesamtschuld Palandt-Heinrichs, § 421 Rdnr. 10.

[44] Viele Bearbeiter der Klausur haben an dieser Stelle nicht sorgfältig gearbeitet. Ohne nähere Begründung wurde der Kläger auf die Widerklage des Beklagten hin verurteilt, an den Beklagten selbst DM 1000,– zu bezahlen. Dabei haben die Kandidaten offensichtlich übersehen, daß im Regelfall der Prozeßstandschafter nur Leistung an den Träger des materiell-rechtlichen Anspruchs, hier also an die Ehefrau des Beklagten, verlangen kann. Zwar soll der Prozeßstandschafter unter bestimmten Voraussetzungen auch Leistung an sich selbst verlangen können (vgl. Thomas-Putzo, § 51 Rdnr. 38). Auf diese Literaturstelle konnten sich jedoch die Bearbeiter der vorliegenden Klausur nicht berufen. Entscheidend ist, daß der Beklagte als Prozeßstandschafter hier ausdrücklich Zahlung an seine Ehefrau beantragt hat. Damit kann das Gericht nicht entgegen dem Antrag des Beklagten eine Verurteilung an ihn selbst aussprechen (vgl. § 308 I 1 ZPO).

[45] Für den Gebührenstreitwert ist nicht § 5 Halbs. 2 ZPO, sondern § 19 I 2 GKG maßgeblich.

[46] § 344 ZPO gilt nicht nur, wenn das Versäumnisurteil in vollem Umfang, sondern auch, wenn es nur teilweise aufgehoben wird.

[47] Große Schwierigkeiten bereitete den Bearbeitern die Entscheidung über die vorläufige Vollstreckbarkeit. Zunächst wurde mehrfach nicht erkannt, daß das Urteil ohne Sicherheitsleistung gemäß § 708 Nr. 11 ZPO für vorläufig vollstreckbar zu erklären war. Noch größere Schwierigkeiten bereitete den Klausurbearbeitern die Vorschrift des § 711 Satz 1 ZPO. Hier mußte man erkennen, daß der Kläger sich selbstverständlich ohne weiteres auf § 711 Satz 1 ZPO berufen konnte, während für den Beklagten die Vorschrift des § 711 ZPO durch § 713 ZPO ausgeschlossen war. Der Beklagte wurde nämlich lediglich zur Herausgabe des Zeltes im Wert von DM 1200,– verurteilt mit der Konsequenz, daß eine Berufung des Beklagten gegen das Urteil im Hinblick auf § 511 a I ZPO unzulässig wäre. Schließlich wurde von mehreren Bearbeitern völlig unkritisch die Vorschrift des § 709 Satz 2 ZPO angewandt, ohne zu berücksichtigen, daß diese Vorschrift das Vorliegen des § 709 Satz 1 ZPO voraussetzt (vgl. Thomas-Putzo, § 709 Rdnr. 4). Hier beruht die vorläufige Vollstreckbarkeit aber gerade nicht auf § 709 Satz 1 ZPO, sondern wie ausgeführt auf § 708 Nr. 11 ZPO.

Hilfsgutachten[48]

I. Zur Klage des Kling

Außer § 985 sind folgende Anspruchsgrundlagen zu prüfen:

1. § 861 BGB
Da der Besitz am Zelt bereits auf den Kläger wirksam übergegangen war, begeht der Beklagte verbotene Eigenmacht, wenn er das Zelt abbaut (§ 858 I BGB). Er ist daher gem. § 861 BGB zur Herausgabe der Sache an den Kläger verpflichtet.

2. § 1007 I BGB
Diese Vorschrift scheidet von vornherein aus, da der Beklagte nach Sachverhalt gutgläubig hinsichtlich der Besitzberechtigung war. Die Gutgläubigkeit wird analog der Vorschrift des § 932 II BGB grundsätzlich vermutet.

3. § 1007 II BGB
Da dem Kläger als Besitzer die Sache durch die verbotene Eigenmacht des Beklagten abhanden gekommen ist, ist dieser trotz Gutgläubigkeit zur Herausgabe der Sache gemäß § 1007 II BGB verpflichtet.

4. § 812 BGB
Der Beklagte hat den Besitz auf Kosten des Klägers ohne rechtlichen Grund erlangt und ist daher nach den Grundsätzen der Eingriffskondition zur Herausgabe der Sache verpflichtet. Die Eingriffskondition ist nicht etwa subsidiär, weil der Besitzerwerb des Beklagten auf eine Leistung des Langsam zurückzuführen wäre.[49] Eine solche Leistung des Langsam liegt nämlich hinsichtlich der Besitzverschaffung nicht vor. Vielmehr hat sich der Beklagte durch den Abbau des Zeltes eigenmächtig in den Besitz der Sache versetzt. Er ist daher nach § 812 BGB zur Herausgabe des Zeltes an den Kläger verpflichtet.

---

[48] Das Hilfsgutachten dient im Bayerischen Assessorexamen nicht etwa dazu, unzulässige Alternativlösungen in Rechtsfragen aufzuzeigen. Vielmehr sollen im Hilfsgutachten die Rechtsfragen behandelt werden, auf die es bei der Abfassung des Urteils nicht ankam bzw. die offengelassen werden konnten. Auf den stereotypen Bearbeitervermerk bayerischer Examensaufgaben darf erneut hingewiesen werden (vgl. oben Fußnote 13). Viele Klausuren litten daran, daß überhaupt kein oder nur ein sehr unzureichendes Hilfsgutachten angefertigt wurde. Dies muß als nicht unerheblicher Mangel der Prüfungsaufgabe angesehen werden. Es empfiehlt sich daher von vornherein, bei der Zeiteinteilung darauf zu achten, daß das Hilfsgutachten nicht in den letzten Minuten der Bearbeitungszeit unter Zeitdruck angefertigt wird.
[49] Vgl. BGHZ 40, 278.

II. Zur Widerklage des Beck

Ob neben der vertraglichen Anspruchsgrundlage aus positiver Vertragsverletzung auch die Voraussetzungen des § 831 BGB vorliegen, läßt sich abschließend nicht entscheiden. Zwar begeht Artig tatbestandsmäßig und rechtswidrig eine unerlaubte Handlung i. S. des § 823 BGB. Ferner ist er aufgrund des sozialen Abhängigkeitsverhältnisses gegenüber dem Kläger dessen Verrichtungsgehilfe. Ob dem Kläger jedoch die Exkulpation gelingt, kann ohne durchgeführte Beweisaufnahme letztlich nicht geklärt werden. Ein etwaiges nonliquet in der Beweisaufnahme ginge zu Lasten des Klägers. In diesem Fall wäre die Widerklage auch aus § 831 BGB begründet.

2. KLAUSUR: Probleme mit einer Maklerprovision

Vorbemerkung: Für die zweite Klausur wurden bewußt erneut Fragen des Säumnisverfahrens, der Widerklage und des Gewährleistungsrechts gewählt, damit der Leser Gelegenheit erhält, das in der ersten Klausur erworbene Wissen zu vertiefen.

Aktenauszug

Klaus Tüchtig   München, den 16. März 1993
Rechtsanwalt   Nebelstr. 35

> Landgericht München I
> Eingang: 17. März 1993

An das
Landgericht München I
– Zivilkammer –
80335 München

Klage

in Sachen
Günther Kling, Hofstr. 15, 90311 Nürnberg   – Kläger –
vertreten durch den Unterfertigten

gegen
Emil Beck, Nibelungenstr. 31, 81345 München   – Beklagter –
wegen Forderung

Namens und im Auftrag des Klägers erhebe ich Klage zum Landgericht München I. In der mündlichen Verhandlung werde ich beantragen:
1. Der Beklagte wird verurteilt, an den Kläger 20 000,– DM zu bezahlen.
2. Der Beklagte trägt die Kosten des Rechtsstreits.
3. Das Urteil ist vorläufig vollstreckbar.

Begründung:

Der Kläger ist Inhaber eines Maklerbüros in Nürnberg. Der Beklagte hatte sich dem Kläger gegenüber verpflichtet, diesem für die erfolgreiche Vermittlung eines Käufers seines Anwesens in Nürnberg, Brunhildenstr. 16, eine Verkaufsprovision von DM 20 000,– zu bezahlen. Tatsächlich verkaufte der Beklagte dieses Grundstück durch Vermittlung des Klägers mit notariellem Kaufvertrag vom 11.11. 1992 zum Kaufpreis von DM 7 000 000,– an die Fa. Fix-Baubetreuungs GmbH in Nürnberg. Damit steht dem Kläger die vereinbarte Maklerprovision zu. Vorprozessual hat sich der Beklagte darauf berufen, daß die Firma Fix-Baubetreuungs GmbH am 13.1. 1993 vom Kaufvertrag zurückgetreten sei. Selbst wenn dies zutreffend sein sollte, wird der bereits vorher entstandene Provisionsanspruch des Klägers davon nicht mehr berührt. Entscheidend ist, daß Maklervertrag und Kaufvertrag zwei selbständige Verträge sind. Im übrigen weise ich rein vorsorglich darauf hin, daß die Firma Fix-Baubetreuungs GmbH gar nicht zum Rücktritt vom Kaufvertrag berechtigt gewesen ist.

Es versteht sich von selbst, daß der Beklagte somit verpflichtet ist, an den Kläger DM 20 000,– Maklerprovision zu bezahlen. Da dieser die Zahlung verweigert hat, ist Klage geboten. Um baldige Anberaumung eines frühen ersten Termins wird gebeten.

Tüchtig, Rechtsanwalt

---

9 O 208/93 München, den 20. 3. 1993

Verfügung:

1. Früher erster Termin zur mündlichen Verhandlung wird bestimmt auf Mittwoch, den 22. 4. 1993, 8.30 Uhr, Sitzungssaal 12.
2. An den Beklagten zustellen
   a) Klageschrift
   b) Ladung zum Termin gem. Nr. 1 mit der Aufforderung, auf das Klagevorbringen innerhalb von 2 Wochen schriftlich zu erwidern und etwa vorzubringende Verteidigungsmittel unverzüglich schriftlich mitzuteilen.
3. An Klägervertreter Ladung gem. Nr. 1 förmlich.

WV. m. E., sp. zum Termin.

Dr. Schnell
Vorsitzender Richter am Landgericht

Heinrich Schlau München, den 30. 3. 1993
Rechtsanwalt Moosburger Str. 10

Landgericht München I
Eingang: 2. 4. 1993

An das
Landgericht München I
– 9. Zivilkammer –
80335 München

9 O 208/93

In dem Rechtsstreit Kling gegen Beck hat mich der Beklagte mit seiner Vertretung beauftragt. In seinem Namen und Auftrag beantrage ich, die Klage abzuweisen.

Begründung:

Der vom Kläger vorgetragene Sachverhalt bedarf einiger Ergänzungen: Das am 11.11. 1992 verkaufte Grundstück in Nürnberg, Brunhildenstr. 16, sollte dem Bau eines Altenheims dienen. Für diese Baumaßnahme war zwingende Voraussetzung, daß das Grundstück eine Nutzfläche von mindestens 4400 qm aufwies. Da dieser Umstand für die Käuferin des Grundstücks, die Firma Fix-Baubetreuungs GmbH unverzichtbar war, wurde in den notariellen Vertrag vom 11.11. 1992 in Ziffer XV die nachfolgende Klausel aufgenommen:

„Die Käuferin behält sich das Recht vor, vom Kaufvertrag zurückzutreten, wenn nicht bis zum 16.12. 1992 nachgewiesen wird, daß eine bauliche Nutzfläche von mindestens 4400 qm erzielt werden kann. Der Verkäufer des Grundstücks ist verpflichtet, diesen Nachweis gegenüber der Käuferin zu führen. Die Ausübung des Rücktrittsrechts ist an keine Frist gebunden. Nach dem oben genannten Termin kann aber dem Rücktrittsberechtigten vom anderen Vertragsteil mit eingeschriebenem Brief eine Frist von vier Wochen für die Ausübung des Rücktrittsrechts gesetzt werden. Das Rücktrittsrecht erlischt, wenn der Rücktrittsberechtigte nicht vor Ablauf der Frist den Rücktritt erklärt hat."

Nachdem es dem Beklagten nicht gelungen war, die erwähnte Nutzfläche bis zum 16.12. 1992 der Firma Fix-Baubetreuungs GmbH nachzuweisen, trat diese auf eine entsprechende Anfrage des Beklagten vom 18.12. 1992 hin schließlich am 13.1. 1993 vom Kaufvertrag zurück. Den entsprechenden Schriftwechsel des Beklagten mit der Käuferin des Grundstücks lege ich in der Anlage vor. Angesichts dessen, daß der Beklagte nicht in der Lage war, der Firma Fix-Baubetreuungs-GmbH eine Nutzfläche von 4400 qm nachzuweisen, hat diese von ihrem notariell vorgesehenen Rücktrittsrecht am 13.1. 1993 zu Recht Gebrauch gemacht. Damit ist ein Anspruch des Klägers gegen den Beklagten auf Zahlung der Maklerprovision automatisch entfallen.

Schlau
Rechtsanwalt

Anlage 1 zum Schriftsatz vom 30. 3. 1993:

Emil Beck   München, den 18. 12. 1992
                                                      Nibelungenstr. 31

An die
Firma Fix-Baubetreuungs GmbH
Loserstr. 5
90439 Nürnberg

Sehr geehrte Herren!

Nachdem es nicht gelungen ist, Ihnen eine Nutzfläche von 4400 qm bezüglich des Grundstücks Brunhildenstr. 16 nachzuweisen, bitte ich Sie, mir mitzuteilen, ob Sie das im Vertrag vom 11. 11. 1992 vereinbarte Rücktrittsrecht ausüben wollen. Ich setze Ihnen hiermit eine Frist bis 20. 1. 1993.

Hochachtungsvoll

Emil Beck

Anlage 2 zum Schriftsatz vom 30. 3. 1993:

Fix-Baubetreuungs GmbH   Nürnberg, den 13. 1. 1993
                                                      Loserstr. 5

Herrn Emil Beck
Nibelungenstr. 31
81345 München

Sehr geehrter Herr Beck!

Bezugnehmend auf die vertragliche Vereinbarung vom 11. 11. 1992 und Ihr Schreiben vom 18. 12. 1992 erklären wir hiermit den Rücktritt vom Kaufvertrag vom 11. 11. 1992.

Wir bedauern, daß wir zu diesem Schritt gezwungen sind, da die

Verhandlungen mit Investoren und Geldinstituten über die Feiertage nicht zu einem positiven Ergebnis geführt haben.

Mit freundlichen Grüßen

Müller
Geschäftsführer

---

9 O 208/93   München, den 3. 4. 1993

Verfügung:

1. Abschrift von Beklagtenerwiderung formlos an Klägervertreter.
2. WV. m. E., sp. zum Termin.

Dr. Schnell
Vorsitzender Richter am Landgericht

Klaus Tüchtig   München, den 13. 4. 1993
Rechtsanwalt   Nebelstr. 35

| Landgericht München I |
| Eingang: 14. 4. 1993 |

An das
Landgericht München I
– 9. Zivilkammer –
80335 München

9 O 208/93

In Sachen Kling gegen Beck führe ich zum Schriftsatz des Beklagtenvertreters vom 30. 3. 1993 folgendes aus:

Der von der Gegenseite ergänzend vorgetragene Sachverhalt ist zutreffend. Die Rechtsauffassung des Beklagten hinsichtlich der Klage ist jedoch völlig verfehlt.

Der wirksam entstandene Anspruch auf Maklerprovision kann später nicht mehr entfallen. Daran ändert auch die Rücktrittserklärung vom 13. 1. 1993 nichts. Der Rücktritt wurde nämlich gar nicht auf das notariell vereinbarte Rücktrittsrecht (Nichterreichen einer Nutzfläche von 4400 qm) gestützt, sondern letztlich darauf, daß die

Verhandlungen mit den Investoren und Geldinstituten zu keinem positiven Ergebnis geführt hatten. Ferner stünde ein etwaiges Rücktrittsrecht mit dem notariellen Vertrag vom 11.11. 1992 insoweit nicht in Einklang, als das Schreiben vom 18.12. 1992, auf das im Brief vom 13.1. 1993 Bezug genommen wurde, eine Fristsetzung enthält, während das notariell vereinbarte Rücktrittsrecht gerade nicht fristgebunden war. Im übrigen ist der angebliche Rücktrittsgrund, Nichterreichen der baulichen Nutzfläche von 4400 qm, nur vorgeschützt. Zwar hat der Beklagte der Käuferin eine Nutzfläche von 4400 qm nicht nachgewiesen. Tatsächlich besteht jedoch eine bauliche Nutzfläche von sogar 4433 qm. In Wahrheit ist der Kaufvertrag zwischen dem Beklagten und der Firma Fix-Baubetreuungs GmbH nur deshalb aufgehoben worden, weil die Käuferin in Zahlungsschwierigkeiten geraten war. Nach alledem bleibt es dabei, daß der Beklagte zur Zahlung von DM 20 000,– Maklerprovision verpflichtet ist.

Tüchtig
Rechtsanwalt

Auszug aus der Niederschrift über die Sitzung des Landgerichts München I – 9. Zivilkammer – vom 22. 4. 1993:

Es sind erschienen
für den Kläger: Rechtsanwalt Tüchtig
für den Beklagten: niemand
Es wird festgestellt, daß der Beklagte zum heutigen Termin rechtzeitig und ordnungsgemäß geladen wurde, sein Prozeßbevollmächtigter jedoch nicht erschienen ist.
Der Klägervertreter beantragt um 9.50 Uhr Versäumnisurteil.
Das Gericht verkündete hierauf folgendes

Versäumnisurteil:

1. Der Beklagte wird verurteilt, an den Kläger DM 20 000,– zu bezahlen.
2. Der Beklagte hat die Kosten des Rechtsstreits zu tragen.
3. Das Urteil ist vorläufig vollstreckbar.
Dr. Schnell   Huber
Vorsitzender Richter am Landgericht   Justizangestellte

9 O 208/93   München, den 23. 4. 1993

Verfügung:

Versäumnisurteil zustellen an Parteivertreter.

                                         Dr. Schnell
                                         Vorsitzender Richter am Landgericht

---

Heinrich Schlau   München, den 19. 5. 1993
Rechtsanwalt   Moosburger Str. 10

                              ┌─────────────────────────────┐
                              │ Landgericht München I   │
                              │ Eingang: 20. 5. 1993   │
                              └─────────────────────────────┘

An das
Landgericht München I
– 9. Zivilkammer –
80335 München

9 O 208/93

   In Sachen Kling gegen Beck lege ich gegen das mir am 5. 5. 1993
zugestellte Versäumnisurteil vom 22. 4. 1993 hiermit Einspruch ein
und beantrage, das Versäumnisurteil vom 22. 4. 1993 aufzuheben und
die Klage abzuweisen.

                                              Schlau
                                              Rechtsanwalt

Heinrich Schlau   München, den 22. 5. 1993
Rechtsanwalt   Moosburger Str. 10

                              ┌─────────────────────────────┐
                              │ Landgericht München I   │
                              │ Eingang: 22. 5. 1993   │
                              └─────────────────────────────┘

An das
Landgericht München I
9. Zivilkammer
80335 München

9 O 208/93

In Sachen Kling gegen Beck begründe ich meinen Einspruch vom 19. 5. 1993 wie folgt:

Der Einspruch ist noch fristgerecht. Das Versäumnisurteil vom 22. 4. 1993 hätte nicht ergehen dürfen, da sich der Klägervertreter standeswidrig verhalten hat. Somit hat die Einspruchsfrist noch gar nicht zu laufen begonnen. Rein vorsorglich beantrage ich Wiedereinsetzung in den vorigen Stand, falls das Gericht die Einspruchsfrist als versäumt ansehen sollte. Ich habe den Einspruchsschriftsatz am Nachmittag des 19. 5. 1993 meiner Sekretärin diktiert und sie gegen 15.00 Uhr mit dem Schriftsatz zum Landgericht München I geschickt. Infolge eines Verkehrsunfalls, in den meine Sekretärin ohne eigenes Verschulden verwickelt wurde, kam diese erst gegen 18.00 Uhr beim Landgericht München I an. Sie hat dort aus Versehen, wohl unter Nachwirkung des erlittenen Unfalls, den Schriftsatz nicht in den Nachtbriefkasten, sondern in den Hausbriefkasten des Landgerichts München I geworfen. Die Sekretärin ist seit sechs Jahren bei mir beschäftigt und hat sich stets als zuverlässig erwiesen.

Beweisangebot: Angelika Sorge,
        zu laden bei mir als Zeugin.

Von einer etwaigen Fristversäumnis habe ich erst heute anläßlich eines Telefonats mit der Geschäftsstelle der 9. Zivilkammer des Landgerichts München I erfahren. In der Sache selbst wiederhole ich meine früheren Ausführungen. Ergänzend weise ich darauf hin, daß die Behauptung des Klägers im Schriftsatz vom 13. 4. 1993, der Kaufvertrag sei nur deshalb aufgehoben worden, weil die Käuferin in Zahlungsschwierigkeiten geraten war, energisch bestritten wird.

Gleichzeitig erhebe ich Widerklage mit dem Antrag, den Kläger zur Zahlung von 10 500,– DM zu verurteilen.

Der Widerklage liegt folgender Sachverhalt zugrunde:

Am 22. 4. 1992 kaufte der Beklagte vom Kläger drei Mutterstuten mit Fohlen, worunter sich auch der am 9. 3. 1991 geborene Hengst „Devil" befand. Den Angaben des Klägers zufolge stammte „Devil" von dem Hengst „Ungestüm" und der Stute „Sanft" ab. Mit dieser angegebenen Abstammung wurde „Devil" auch zunächst beim Hauptverband für Traberzucht und Rennen e. V. registriert und der entsprechende Fohlenschein ausgestellt. Mit Schreiben vom 15. 6. 1992 teilte der genannte Verband dem Beklagten mit, daß im Hinblick auf Zweifel hinsichtlich des Abstammungsverhältnisses von „Devil" die Löschung des Fohlens im Zuchtbuch und damit ein sofortiges Ausscheiden aus dem Renn- und Zuchtbetrieb verfügt worden sei. Der Beklagte seinerseits hatte aber bereits am 10. 6. 1992 das Pferd „Devil", das einen Wert von DM 8000,– hatte, an Herrn Franz Dachs für einen Preis von DM 18 500,– weiterverkauft.

Beweis: Einvernahme von Franz Dachs, Abendstr. 5,
    80322 München 15 als Zeuge.

Nach der Bekanntgabe der Entscheidung des Hauptverbands für Traberzucht und Rennen e. V. war der Zeuge Dachs verständlicherweise nicht mehr bereit, den Preis von DM 18 500,– zu bezahlen und das Pferd abzunehmen.

Es bestehen keinerlei Zweifel, daß „Devil" nicht von dem Hengst „Ungestüm", sondern von dem nicht gekörten Hengst „Max" abstammt. Dies hat der Kläger im Zeitpunkt des Verkaufs des Fohlens gewußt und dem Beklagten gegenüber arglistig verschwiegen. Die Kenntnis des Klägers folgt einmal daraus, daß er bei der Deckung der Mutterstute „Sanft" durch den Hengst „Max" im Frühjahr 1990 anwesend war. Selbst wenn dies nicht der Fall gewesen sein sollte, hat er trotzdem arglistig gehandelt, da er bei Kaufabschluß ohne tatsächliche Grundlage ins Blaue hinein unrichtige Angaben über die Abstammungsverhältnisse des Fohlens „Devil" gemacht hat. Der Beklagte kann daher Schadensersatz wegen Nichterfüllung verlangen. Dieser Anspruch wird primär auf § 325 BGB, hilfsweise auf § 463 BGB und § 823 Abs. 2 BGB in Verbindung mit § 263 StGB bzw. § 1 und § 2 Abs. 1 Tierzuchtgesetz als Schutzgesetze gestützt.

Abschließend beantrage ich zum Beweis dafür, daß „Devil" nicht von „Ungestüm" abstammen kann, die Einholung eines Sachverständigengutachtens.

Schlau
Rechtsanwalt

Terminsbestimmung vom 26. 5. 1993, die den Rechtsanwälten Tüchtig und Schlau am 29. 5. 1993 zugestellt wird. – Klägervertreter erhält außerdem Abschrift der Schriftsätze vom 19. 5. 1993 und vom 22. 5. 1993 sowie Mitteilung durch das Gericht, daß das Versäumnisurteil vom 22. 4. 1993 dem Beklagten am 5. 5. 1993 zugestellt wurde und daß der Einspruchsschriftsatz am 20. 5. 1993 bei Gericht einging.

Klaus Tüchtig   München, den 29. 5. 1993
Rechtsanwalt   Nebelstr. 35

> Landgericht München I
> Eingang: 29. 5. 1993

An das
Landgericht München I
– 9. Zivilkammer –
80335 München

9 O 208/93

In Sachen Kling gegen Beck beantrage ich, den Einspruch gegen das Versäumnisurteil vom 22. 4. 1993 als verspätet zu verwerfen, auch wenn das tatsächliche Vorbringen der Gegenseite zu den Umständen der Einspruchseinlegung nicht bestritten wird.

Hinsichtlich der Widerklage führe ich zum Schriftsatz der Gegenseite vom 22. 5. 1993 folgendes aus:

Es wird bestritten, daß das Fohlen „Devil" von dem nicht gekörten Hengst „Max" abstammt. Vielmehr bleibt der Kläger nach wie vor bei seinem Vortrag, daß das Fohlen tatsächlich von dem Hengst „Ungestüm" abstammt. Ebenso wird bestritten, daß der Kläger bei der Deckung der Mutterstute „Sanft" im Frühjahr 1990 persönlich anwesend war. Tatsächlich war vielmehr der Stallmeister des Klägers, Herr Richard Muster, bei dem Deckakt anwesend. Dieser hatte dem Kläger gegenüber wiederholt bekundet, daß die Stute „Sanft" nur dem Deckhengst „Ungestüm" und niemals dem Hengst „Max" zugeführt worden war. Im Hinblick auf diese Angaben ging der Kläger bei Kaufabschluß mit dem Beklagten davon aus, daß das Fohlen „Devil" – wie vorgetragen – nur von dem Hengst „Ungestüm" stammen konnte. Von einer arglistigen Täuschung kann daher nicht die Rede sein. Rein vorsorglich wird gegenüber etwaigen Gewährleistungsansprüchen des Beklagten die Einrede der Verjährung erhoben. Ich beantrage abschließend, die Widerklage abzuweisen.

Tüchtig
Rechtsanwalt

Auszug aus der Niederschrift über die Sitzung des Landgerichts München I
– 9. Zivilkammer – vom 8. 6. 1993:
Gegenwärtig:
Vorsitzender Richter am Landgericht Dr. Schnell als Vorsitzender,
Richter am Landgericht Froh und Gerecht als Beisitzer,
Justizangestellte Huber als Urkundsbeamtin der Geschäftsstelle.
Es sind erschienen
für den Kläger: Rechtsanwalt Tüchtig
für den Beklagten: Rechtsanwalt Schlau.

Der Vorsitzende führt in den Sach- und Streitstand ein.

Rechtsanwalt Tüchtig stellt Antrag gemäß Schriftsatz vom 29.5. 1993, hilfsweise beantragt er, das Versäumnisurteil vom 22.4. 1993 aufrechtzuerhalten.

Rechtsanwalt Schlau stellt die Anträge aus den Schriftsätzen vom 19.5. 1993 und vom 22.5. 1993.

Die Parteien verhandeln streitig zur Sache nach Maßgabe der gewechselten Schriftsätze. Der Vorsitzende verkündet folgenden Beschluß:

Termin zur Verkündung einer Entscheidung wird bestimmt auf Freitag, den 25.6. 1993, 9.30 Uhr, Sitzungssaal 12.

| Dr. Schnell | Huber |
| Vorsitzender Richter am Landgericht | Justizangestellte |

Vermerk für den Bearbeiter:

Die Entscheidung des Gerichts ist zu entwerfen.

Der Tatbestand ist erlassen.

Ladungen, Zustellungen, Vollmachten und sonstige Formalien sind in Ordnung. § 278 Abs. 3 ZPO wurde beachtet. Wenn das Ergebnis der mündlichen Verhandlung nach Ansicht des Bearbeiters für die Entscheidung nicht ausreicht, ist zu unterstellen, daß trotz Wahrnehmung der richterlichen Aufklärungspflicht keine weitere Aufklärung zu erzielen war.

Soweit die Entscheidung keiner Begründung bedarf oder in den Gründen ein Eingehen auf alle berührten Rechtsfragen nicht erforderlich erscheint, sind diese in einem Hilfsgutachten zu erörtern.

Auf die in der **Anlage** auszugsweise abgedruckten Bestimmungen des Tierzuchtgesetzes wird hingewiesen.

Anlage:
Tierzuchtgesetz vom 20. April 1976 (BGBl. I, 1045) *(Auszug)*

Erster Abschnitt
Allgemeine Bestimmungen
§ 1 **Zweck des Gesetzes.**

Zweck dieses Gesetzes ist es, im züchterischen Bereich die tierische Erzeugung so zu fördern, daß

1. die Leistungsfähigkeit der Tiere erhalten und verbessert wird,
2. die Wirtschaftlichkeit der tierischen Erzeugung erhöht wird und
3. die von den Tieren gewonnenen Erzeugnisse den an sie gestellten qualitativen Anforderungen entsprechen.

§ 2 **Anwendungsbereich, Begriffsbestimmungen.**
(1) Dieses Gesetz gilt für die Zuchtverwendung von Bullen, Ebern, Schafböcken und Hengsten (männliche Tiere).
(2) Im Sinne dieses Gesetzes sind
1. Zuchtverwendung: die Verwendung männlicher Tiere zum Decken; als Zuchtverwendung eines männlichen Tieres gilt auch die Verwendung seines Samens zur künstlichen Besamung;
2. Zuchtwert: der erbliche Einfluß von Tieren auf die Wirtschaftlichkeit ihrer Nachkommen; er wird mit Hilfe von Leistungsprüfungen sowie der Beurteilung der äußeren Erscheinung festgestellt;
3. Leistungsprüfung: ein Verfahren zur Ermittlung der Leistungen von Tieren im Rahmen der Feststellung des Zuchtwertes männlicher Tiere;
4. Züchtervereinigung: ein körperschaftlicher Zusammenschluß von Züchtern zur Förderung der Tierzucht;
5. Zuchtbuch: ein von einer anerkannten Züchtervereinigung geführtes Register der Zuchttiere zu ihrer Identifizierung und zum Nachweis ihrer Abstammung und ihrer Leistungen;
6. Abstammungsnachweis: eine von einer anerkannten Züchtervereinigung ausgestellte Urkunde über die Abstammung eines Tieres;
7. Besamungsstation: eine Haltung männlicher Tiere zur Gewinnung, Behandlung und Abgabe von Samen zur künstlichen Besamung.
...

Entscheidungsentwurf

Landgericht München I
9 O 208/93

IM NAMEN DES VOLKES!

In dem Rechtsstreit
Günther Kling, Hofstraße 15, 90311 Nürnberg
– Kläger und Widerbeklagter –
Prozeßbevollmächtigter: Rechtsanwalt Klaus Tüchtig, Nebelstr. 35, 80233 München

gegen

Emil Beck, Nibelungenstr. 31, 81345 München
– Beklagter und Widerkläger –
Prozeßbevollmächtigter: Rechtsanwalt Heinrich Schlau, Moosburger Straße 10, 80155 München
erläßt das Landgericht München I, 9. Zivilkammer, durch den Vorsitzenden Richter am Landgericht Dr. Schnell und die Richter am Landgericht Froh und Gerecht aufgrund der mündlichen Verhandlung vom 8. Juni 1993 folgendes

Endurteil:

I. Das Versäumnisurteil vom 22. April 1993 wird aufgehoben.
II. Klage und Widerklage werden abgewiesen.
III. Der Beklagte trägt die Kosten seiner Säumnis; von den übrigen Kosten des Rechtsstreits tragen der Kläger ⅔ und der Beklagte ⅓.
IV. Das Urteil ist vorläufig vollstreckbar, für den Beklagten allerdings nur gegen Sicherheitsleistung in Höhe von DM 2400,–. Der Beklagte kann die Vollstreckung durch Sicherheitsleistung in Höhe von DM 1500,– abwenden, falls nicht der Kläger vor der Vollstreckung in gleicher Höhe Sicherheit leistet.

Entscheidungsgründe:

I. Der Einspruch gegen das Versäumnisurteil vom 22. 4. 1993 ist statthaft (§ 338 ZPO) und auch in der erforderlichen Form eingelegt (§ 340 ZPO). Entgegen der Auffassung des Klägers ist letztlich der Einspruch auch nicht wegen Fristversäumnis zu verwerfen.

Die Einspruchsfrist des § 339 ZPO ist gewahrt, da diese ab Zustellung des Urteils am 5. 5. 1993 zu laufen beginnt. Für das Laufen der Frist spielt es keine Rolle, ob das Versäumnisurteil zu Recht ergangen ist.[1] Maßgeblich ist allein, daß das Versäumnisurteil objektiv ergangen ist und am 5. 5. 1993 dem Beklagtenvertreter gemäß § 176 ZPO wirksam zugestellt worden ist. Damit ist der Einspruch vom 19. 5. 1993, obwohl er den Eingangsstempel[2] vom 20. 5. 1993 trägt, nicht als verspätet anzusehen. Entscheidend ist, daß der Einspruch noch am 19. 5. 1993, und damit rechtzeitig in die Verfügungsgewalt des Gerichts gelangt ist. Der diesbzgl. tatsächliche Vortrag des Beklagten wurde vom Kläger nicht bestritten.[3]

Durch den zulässigen Einspruch wird der Prozeß in die Lage vor Eintritt der Säumnis zurückversetzt (§ 342 ZPO).

II. Die zulässige[4] Klage ist nicht begründet. Dem Kläger steht

---

[1] Die Bearbeiter der Klausur mußten erkennen, daß aufbaumäßig diese Frage nicht im Rahmen der Zulässigkeit des Einspruchs geprüft werden durfte, sondern ausschließlich im Rahmen der Kostenentscheidung des § 344 ZPO Berücksichtigung finden konnte (vgl. dazu unten Fußnote 22).

[2] Flüchtigkeiten bei der Bewertung von Daten rächten sich in der Klausur. Einige Bearbeiter, die nur auf das Datum der Abfassung des Einspruchs (19. 5. 1993) achteten, sahen aus ihrer Sicht zwar folgerichtig, aber leider falsch, den Einspruch deshalb als rechtzeitig eingelegt an. Tatsächlich kommt es jedoch für die Fristberechnung grundsätzlich auf den Eingangsstempel bei Gericht (20. 5. 1993) an.

[3] Thomas-Putzo, § 233 Rdnr. 26; BGH NJW 1984, 1237. – Der Bearbeiter der Klausur mußte erkennen, daß die Frage einer etwaigen Wiedereinsetzung in den vorigen Stand sich daher nicht mehr stellte.

[4] Auch in dieser Klausur warf die Zulässigkeit der Klage keinerlei Probleme auf. Eine Prüfung der Sachurteilsvoraussetzungen mußte daher nicht nur als überflüssig, sondern sogar als falsch angesehen werden.

gegen den Beklagten kein Anspruch auf Maklervergütung gemäß § 652 BGB zu.

1. Nach § 652 I 1 BGB entsteht der Lohnanspruch des Maklers, wenn der Vertrag zwischen seinem Auftraggeber und einem Dritten infolge seines Nachweises oder seiner Vermittlung zustande kommt. Eine Ausnahmeregelung trifft das Gesetz nur in § 652 I 2 BGB für den Fall eines unter einer aufschiebenden Bedingung abgeschlossenen Vertrages. Bei diesem ist der Maklerlohn erst mit dem Eintritt der Bedingung verdient. Der Grund hierfür liegt darin, daß dieser Vertrag noch nicht als ein vollkommen abgeschlossener Vertrag im Sinne des § 652 I 1 BGB anzusehen ist, da seine gewollte Wirkung von dem Eintritt der aufschiebenden Bedingung abhängt.[5]

Dagegen enthält das Gesetz keine Regelung für den Fall eines Rücktritts vom Vertrag. Während für den Fall der Ausübung eines **gesetzlichen** Rücktrittsrechts Einigkeit besteht, daß der Maklerlohnanspruch erhalten bleibt,[6] ist die Frage nach dem Bestehenbleiben oder Wegfall des Vergütungsanspruchs bei Ausübung eines **vertraglich** vereinbarten Rücktrittsrechts weitgehend Auslegungsfrage.[7] Entscheidend dafür ist, ob nach Beweggrund, Zweck und Inhalt der Rücktrittsklausel der Hauptvertrag im Sinn einer anfänglichen Unvollkommenheit in Schwebe bleiben soll.[8] Dies gilt insbesondere dann, wenn eine Unsicherheit vorliegt, deren Behebung außerhalb der Macht der Vertragspartner liegt. In diesem Fall kommt der Rücktrittsvorbehalt der Vereinbarung einer aufschiebenden Bedingung im Sinn des § 652 I 2 BGB gleich.[9]

Diese Grundsätze der Rechtsprechung des Bundesgerichtshofs sind auf den vorliegenden Fall anwendbar. Wie der notariellen Vereinbarung vom 11. 11. 1992 zu entnehmen ist, war der Kaufvertrag zwischen dem Beklagten und der Firma Fix-Baubetreuungs GmbH von vornherein mit der Unsicherheit belastet, ob die bauliche Nutzfläche von 4400 qm erreicht werden konnte und damit die geplante Errich-

---

[5] Vgl. BGH NJW 1974, 695.

[6] Vgl. dazu BGH NJW 1974, 694; OLG Köln MDR 1956, 938; Palandt-Thomas, § 652 Rdnr. 26; Schwerdtner in Münchner Kommentar, BGB 2. Aufl. 1986, § 652 Randnr. 124.

[7] BGH DB 1973, 226; BGH NJW 1974, 695; BGH WM 1977, 23; Palandt-Thomas, § 652 Rdnr. 27; Schwerdtner aaO § 652 Randnr. 125.

[8] Vgl. Palandt-Thomas, § 652 Rdnr. 27.

[9] Dies war die zentrale Fragestellung der Klausur. Die Bearbeiter mußten erkennen, daß die Klausurproblematik zwar im Gesetz nicht ausdrücklich geregelt ist, sich in § 652 I 2 BGB jedoch immerhin ein Anhaltspunkt findet, der es rechtfertigt, dem Rücktrittsvorbehalt in der Vereinbarung vom 11. 11. 1992 die gleiche Bedeutung wie einer aufschiebenden Bedingung zuzumessen. – Vgl. im einzelnen zu dieser Frage: BGH WM 1977, 23; BGH NJW 1976, 1842; BGH NJW 1974, 694; BGH WM 1971, 905.

tung eines Altenheims durchführbar war. Dieser Ungewißheit wurde insbesondere durch das in Ziffer XV vereinbarte Rücktrittsrecht für den Käufer Rechnung getragen. Nach dem Willen der Parteien sollte die Wirksamkeit des Vertrags bewußt in der Schwebe bleiben, solange nicht die vereinbarte Nutzungsfläche vom Verkäufer dem Käufer positiv nachgewiesen war. Sinn und Zweck des Rücktrittsrechts gleichen daher weitgehend der Vereinbarung einer aufschiebenden Bedingung. So hat der Bundesgerichtshof in einem Fall entschieden, in dem ein Rücktrittsrecht von der Bebauungsfähigkeit des gekauften Grundstücks abhängig gemacht worden war, daß die Parteien den Vertrag solange in der Schwebe lassen wollten, bis die Bebauungsfähigkeit feststeht.[10] In diesem Fall sei der Rücktrittsvorbehalt der Vereinbarung einer aufschiebenden Bedingung gleichzusetzen. Nichts anderes kann dann gelten, wenn wie hier das Grundstück zwar bebaubar ist, infolge der vertraglich vereinbarten erforderlichen Nutzungsfläche jedoch offen bleibt, ob die ins Auge gefaßte Bebauung mit einem Altenwohnheim durchführbar ist.

2. Eine Rücktrittserklärung vom Kaufvertrag, die zu einem Entfallen des Makleranspruchs führen mußte, hat die Käuferin des Grundstücks auch wirksam abgegeben.

Zu Unrecht will der Kläger nur auf den zweiten Absatz des Schreibens vom 13. 1. 1993 (Anlage 2 zum Schriftsatz vom 30. 3. 1993) abstellen und den ersten Absatz des Schreibens weitgehend außer Acht lassen. Entscheidend ist, daß die Käuferin des Grundstücks, die Firma Fix-Baubetreuungs GmbH, in ihrer Mitteilung vom 13. 1. 1993 auf das Schreiben vom 18. 12. 1992 (Anlage 1 zum Schriftsatz vom 30. 3. 1993) Bezug genommen hat.[11] Im Schreiben vom 18. 12. 1993 hat der Beklagte die Käuferin aufgefordert, sich darüber zu erklären, ob sie das im Vertrag vom 11. 11. 1992 vereinbarte Rücktrittsrecht ausüben wolle und insbesondere für die Ausübung dieses Rücktrittsrechts eine Frist gesetzt. Wenn die Käuferin des Grundstücks unter Bezugnahme auf dieses Aufforderungsschreiben am 13. 1. 1993 den Rücktritt vom Kaufvertrag erklärt, so kann diese Erklärung nur dahingehend verstanden werden, daß sie von der ihr vertraglich eingeräumten Möglichkeit nach entsprechender Aufforderung durch den Beklagten Gebrauch machen will. Dieser Auslegung steht der zweite Absatz des Schreibens vom 13. 1. 1993 nicht entgegen. Diese Passage enthält nur eine Erläuterung für das ausgeübte Rücktrittsrecht und legt die Motive im einzelnen dar, die die Käuferin veranlaßt haben, das ihr vertraglich eingeräumte Recht auszuüben.

---

[10] BGH WM 1977, 22; BGH WM 1971, 905.
[11] Diesen Umstand haben viele Bearbeiter der Klausur übersehen mit der Konsequenz, daß sie das Schreiben vom 13. 1. 1993 unzutreffend auslegten.

3. Zu Unrecht beruft sich der Kläger in diesem Zusammenhang darauf, daß das Rücktrittsrecht nicht fristgebunden sei und deshalb eine Fristsetzung im Schreiben vom 18. 12. 1992 nicht mit dem vertraglich vereinbarten Rücktrittsrecht in Einklang stünde. Der Kläger übersieht dabei Ziff. XV des Kaufvertrags vom 11. 11. 1992, wonach dem Rücktrittsberechtigten vom anderen Vertragteil eine Frist von 4 Wochen für die Ausübung des Rücktrittsrechts bestimmt werden kann und das Rücktrittsrecht erlischt, wenn der Rücktrittsberechtigte nicht vor Ablauf der Frist den Rücktritt erklärt hat. Insofern entspricht die Ausübung des Rücktrittsrechts durch die Käuferin des Grundstücks in vollem Umfang der notariellen Vereinbarung vom 11. 11. 1992.

4. Soweit der Kläger schließlich vorgetragen hat, die Rücktrittserklärung sei nur der Vorwand gewesen dafür, daß tatsächlich wegen finanzieller Schwierigkeiten der Käuferin der Kaufvertrag einvernehmlich aufgehoben werden sollte, hat der insoweit beweispflichtige Kläger für seine vom Beklagten bestrittene Behauptung keinen Beweis angeboten.[12] Damit hat der Beklagte von seinem vertraglich eingeräumten Recht, vom Kaufvertrag zurückzutreten, mit Schreiben vom 13. 1. 1993 Gebrauch gemacht.

5. Für diese Erklärung bestand auch ein wirksamer Rücktrittsgrund insofern, als die vereinbarte bauliche Nutzungsfläche von 4400 qm nicht nachgewiesen worden war. Entscheidend ist, daß nach Ziffer XV der vertraglichen Vereinbarung vom 11. 11. 1992 der Käufer zum Rücktritt berechtigt war, wenn die bauliche Nutzfläche vom Verkäufer der Käuferin nicht positiv nachgewiesen werden konnte. Daher spielt es keine Rolle, daß der Kläger im anhängigen Prozeß behauptet, daß sogar eine größere Nutzfläche als 4400 qm, nämlich 4433 qm, vorhanden gewesen sei, und dies vom Beklagten nicht bestritten wird. Für das Vorliegen eines wirksamen Rücktrittsrechts kommt es nur darauf an, daß im Verhältnis zwischen **Verkäufer und Käufer des Grundstücks** der Käufer aufgrund des Umstandes, daß **ihm** unstreitig eine Nutzungsfläche von 4400 qm vom Verkäufer nicht positiv nachgewiesen worden ist, aufgrund der notariellen Vereinbarung zum Rücktritt berechtigt war.

Nach alledem besteht für den Kläger kein Anspruch gegen den Beklagten auf Zahlung von Maklerprovision gem. § 652 BGB. Gemäß § 343 Satz 2 ZPO war daher das Versäumnisurteil aufzuheben und die Klage abzuweisen.

---

[12] Als schwerer Fehler mußte bewertet werden, wenn die im Schriftsatz vom 13. 4. 1993 aufgestellte Behauptung des Klägers als feststehende Tatsache übernommen wurde, ohne zu beachten, daß diese Behauptung im Schriftsatz vom 22. 5. 1993 vom Beklagten ausdrücklich bestritten worden ist und der insoweit beweispflichtige Kläger für seine Behauptung weder Beweis angeboten, geschweige denn den ihm obliegenden Nachweis für seinen Sachvortrag geführt hat.

III. Die zulässige Widerklage ist unbegründet.

1. An sich ist für die Widerklage das Amtsgericht sachlich zuständig (§ 23 Nr. 2 c GVG). Problematisch ist auch die örtliche Zuständigkeit. So liegen die Voraussetzungen der §§ 12, 13 ZPO hinsichtlich der Widerklage nicht vor, da der Kläger seinen Wohnsitz in Nürnberg hat. Die örtliche Zuständigkeit folgt auch nicht aus der Bestimmung des § 33 ZPO, die keine eigene Zulässigkeitsvoraussetzung der Widerklage, sondern eine besondere Gerichtsstandsregelung enthält.[13] Der für § 33 ZPO erforderliche rechtliche Zusammenhang ist im vorliegenden Fall nämlich nicht gegeben, da der in der Klage erhobene Anspruch auf Maklerprovision mit dem in der Widerklage geltend gemachten Schadensersatzanspruch in keinem rechtlichen Zusammenhang steht. Vielmehr sind beide Ansprüche aus verschiedenen Rechtsverhältnissen abgeleitet. Die sachliche und örtliche Zuständigkeit des Landgerichts München I folgt jedoch letztlich aus § 39 ZPO.

2. Die Widerklage hat jedoch in der Sache keinen Erfolg.

Dabei kann dahingestellt bleiben, ob das Fohlen „Devil" von dem ungekörten Hengst „Max" abstammt. Selbst wenn man diese Behauptung des Beklagten zu seinen Gunsten als wahr unterstellt, stehen andere Gründe einem Schadensersatzanspruch des Beklagten entgegen. Daher kam es auch auf die vom Beklagten insoweit beantragte Erholung eines Sachverständigengutachtens nicht an, so daß von einer Beweiserhebung analog § 244 Abs. 3 StPO abgesehen werden konnte.[14]

a) Soweit sich der Beklagte auf §§ 440, 325 BGB beruft, scheidet diese Anspruchsgrundlage von vornherein aus, weil kein Fall der Nichterfüllung vorliegt. Entgegen der Auffassung des Beklagten handelt es sich nicht um eine Aliud-Lieferung, wenn das Fohlen „Devil",

---

[13] Diese Auffassung entspricht der h. M. (vgl. Thomas-Putzo, § 33 Rdnr. 1 m. w. Nachw.)

[14] Die meisten Kandidaten haben an dieser Stelle der Klausur wenig sorgfältig gearbeitet. Viele Prüflinge haben es gänzlich unterlassen, zu dem Beweisangebot im Schriftsatz vom 22. 5. 1993 Stellung zu nehmen. Dies ist ein nicht unerheblicher Mangel, der den Wert der Klausur beeinträchtigt. Andere Bearbeiter, die das Beweisangebot auf Einholung eines Sachverständigengutachtens gesehen hatten, waren nicht in der Lage, dieses ordnungsgemäß in den Entscheidungsgründen zu verbescheiden. Ausgangspunkt der richtigen Lösung ist, daß die Zivilprozeßordnung keine ausdrückliche Vorschrift hinsichtlich der Ablehnung von Beweisanträgen enthält. Vielmehr ist in analoger Anwendung des § 244 III StPO (vgl. dazu BGHZ 53, 249/259; Thomas-Putzo, § 284 Rdnr. 4) zu entscheiden, ob die entsprechende Behauptung des Beklagten wie im vorliegenden Fall zu seinen Gunsten als wahr unterstellt werden kann, ohne daß sich an der getroffenen Entscheidung etwas ändern würde. Unter diesen Umständen darf das Gericht von einer Beweiserhebung absehen.

zugunsten des Beklagten unterstellt, nicht von dem Hengst „Ungestüm" abstammen sollte. Bei einer **Stückschuld** wie im vorliegenden Fall, liegt eine Aliud-Lieferung nur dann vor, wenn die gelieferte Sache von der verkauften gegenständlich abweicht.[15] Nach der Rechtsprechung des Bundesgerichtshofs[16] kann bei einer Speziesschuld von einer Falschlieferung dann nicht die Rede sein, wenn der gelieferte und der im Vertrag festgelegte Leistungsgegenstand letztlich **identisch** sind, mag auch die Sache nach ihrer Art oder infolge von Sachmängeln für den vorgesehenen Verwendungszweck völlig ungeeignet sein. Von diesen Grundsätzen ist hier auszugehen, so daß ein Fall der Nichterfüllung von vorneherein nicht vorliegt.

b) Ebensowenig kann der Beklagte sich auf die Anspruchsgrundlage der §§ 481, 492, 463 BGB berufen.[17] Selbst wenn man erneut zu seinen Gunsten unterstellt, daß dem Fohlen „Devil" eine wesentliche Eigenschaft im Hinblick auf die nicht vorliegende Abstammung von dem Hengst „Ungestüm" fehlt, rechtfertigt dies im Ergebnis keinen Schadensersatzanspruch nach §§ 481, 492, 463 BGB. Entscheidend ist, daß der Kläger sich wirksam auf die Einrede der Verjährung gem. §§ 490, 477 BGB berufen hat. Den Nachweis für den Ausnahmefall der §§ 490, 477 BGB, nämlich ein arglistiges Handeln des Klägers, hat der insoweit beweispflichtige Beklagte nicht erbracht. Arglistiges Handeln setzt zunächst voraus, daß der Kläger Kenntnis von dem Umstand hatte, daß das Fohlen „Devil" möglicherweise nicht von dem Hengst „Ungestüm" abstammte. Davon kann hier nicht die Rede sein. Soweit der Beklagte behauptet, daß der Kläger bei dem Deckakt anwesend war, hat dies der Kläger bestritten. Der insoweit beweispflichtige Beklagte hat für seine Behauptung keinen Beweis angeboten.[18] Ein arglistiges Verhalten des Klägers kann entgegen der Auffassung des Beklagten auch nicht daraus hergeleitet werden, daß der Kläger

---

[15] Diesen Gesichtspunkt mußte man in der Klausur unbedingt erkennen. Zahlreiche Bearbeiter der Aufgabe haben hier ungeprüft kurzerhand entsprechend der Kriterien, die von der Rechtsprechung im Rahmen der Gattungsschuld entwickelt worden sind, eine Aliudlieferung angenommen und dabei übersehen, daß diese Grundsätze bei der hier vorliegenden Stückschuld von vornherein nicht zum Tragen kommen. – Vgl. zum ganzen Palandt-Putzo, § 459 Rdnr. 3.

[16] Vgl. BGH NJW 1984, 1955.

[17] Fast alle Prüflinge haben an dieser Stelle der Klausur lediglich auf die Vorschrift des § 463 BGB abgestellt. Sie haben dabei übersehen, daß es sich beim Kauf eines Pferdes um einen Viehkauf im Sinn des § 481 BGB handelt. Daher wird die Anspruchsgrundlage des § 463 BGB erst über die Verweisungsvorschrift des § 481 BGB eröffnet. Zwar liegt hier kein Hauptmangel des § 482 BGB, sondern nur ein sog. Nebenmangel vor, doch gilt § 463 BGB auch bei arglistig verschwiegenen Nebenmängeln (Palandt-Putzo, § 492 Rdnr. 5).

[18] Vgl. Fußnote 12.

ohne tatsächliche Grundlage „ins Blaue hinein" unrichtige Angaben über die Abstammungsverhältnisse des Fohlens „Devil" gemacht hat. Die Anforderungen, die die Rechtsprechung insoweit stellt,[19] sind im vorliegenden Fall nicht erfüllt. Wie der Kläger vorträgt, lagen seinen Angaben hinsichtlich des Abstammungsverhältnisses des Fohlens „Devil" die Bekundungen seines Stallmeisters Muster, der für die Deckakte zuständig war, zugrunde. Für den Kläger bestand kein Anlaß, die Angaben seines Stallmeisters in Zweifel zu ziehen. Selbst wenn man zugunsten des Beklagten unterstellen würde, daß die Angaben des Zeugen Muster unrichtig waren, hat der Kläger allenfalls unrichtige Angaben übernommen, ohne daß man ihm daraus aber den Vorwurf des arglistigen Verhaltens machen kann.

c) Schließlich kann der Beklagte seinen Anspruch auch nicht auf § 823 II BGB stützen. Soweit er sich hinsichtlich des Schutzgesetzes im Sinn des § 823 II BGB auf die Vorschrift des § 263 StGB beruft, hat er den ihm obliegenden Nachweis für den Tatbestand des Betrugs weder in objektiver noch in subjektiver Hinsicht geführt. Entgegen der Ansicht des Beklagten stellen die von ihm angeführten Bestimmungen der § 1 und 2 TierZG keine Schutzgesetze im Sinn des § 823 II BGB dar. Ob eine Rechtsnorm den Schutz eines anderen bezweckt, bestimmt sich nicht nach den Wirkungen des Gesetzes, sondern danach, ob dessen Inhalt nach dem Willen des Gesetzgebers in Form eines bestimmten Gebots oder Verbots einem gezielten Individualzweck dient. Die Schaffung eines individuellen Schadensersatzanspruchs muß erkennbar vom Gesetz erstrebt sein.[20] Dieser Zielrichtung wird das TierZG gerade nicht gerecht. Gem. § 1 Nr. 1 TierZG soll im züchterischen Bereich die tierische Erzeugung gefördert und die Leistungsfähigkeit der Tiere erhalten und verbessert werden. Dagegen kann nicht davon die Rede sein, daß das Gesetz auch die Vermögensinteressen eines Pferdekäufers bewußt schützen will.

Nach alledem war der Anspruch aus der Widerklage als unbegründet abzuweisen.

Die Kostenentscheidung folgt aus § 92 I ZPO.[21] Die Kosten der Säumnis sind auszusondern und gem. § 344 ZPO[22] dem Beklagten aufzuerlegen, da das Versäumnisurteil in gesetzlicher Weise erlassen

---

[19] Vgl. dazu BGHZ 63, 388; BGH NJW 1979, 1888.

[20] Vgl. Palandt-Thomas, § 823 Rdnr. 141.

[21] Die Kostenentscheidung von Klage und Widerklage orientiert sich insgesamt an § 92 I ZPO. Als schwerer Fehler wäre es anzusehen, die Kosten nach Klage und Widerklage etwa zu trennen.

[22] Die Vorschrift des § 344 ZPO wird häufig übersehen. Im übrigen ist § 344 ZPO der richtige Aufhänger für die Prüfung der Frage, ob das Versäumnisurteil zu Recht ergangen ist. Vgl. dazu schon oben Fußnote 1.

worden ist und auf den Einspruch hin eine abändernde Entscheidung ergangen ist. Die gesetzlichen Voraussetzungen für den Erlaß eines Versäumnisurteils lagen nämlich vor. Der ordnungsgemäß geladene Beklagte ist zum Termin nicht erschienen. Ob es im vorliegenden Fall standeswidrig war, wenn der Prozeßbevollmächtigte des Klägers gegen den ebenfalls anwaltschaftlich vertretenen Beklagten den Erlaß eines Versäumnisurteils beantragt hat, kann dahingestellt bleiben. Selbst wenn man dies unterstellt, steht das dem Erlaß des Versäumnisurteils nicht entgegen, da nur die in der ZPO normierten Voraussetzungen für den Erlaß eines Versäumnisurteils maßgeblich sind.

Die Entscheidung über die vorläufige Vollstreckbarkeit folgt aus §§ 709 Satz 1, 708 Nr. 11, 711 Satz 1 ZPO.[23]

Dr. Schnell   Froh   Gerecht
Vorsitzender Richter   Richter am Landgericht

---

[23] Wie fast immer machte auch in dieser Klausur die Entscheidung über die vorläufige Vollstreckbarkeit den Prüflingen erhebliche Schwierigkeiten. Tatsächlich ist jedoch die Entscheidung gar nicht so schwierig. Kläger und Beklagter können von vornherein nur die ihnen erwachsenen Verfahrenskosten vollstrecken, da Klage und Widerklage in der Hauptsache abgewiesen worden sind. Soweit der Beklagte seine Verfahrenskosten vollstrecken will, liegen diese über einem Betrag von DM 2000,–, so daß insoweit § 709 Satz 1 ZPO und nicht § 708 Nr. 11 ZPO anwendbar ist. Soweit der Kläger seine Verfahrenskosten vollstreckt, liegen diese unter DM 2000,–, so daß insoweit § 708 Nr. 11 ZPO einschlägig ist. Daher ist es konsequent, dem Beklagten für diesen Fall die Abwendungsbefugnis nach § 711 Satz 1 ZPO einzuräumen.

3. KLAUSUR: Schwierigkeiten bei der Berufungseinlegung

Aktenauszug

Dr. Herbert Tüchtig
Rechtsanwalt

München, den 15. Januar 1993
Abendstraße 2

Landgericht München I
Eingang: 16. Januar 1993

An das
Landgericht München I
– Zivilkammer –
80335 München

Klage

In Sachen
Fa. Clever Public Relation GmbH,
gesetzlich vertreten durch den Geschäftsführer
Richard Müller, Neuhauser Str. 11, 80331 München

– Klägerin –

vertreten durch den Unterfertigten

gegen
1. Hans Joachim Buchner,
2. Bernhard Buchner,
Unternehmensberatung und Personalbeschaffung,
Kirchstraße 11, 89440 Augsburg

– Beklagte –

wegen Forderung.

Namens und im Auftrag der Klägerin erhebe ich Klage zum Landgericht München I. In der mündlichen Verhandlung werde ich beantragen:
1. Die Beklagten werden samtverbindlich verurteilt, an die Klägerin 16 800,– DM zu bezahlen.
2. Die Beklagten tragen die Kosten des Rechtsstreits.
3. Das Urteil ist vorläufig vollstreckbar.

Begründung:

Zwischen den Parteien kam es am 27. Oktober 1992 zum Abschluß des in Anlage 1 vorgelegten Vertrags. Danach übernahm die Klägerin die Verpflichtung, die Beklagten bei der Anwerbung und Auswahl von Büroleitern für selbständige Handelsvertretungen zu beraten und zu unterstützen. Die Beklagten waren nämlich ihrerseits gegenüber einer Firma Eleven verpflichtet, dieser geeignete Büroleiter zu benennen und für diese ein Vertriebsnetz aufzubauen. Dabei war an die Einrichtung von 48 Generalvertretungen im Gebiet der Bundesrepublik Deutschland gedacht. Für die Durchführung des Vertrags räumten die Beklagten der Klägerin eine Zeitspanne bis zum 7. Dezember 1992 ein. Völlig überraschend wandte sich die Firma Eleven am 1. Dezember 1992 an die Klägerin und teilte ihr mit, daß die Akquisition der Handelsvertreter bis auf weiteres sofort abzubrechen sei.

Die Klägerin hatte ihre Vertragspflichten bis zum 1. Dezember 1992 uneingeschränkt erfüllt, da sie für nahezu sämtliche von ihr bearbeiteten 48 Gebiete interessierte und geeignete Bewerber benannt hatte. Ungeachtet der Mitteilung der Firma Eleven wählte sie in der noch verbleibenden Zeit bis 7. Dezember 1992 die restlichen Bewerber aus, die jedoch von der Firma Eleven nicht mehr akzeptiert wurden.

Im Hinblick darauf, daß die Vereinbarung vom 27. Oktober 1992 als Dienstvertrag zu qualifizieren ist, steht der Klägerin die vereinbarte Vergütung in vollem Umfang zu. Da die Beklagten sich weigern, diese Vergütung zu bezahlen, ist Klage geboten.

Dr. Tüchtig
Rechtsanwalt

Anlage 1

Dienstleistungsvertrag

Zwischen Hans Joachim und Bernhard Buchner,
Unternehmensberatung und Personalbeschaffung,
im folgenden Auftraggeber genannt,
und
der Firma Clever Public Relation GmbH,
im folgenden Auftragnehmerin genannt,
gesetzlich vertreten durch ihren Geschäftsführer Richard Müller,
wird folgender Vertrag vereinbart:

1. Die Auftragnehmerin erhält hiermit von den Auftraggebern den Auftrag, diese bei der Anwerbung und Auswahl von qualifizierten Führungskräften (Büroleiter für selbständige Handelsvertretungen) für die Firma Eleven zu beraten und zu unterstützen.
2. Es ist zunächst die Einrichtung von ca. 48 Generalvertretungen in der Bundesrepublik Deutschland vorgesehen. Dabei hat die Auftragnehmerin die von den Auftraggebern vorgegebenen Auswahlkriterien zu beachten. Diese sind in einer besonderen Checkliste festgelegt.
3. Der Auftrag ist bis zum 7. Dezember 1992 durchzuführen. Die Auftragnehmerin sichert den Auftraggebern die zügige und planmäßige Abwicklung zu. Eine Verzögerung der Durchführung darf im äußersten Fall bei 10 Tagen liegen.
4. Die Auftraggeber stellen der Auftragnehmerin alle erforderlichen Unterlagen wie Prospekte, Muster, Vertragsentwürfe usw. für die Büroleiter rechtzeitig zur Verfügung. Die Unterlagen für die Gebietseinteilung und für die Mindestabnahmezahlen der anzuwerbenden Handelsvertreter wurden bereits übergeben.
5. Für die Laufzeit des Vertrags ist ein Zeitaufwand von maximal 42 Tagen kalkuliert. Pro Tag erhält die Auftragnehmerin eine Vergütung von 400,– DM.
6. Die Auftragnehmerin wird aufgrund der eingehenden Bewerbungen die Qualifikation der Interessenten persönlich prüfen und den Auftraggebern entsprechende Vorschläge für jedes Gebiet entscheidungsreif unterbreiten.
7. Erfüllungsort und Gerichtsstand ist für beide Teile München.

Augsburg, den 27. Oktober 1992

Hans Joachim Buchner   Richard Müller
Bernhard Buchner   für Fa. Clever Public Relation GmbH

Landgericht München I   München, den 20. Januar 1993
Az. 11 O 21/93

Verfügung:

1. Früher erster Termin zur mündlichen Verhandlung wird bestimmt auf Mittwoch, den 25. Februar 1993, 8.30 Uhr, Sitzungssaal 5
2. An die Beklagten zustellen
   a) Klageschrift
   b) Ladung zum Termin gem. 1. mit der Aufforderung, auf das Klagevorbringen innerhalb von 2 Wochen schriftlich zu erwidern und etwa vorzubringende Verteidigungsmittel unverzüglich mitzuteilen.

3. An Klägervertreter Ladung gem. Nr. 1 förmlich.
4. WV. mit Eingang, spätestens zum Termin.

Dr. Einser
Vorsitzender Richter am Landgericht

Dr. Andreas Klug   München, den 30. Januar 1993
Rechtsanwalt   Adelheidstraße 12

> Landgericht München I
> Eingang: 2. Februar 1993

An das
Landgericht München I
– 11. Zivilkammer –
80335 München

Az. 11 O 21/93

In dem Rechtsstreit Firma Clever Public Relation GmbH gegen Buchner hat mich der Beklagte zu 1) mit seiner Vertretung beauftragt. In seinem Namen und Auftrag beantrage ich, die Klage abzuweisen.

Begründung:

Der von der Klägerin vorgetragene Sachverhalt bedarf in wichtigen Punkten einer Ergänzung. Die Klägerin hat keinen einzigen Bewerber benannt, der geeignet oder bereit gewesen wäre, eine Gebietsvertretung für die Firma Eleven zu übernehmen, weshalb der mit dem Vertrag vom 27. Oktober 1992 bezweckte Erfolg nicht eingetreten ist. Da es sich bei dieser Vereinbarung um einen Werkvertrag handelt, ist die Vergütungspflicht der Beklagten entfallen. Ferner war die Klägerin aufgrund ihrer personellen Besetzung von vornherein nicht in der Lage, den Vertrag fristgerecht zu erfüllen. Bei der Klägerin war nicht einmal eine hauptberufliche Buchhalterin beschäftigt.
Beweis: Angelika Hinterhuber,
      Neuhauser Straße 5, 80131 München
Im übrigen hat die Klägerin den Auftrag nur deshalb erhalten, weil sie bei den Vertragsverhandlungen mehrfach wahrheitswidrig erklärt hatte, daß es sich bei ihrem Unternehmen um ein größeres Personalberatungsunternehmen handle, dessen Stärke die Durchführung schneller Aktionen sei. Das Unternehmen habe erst kürzlich das gesamte Management einer großen Skibindungsfirma in kürzester Frist ausgewechselt.

Beweis: Franz Mehlmann,
 Singerstraße 28, 80844 München
 Selbst wenn man der Klägerin eine Vergütung zubilligen wollte, so steht diese ihr nicht über den 1. Dezember 1992 zu, da die Firma Eleven an diesem Tag durch ihre Kündigung das Vertragsverhältnis beendet hat.
 Nach alledem hat die Klage keine Aussicht auf Erfolg und ist daher abzuweisen.

Dr. Klug
Rechtsanwalt

Dr. Walter Hurtig   München, den 31. Januar 1993
Rechtsanwalt   Sternstraße 17

> Landgericht München I
> Eingang: 2. Februar 1993

An das
Landgericht München I
– 11. Zivilkammer –
80335 München

Az. 11 O 21/93

In dem Rechtsstreit Firma Clever Public Relation GmbH gegen Buchner hat mich der Beklagte zu 2) mit seiner Vertretung beauftragt. In seinem Namen beantrage ich, die Klage abzuweisen.

Begründung:

Zur Begründung nehme ich auf den Schriftsatz meines Kollegen Dr. Klug Bezug. Um unnötige Wiederholungen zu vermeiden, mache ich mir sein Vorbringen zu eigen. Die Klage hat daher auch in Richtung gegen den Beklagten zu 2) keine Aussicht auf Erfolg und ist daher ebenfalls abzuweisen.

Dr. Hurtig
Rechtsanwalt

Landgericht München I   München, den 3. Februar 1993
Az. 11 O 21/93

Verfügung:

1. Abschrift von beiden Klageerwiderungen formlos an Klägervertreter.
2. WV mit Eingang, spätestens zum Termin.

Dr. Einser
Vorsitzender Richter am Landgericht

Dr. Herbert Tüchtig   München, den 12. Februar 1993
Rechtsanwalt   Abendstraße 2

| Landgericht München I |
| Eingang: 13. Februar 1993 |

An das
Landgericht München I
– 11. Zivilkammer –
80335 München

Az. 11 O 21/93

In Sachen Firma Clever Public Relation GmbH gegen Buchner führe ich zu den Schriftsätzen der Gegenseite vom 30. Januar 1993 und 31. Januar 1993 folgendes aus:

Die Klägerin hat die ihr obliegenden Vertragspflichten voll erfüllt. Die Klägerin bestreitet im übrigen energisch, daß sie aufgrund ihres Personalbestandes von vorneherein nicht in der Lage gewesen sei, den erteilten Auftrag ordnungsgemäß auszuführen. Ebenso bestreitet die Klägerin, daß sie bei Vertragsabschluß irgendwelche wahrheitswidrige Zusicherungen abgegeben hat.

Nach alledem ist der Klage in vollem Umfang stattzugeben.

Dr. Tüchtig
Rechtsanwalt

---

11 O 21/93
Auszug aus der Niederschrift über die Sitzung des Landgerichts München I
– 11. Zivilkammer – vom 25. Februar 1993:
Es sind erschienen für die Klägerin
Rechtsanwalt Dr. Tüchtig,
für den Beklagten zu 1)

Rechtsanwalt Dr. Klug,
    für den Beklagten zu 2)
Rechtsanwalt Dr. Hurtig
    Der Vorsitzende führt in den Sach- und Streitstand ein. Die Parteien verhandeln streitig zur Sache nach Maßgabe der gewechselten Schriftsätze. Klägervertreter stellt Antrag aus der Klageschrift vom 15. Januar 1993, Beklagtenvertreter zu 1) aus dem Schriftsatz vom 30. Januar 1993 und Beklagtenvertreter zu 2) aus dem Schriftsatz vom 31. Januar 1993.
    Der Vorsitzende verkündet folgenden Beschluß:
    Termin zur Verkündung einer Entscheidung wird bestimmt auf Mittwoch, den 22. April 1993, 8.45 Uhr, Sitzungssaal 5.

Dr. Einser   Huber
Vorsitzender Richter am Landgericht   Justizangestellte

Am 22. April 1993 verkündet das Landgericht München I – 11. Zivilkammer – folgendes

Endurteil:

1. Die Beklagten werden samtverbindlich verurteilt, an die Klägerin 16 800,– DM zu bezahlen.
2. Die Beklagten tragen die Kosten des Rechtsstreits.
3. Das Urteil ist gegen Sicherheitsleistung in Höhe von 19 000,– DM vorläufig vollstreckbar.

In den schriftlichen Urteilsgründen ist unter anderem ausgeführt, daß die Beklagten zur Zahlung der Vergütung aufgrund eines abgeschlossenen Dienstvertrages in vollem Umfang verpflichtet sind.

Landgericht München I   München, den 24. April 1993
Az. 11 O 21/93

Verfügung:

Endurteil zustellen an Klägervertreter und Beklagtenvertreter.
                              Dr. Einser
                              Vorsitzender Richter am Landgericht

---

Dr. Andreas Klug München, den 2. Juni 1993
Rechtsanwalt Adelheidstraße 12

An das
Landgericht München II
80335 München

Allgemeine Einlaufstelle der Münchener Justizbehörden Eingang: 3. Juni 1993

Landgericht München II Eingang: 4. Juni 1993

Oberlandesgericht München Eingang: 9. Juni 1993

Gegen das am 22. April 1993 verkündete, mir am 4. Mai 1993 zugestellte Endurteil des Landgerichts München I in dem Rechtsstreit Firma Clever Public Relation GmbH gegen Buchner lege ich für den Beklagten zu 1) Berufung ein. Zur Begründung verweise ich auf meinen Schriftsatz in erster Instanz. Ich beantrage, das Urteil des Landgerichts München I vom 22. April 1993 aufzuheben und die Klage abzuweisen.

Dr. Klug
Rechtsanwalt

Dr. Walter Hurtig München, den 15. Juni 1993
Rechtsanwalt Sternstraße 17

Oberlandesgericht München Eingang: 16. Juni 1993

An das
Oberlandesgericht München
80335 München

In Sachen Firma Clever Public Relation GmbH gegen Buchner wurde das Endurteil vom 22. April 1993 nicht mir, sondern irrtümlich dem Beklagten zu 2) zugestellt. Gegen das dem Beklagten zu 2) am 4. Mai 1993 persönlich zugestellte Endurteil des Landgerichts München I vom 22. April 1993 lege ich für den Beklagten zu 2) hiermit Berufung ein, die ich wie folgt begründe:
Vorweg rüge ich die örtliche Unzuständigkeit des Landgerichts

München I für das Verfahren, da die Beklagten ihren allgemeinen Gerichtsstand in Augsburg haben. Die Prorogation ist unwirksam. Unabhängig davon ist die Klage auch nicht begründet. Zu Unrecht hat das Landgericht die Vereinbarung der Parteien als Dienst- statt als Werkvertrag gewürdigt. Entscheidend ist, daß der von den Beklagten erwartete Erfolg, daß nämlich die von der Klägerin vorgeschlagenen Bewerber letztlich bereit gewesen wären, einen Vertrag mit der Firma Eleven abzuschließen, nicht eingetreten ist. Im übrigen wird noch einmal auf den erstinstanzlichen Vortrag verwiesen, daß die Klägerin aufgrund ihrer personellen Besetzung von vorneherein nicht in der Lage war, geeignete Generalvertreter vorzuschlagen. Das Landgericht hat zudem nicht berücksichtigt, daß jedenfalls am 1. Dezember 1992 aufgrund der von der Firma Eleven ausgesprochenen Kündigung ein etwaiges Vertragsverhältnis hinfällig geworden ist. Daher könnte der Klägerin allenfalls ein Teil der von ihr beanspruchten Vergütung zustehen.

Rein vorsorglich erklärt der Beklagte zu 2) die Aufrechnung mit einer Gegenforderung in Höhe von 20 000,– DM aus positiver Vertragsverletzung. Diesem Anspruch liegt folgender Sachverhalt zugrunde:

Die Klägerin hat bei ihrer Anwerbeaktion willkürlich eine Änderung der Gebietseinteilung vorgenommen, obwohl diese von den Beklagten im Auftrag der Firma Eleven vorgegeben worden war. Dies hat unter anderem dazu geführt, daß mehrere ernsthafte Interessenten letztlich nicht bereit waren, einen Vertrag mit der Firma Eleven abzuschließen.

Beweis: Andreas Brosinger,
         Morgensternplatz 5, 80632 München
         Franz Neubart,
         Leopoldstraße 180, 80936 München

Außerdem hat die Klägerin die Bewerber viel zu spät über ihre Mindestabnahmeverpflichtungen informiert und im übrigen sogar davor gewarnt, diese Mindestabnahmezahlen in einen etwaigen Vertrag mit der Firma Eleven aufnehmen zu lassen.

Beweis: Günther Busch,
         Aichacherstraße 5, 80805 München
         Georg Schulz,
         Joseph-Spital-Straße 3, 80374 München
         Heinrich Schwarz,
         Nibelungenstraße 15, 80818 München

Es versteht sich von selbst, daß diese Pflichtverletzungen der Klägerin Ansprüche für die Beklagten aus positiver Vertragsverletzung begründen.

Ich werde daher **beantragen:** Das Urteil des Landgerichts München I vom 22. April 1993 wird aufgehoben; die Klage wird abgewiesen.

Dr. Hurtig
Rechtsanwalt

Zustellung der Berufungsschriften mit Begründung an Rechtsanwalt Dr. Tüchtig am 19. Juni 1993 und Terminsanberaumung auf 14. Juli 1993. Ladungen an Parteivertreter ebenfalls am 19. Juni 1993.

Dr. Herbert Tüchtig   München, den 25. Juni 1993
Rechtsanwalt   Abendstraße 2

| Oberlandesgericht München |
| Eingang: 26. Juni 1993 |

An das
Oberlandesgericht München
80335 München

Az.: 25 U 3217/93

In dem Berufungsverfahren Firma Clever Public Relation GmbH gegen Buchner zeige ich an, daß die Klägerin mich auch in der Berufungsinstanz mit ihrer Vertretung beauftragt hat. Ich werde beantragen, die Berufungen beider Beklagten zu verwerfen.

Begründung:
Die Berufungen der Beklagten sind als unzulässig anzusehen. Die Berufung des Beklagten zu 1) ist von vornherein unzulässig, da sie an das falsche Gericht, nämlich an das **Landgericht München II** gerichtet worden ist. Wie der zeitlichen Reihenfolge der Eingangsstempel zu entnehmen ist, ist der fälschlicherweise an das **Landgericht München II** gerichtete Berufungsschriftsatz des Beklagten zu 1) zunächst in der Allgemeinen Einlaufstelle der Münchner Justizbehörden abgegeben worden, danach gemäß Adressierung an das Landgericht München II weitergeleitet worden und dann erst an das Oberlandesgericht München gelangt. Damit liegt keine wirksame Berufungseinlegung vor.

Was die Berufung des Beklagten zu 2) anbelangt, ist diese nicht innerhalb der Frist des § 516 ZPO eingelegt worden.

Rein vorsorglich beantrage ich hilfsweise, die Berufungen zurückzuweisen, da sie auch der Sache nach keinen Erfolg haben können. Die Klägerin schließt sich zunächst in vollem Umfang den zutreffenden Gründen des Ersturteils an, auf die Bezug genommen wird. Zu Recht hat das Landgericht München I die Vereinbarung der Parteien als Dienstvertrag qualifiziert. Erneut muß darauf hingewiesen werden, daß die Klägerin selbstverständlich rein personell in der Lage war, den ihr erteilten Auftrag zu erfüllen. Eine Kündigung seitens der Beklagten kam von vornherein nicht in Betracht, weil die Voraussetzungen des § 626 BGB und des § 627 BGB nicht vorlagen. Was die erstmals in der Berufung erklärte Aufrechnung mit der angeblichen Gegenforderung der Beklagten anbelangt, wird einer Zulassung dieser Aufrechnung in der Berufungsinstanz energisch widersprochen. Im übrigen bestreitet die Klägerin rein vorsorglich, irgendwelche Pflichtverletzungen gegenüber den Beklagten begangen zu haben, die Gegenansprüche aus positiver Vertragsverletzung auslösen könnten. Es ist unzutreffend, daß die Klägerin in eigener Machtvollkommenheit die Gebietseinteilung der Beklagten geändert oder etwaige Interessenten vor einer Mindestabnahmeverpflichtung gewarnt hätte. Unter Verwahrung gegen die Beweislast benennt die Klägerin dazu folgende Zeugen:

Hans Fischer, Renatastraße 10, 80814 München
Franziska Meier, Abensbergstraße 18, 80561 München
Eva Schön, Sendlingerstraße 88, 80112 München
Jürgen Schmid, Rotkäppchenstraße 33, 80833 München

Nach alledem sind die Berufungen der Beklagten kostenpflichtig zu verwerfen, hilfsweise zurückzuweisen.

Dr. Tüchtig
Rechtsanwalt

Zustellung der Berufungserwiderung an die Rechtsanwälte Dr. Klug und Dr. Hurtig am 29. Juni 1993.

Az.: 25 U 3217/93

Auszug aus der Niederschrift der öffentlichen mündlichen Verhandlung vom 14. Juli 1993
vor dem 25. Zivilsenat des Oberlandesgerichts München:
Es sind erschienen
für die Klägerin: Rechtsanwalt Dr. Tüchtig
für den Beklagten zu 1: Rechtsanwalt Dr. Klug
für den Beklagten zu 2: Rechtsanwalt Dr. Hurtig
Der Vorsitzende führt in den Sach- und Streitstand ein. Er stellt insbesondere fest, daß das Endurteil vom 22. April 1993 irrtümlich nicht dem Prozeßbevollmächtigten des Beklagten zu 2), sondern am 4. Mai 1993 dem Beklagten 2) persönlich zugestellt wurde.
Der Beklagtenvertreter zu 1) stellt den Antrag aus seinem Schriftsatz vom 2. Juni 1993, der Beklagtenvertreter zu 2) aus seinem Schriftsatz vom 15. Juni 1993 und der Klägervertreter aus seinem Schriftsatz vom 25. Juni 1993.
Der Vorsitzende erklärt, daß eine gütliche Einigung gescheitert sei. Der Vorsitzende verkündet hierauf folgenden Beschluß:
Termin zur Verkündung einer Entscheidung wird bestimmt auf Mittwoch, den 16. September 1993, 8.45 Uhr, Sitzungssaal 9.

Dr. Schnell
Vorsitzender Richter
am Oberlandesgericht

Keck
Justizangestellte

Vermerk für den Bearbeiter:

Die Entscheidung des Gerichts ist zu entwerfen. Die Anfertigung des Tatbestands ist erlassen.

Ladungen, Zustellungen, Vollmachten und sonstige Formalien sind in Ordnung, soweit sich nicht aus dem Aufgabentext etwas anderes ergibt. § 278 Abs. 3 ZPO wurde beachtet.

Wenn das Ergebnis der mündlichen Verhandlung nach Ansicht des Bearbeiters für die Entscheidung nicht ausreicht, ist zu unterstellen, daß trotz Wahrnehmung der richterlichen Aufklärungspflicht keine weitere Aufklärung zu erzielen war.

Soweit die Entscheidung keiner Begründung bedarf oder in den Gründen ein Eingehen auf alle berührten Rechtsfragen nicht erforderlich erscheint, sind diese in einem Hilfsgutachten zu erörtern.

Entscheidungsentwurf

25 U 3217/93
11 O 21/93 Landgericht München I

IM NAMEN DES VOLKES!

In dem Rechtsstreit
Fa. Clever Public Relation GmbH,
gesetzlich vertreten durch den Geschäftsführer Richard Müller,
Neuhauser Str. 11, 80331 München
– Klägerin und Berufungsbeklagte –
Prozeßbevollmächtigter: Rechtsanwalt Dr. Herbert Tüchtig,
Abendstraße 2, 80551 München
gegen
1. Buchner Hans Joachim, Kirchstr. 11, 89440 Augsburg
   – Beklagter und Berufungskläger –
   Prozeßbevollmächtigter: Rechtsanwalt Dr. Andreas Klug
   Adelheidstr. 12, 80552 München
2. Buchner Bernhard, Kirchstr. 11, 89440 Augsburg
   – Beklagter und Berufungskläger –
   Prozeßbevollmächtigter: Rechtsanwalt Dr. Walter Hurtig,
   Sternstraße 17, 80827 München

wegen Forderung
erläßt der 25. Zivilsenat des Oberlandesgerichts München durch den
Vorsitzenden Richter am Oberlandesgericht Dr. Schnell und die
Richter am Oberlandesgericht Fleißig und Sorgfältig aufgrund der
mündlichen Verhandlung vom 14. Juli 1993 folgendes

Endurteil:

I.   Die Berufung des Beklagten zu 1) gegen das Endurteil des Land-
     gerichts München I vom 22. April 1993 wird verworfen.[1]
II. Die Berufung des Beklagten zu 2) gegen das Endurteil des Land-
     gerichts München I vom 22. April 1993 wird zurückgewiesen.
III. Die Beklagten tragen die Kosten des Berufungsverfahrens.
IV. Das Urteil ist vorläufig vollstreckbar. Der Beklagte zu 1) kann
     die Vollstreckung durch Sicherheitsleistung in Höhe von
     2500,– DM abwenden, falls nicht die Klägerin vor der Vollstrek-
     kung in gleicher Höhe Sicherheit leistet.
V.   Die Beschwer der Beklagten beträgt 16 800,– DM.

Tatbestand:

(erlassen)

---

[1] Unrichtig ist die Formulierung, die Berufung werde „als unzulässig verworfen". Das Verbum „verwerfen" drückt bereits aus, daß das Rechtsmittel unzulässig ist. Ähnliches gilt für die immer wieder vorkommende Formulierung, daß eine Berufung als „unbegründet zurückgewiesen werde". Auch hier kommt in dem Verbum „zurückweisen" bereits zum Ausdruck, daß die Berufung unbegründet ist.

Entscheidungsgründe:

I. Die Berufung des Beklagten zu 1) ist zu verwerfen.

1. Zwar ist die Berufung nach § 511 ZPO statthaft, doch ist das Rechtsmittel nicht innerhalb der Frist des § 516 ZPO beim Oberlandesgericht München als Berufungsgericht eingegangen (§ 518 I ZPO). Richtiger Adressat für die Berufungseinlegung ist grundsätzlich das Berufungsgericht.[2] Die Verantwortung für den Eingang der Berufungsschrift beim Berufungsgericht trägt allein der Prozeßbevollmächtigte des Berufungsklägers.[3] Ein bei einer gemeinsamen Einlaufstelle eingereichter Schriftsatz ist grundsätzlich bei dem Gericht eingegangen, an das er gerichtet ist.[4]

Hier wurde die Berufungsschrift irrig an das **Landgericht München II** adressiert, mag sie auch fristgerecht in der für Landgerichte und Oberlandesgericht in München gemeinsamen allgemeinen Einlaufstelle abgegeben worden sein. Wie die jeweiligen Eingangsstempel des Landgerichts München II und des Oberlandesgerichts München zeigen, ist die Berufungsschrift zunächst an das Landgericht München II geleitet worden und erst von dort **nach Fristablauf** an das Oberlandesgericht gelangt. Unter dieser Voraussetzung muß die Berufung als unzulässig angesehen werden.[5] Der Ausnahmefall, daß der Beamte der allgemeinen Einlaufstelle der Münchner Justizbehörden die Berufungsschrift **direkt an** das Oberlandesgericht, also ohne eigene Zuleitung an das Landgericht München II weitergeleitet hat, ist hier nicht gegeben.[6]

2. Unabhängig von dem eben erörterten Mangel ist die Berufung des Beklagten zu 1) auch deswegen unzulässig, weil es an einer ordnungsgemäßen Berufungsbegründung im Sinn des § 519 III ZPO fehlt. Der Prozeßbevollmächtigte des Beklagten zu 1) hat nämlich lediglich auf sein Vorbringen in erster Instanz verwiesen. Eine solche Bezugnahme ist nicht ausreichend im Sinn der vom Gesetz vorgesehenen Berufungsbegründung.[7]

---

[2] Dies wird häufig übersehen, obwohl der Wortlaut des § 518 I ZPO eindeutig ist. – Vgl. im einzelnen dazu Thomas-Putzo, § 518 Rdnr. 5.

[3] Vgl. BGH NJW 1987, 876; Thomas-Putzo aaO.

[4] Vgl. BGH NJW 1983, 123; BayObLG, NJW 1988, 714; Thomas-Putzo aaO.

[5] Vgl. dazu Thomas-Putzo, § 518 Rdnr. 6; BGH NJW 1975, 2294; BAG NJW 1975, 184. Viele Bearbeiter der Klausur sind nicht zum richtigen Ergebnis gekommen. Sie sind dem Fehler erlegen, daß sie allein auf den Eingangsstempel der allgemeinen Einlaufstelle abstellten und insoweit zwar folgerichtig, aber leider falsch, die Berufungsfrist als gewahrt angesehen haben.

[6] Vgl. BGH NJW 1961, 361.

[7] Vgl. Thomas-Putzo, § 519 Rdnr. 29; BGH NJW 1981, 1620. – Der Mangel einer ordnungsgemäßen Berufungsbegründung im Sinn des § 519 III ZPO wurde überwiegend nicht erkannt, obwohl dieser Gesichtspunkt im Aufgabentext (Schriftsatz vom 2. 6. 1993) deutlich herausgestellt worden war.

Nach alledem war die Berufung des Beklagten zu 1) aus zwei Gründen zu verwerfen.

II. Die Berufung des Beklagten zu 2) ist zwar zulässig, hat jedoch der Sache nach keinen Erfolg.

1. Die Berufung des Beklagten zu 2) ist nach § 511 ZPO statthaft. Die Form des § 518 ZPO ist gewahrt. Das Rechtsmittel wurde auch fristgerecht nach § 516 ZPO eingelegt. Danach beginnt die Berufungsfrist von 1 Monat mit der Zustellung des angegriffenen Urteils zu laufen. Eine wirksame Zustellung liegt hier jedoch nicht vor, da diese nach § 176 ZPO an den Prozeßbevollmächtigten Rechtsanwalt Dr. Hurtig hätte erfolgen müssen. Da die Frist für die Einlegung der Berufung mangels wirksamer Zustellung noch gar nicht zu laufen begonnen hatte, konnte am 16. Juni 1993 ohne weiteres für den Beklagten zu 2) fristgerecht Berufung eingelegt werden.[8]

2. Sachlich hat die Berufung jedoch keine Aussicht auf Erfolg, weil die zulässige Klage der Klägerin in vollem Umfang begründet ist.

Gegen die Zulässigkeit der Klage bestehen letztlich keine Bedenken. Dabei kann dahingestellt bleiben, ob das Landgericht München I aufgrund der Gerichtsstandsvereinbarung für die Klage örtlich zuständig war. Jedenfalls kann im Rahmen der Berufungsinstanz eine etwaige örtliche Unzuständigkeit des Landgerichts München I nicht mehr gerügt werden (§ 512a ZPO).[9]

Die Klägerin hat mit ihrer Klage auch sachlich Erfolg, da ihr gegen die Beklagten ein Vergütungsanspruch nach § 611 BGB in der geltendgemachten Höhe zusteht.

a) Entgegen der Auffassung der Beklagten ist die Vereinbarung vom 27. Oktober 1992 nicht als Werkvertrag, sondern als Dienstvertrag zu werten. Mit dem Dienstvertrag hat der Werkvertrag gemeinsam, daß beide eine entgeltliche Arbeitsleistung zum Inhalt haben. Hauptunterschied ist der verschiedenartige Inhalt der Leistungspflicht, wie sich dies bereits aus dem Wortlaut der §§ 611, 631 BGB ergibt. Beim Dienstvertrag wird eine Tätigkeit als solche, also ein Wirken geschuldet, und zwar ohne Rücksicht auf den mit der Tätigkeit

---

[8] Die Problemstellung der §§ 516, 176 ZPO wurde in der Klausur überwiegend erkannt und zutreffend gewürdigt. Mehrere Bearbeiter sahen jedoch Schwierigkeiten darin, daß die Berufung zu einem Zeitpunkt eingelegt worden war, zu dem die Frist noch gar nicht lief. Tatsächlich ist dies jedoch kein rechtliches Problem, denn die Berufungseinlegung ist bereits vor Fristbeginn zulässig, sofern das Urteil überhaupt bereits erlassen worden ist (Thomas-Putzo, § 516 Rdnr. 1).

[9] Die Vorschrift des § 512a ZPO scheint weitgehend unbekannt zu sein. Die Folge davon war, daß viele Bearbeiter an dieser Stelle sich unnötigerweise mit der Frage der örtlichen Zuständigkeit auseinandersetzten, unnötig Zeit verloren und sich nicht zuletzt der Gefahr aussetzten, überflüssige Fehler zu machen.

bezweckten Erfolg. Beim Werkvertrag wird dagegen ein Arbeitserfolg und nicht nur eine Tätigkeit in Richtung eines Erfolges, also ein Werk geschuldet.[10] Der Umfang der zu leistenden Tätigkeit bemißt sich beim Dienstvertrag nach der vereinbarten Zeitdauer, beim Werkvertrag dagegen nach dem herbeizuführenden Erfolg.

Bei Zugrundelegung dieser Abgrenzungskriterien ist die Vereinbarung vom 27. Oktober 1992 als Dienstvertrag zu qualifizieren. Zunächst darf nicht außer Betracht bleiben, daß die Parteien selbst ihre Absprache als „Dienstleistungsvertrag" bezeichnet haben (vgl. Anlage 1 zur Klageschrift). Gemäß Nr. 1 des genannten Vertrages war die Klägerin lediglich gehalten, die Beklagten bei deren Anwerbung und Auswahl von qualifizierten Führungskräften (Büroleitern für selbständige Handelsvertretungen) für die Firma Eleven zu beraten und zu unterstützen. Den Aufbau des Vertriebsnetzes selbst schuldete die Klägerin nicht. Dazu waren vielmehr die Beklagten gegenüber der Firma Eleven selbst verpflichtet. Daraus folgt, daß die Klägerin nur die Aufgabe hatte, Bewerber, die sich meldeten, auf Eignung und Bereitschaft zur Übernahme der selbständigen Handelsvertretung zu überprüfen, wobei sie eine bestimmte Gebietseinteilung und Mindestabnahmezahlen zugrundezulegen hatte (vgl. Nr. 4 des Vertrages). Dagegen schuldete die Klägerin nicht den Erfolg dahingehend, daß es zu einem Vertragsschluß zwischen den Bewerbern und der Firma Eleven kommen mußte. Ebensowenig schuldete die Klägerin nach der Zielrichtung des Vertrages einen Erfolg der Anwerbeaktion dahingehend, daß sie eine bestimmte Anzahl von geeigneten Interessenten für einen etwaigen Vertragsabschluß vorschlagen mußte. Gegen dieses Ergebnis spricht auch nicht die Vertragsbestimmung Nr. 6 der Vereinbarung vom 27. Oktober 1992. Danach war die Klägerin zwar gehalten, aufgrund der eingehenden Bewerbungen die Qualifikation der Interessenten persönlich zu prüfen und den Beklagten entsprechende Vorschläge für jedes Gebiet entscheidungsreif zu unterbreiten. Maßgeblich ist jedoch, daß die Klägerin nur aufgrund **der eingehenden Bewerbungen** verpflichtet war, entscheidungsreife Vorschläge zu unterbreiten. Sinn und Zweck dieser Vorschrift war es, den Beklagten die Überprüfung der Qualifikation der jeweiligen Bewerber abzunehmen. Nicht dagegen war die Klägerin verpflichtet, etwa den Beklagten eine Liste von abschlußbereiten Handelsvertretern zuzuleiten, die diese dann nur noch formlos an die Firma Eleven weiterzuleiten hatte. Dafür spricht auch die Tatsache, daß sich die Vergütung der Klägerin nach Nr. 5 des Vertrages nach dem erforderlichen Zeit-

---

[10] Vgl. Soergel-Siebert, BGB 11. Aufl. 1980, § 611 Vorbem. Anm. 30 ff.; Soergel in Münchner Kommentar, 2. Aufl. 1988, § 631 Rdnrn. 7 ff.; Palandt-Thomas, Vorbem. § 631 Rdnr. 5.

aufwand und nicht nach der Anzahl der Bewerber richten sollte. Letztlich darf nicht übersehen werden, daß es vom freien Entschluß der jeweiligen Bewerber selbst abhing, ob diese bereit waren, in Vertragsbeziehungen zur Firma Eleven zu treten, zumal die jeweiligen Bewerber sich mit bestimmten Mindestabnahmeverpflichtungen, die ein gewisses Risiko darstellen, einverstanden erklären mußten. Der von den Beklagten und der Firma Eleven erstrebte Erfolg der Aktion, wonach die von der Klägerin vorgeschlagenen Bewerber in Vertragsbeziehungen zur Firma Eleven treten sollten, lag außerhalb des rechtlichen und tatsächlichen Machtbereichs der Klägerin. Auch dieser Umstand spricht dafür, daß die Vereinbarung vom 27. Oktober 1992 als Dienstvertrag zu werten ist.[11]

Nach alledem ist der Vergütungsanspruch aufgrund des wirksam zustandegekommenen Dienstvertrags für die Klägerin in vollem Umfang entstanden. Da die Klägerin ihre Dienstpflichten voll erfüllt hat, ist dieser auch in voller Höhe fällig (§ 614 BGB).

b) Zu Unrecht berufen sich die Beklagten darauf, daß der Vergütungsanspruch nachträglich gemäß §§ 325 I 3, 323 I BGB entfallen sei. Nach dieser Vorschrift verliert der Gläubiger seinen Anspruch auf die Gegenleistung, also auf die Vergütung, wenn ihm seinerseits die ihm obliegende Leistung unmöglich geworden ist. §§ 325 I 3, 323 I BGB sind nicht nur für den Fall der nachträglichen Unmöglichkeit, sondern auch für den Fall des anfänglichen Unvermögens anwendbar.[12] Die insoweit beweispflichtigen Beklagten haben jedoch keinen Nachweis für die von der Klägerin bestrittene Behauptung erbracht, daß die Klägerin von Anfang an aufgrund ihrer personellen Besetzung nicht in der Lage war, die geschuldete Dienstleistung fristgerecht zu erbringen.

Soweit die Beklagten behaupten, die Klägerin habe keine hauptberufliche Buchhalterin beschäftigt, kann diese Behauptung analog § 244 III StPO als wahr unterstellt werden, so daß eine Vernehmung der Zeugin Hinterhuber nicht geboten war.[13] Die Tätigkeit einer hauptberuflichen Buchhalterin ist für die Abwicklung des Dienstvertrags ohne Bedeutung. Bei einer Buchhalterin handelt es sich um keine für die Durchführung des Dienstvertrags unverzichtbar notwendige Person, ohne die die fristgerechte Anwerbung der Handelsvertreter nicht möglich gewesen wäre. Daher steht zur Überzeugung des Gerichts fest, daß die Durchführung des Dienstleistungsvertrags

---

[11] Soergel-Siebert, § 611 Vorbem. Anm. 30 ff. und § 631 Vorbem. Anm. 5.
[12] Vgl. Palandt-Heinrichs, § 306 Rdnr. 9.
[13] Auch in dieser Klausur wurde wiederum häufig übersehen, daß Beweisangebote, denen das Gericht nicht nachkommt, in den Entscheidungsgründen zu verbescheiden sind.

auch dann gesichert war, wenn keine hauptberufliche Buchhalterin bei der Klägerin beschäftigt gewesen sein sollte.

c) Der Klägerin stand der Vergütungsanspruch auch in vollem Umfang zu, da die Beklagten den Dienstvertrag nicht vorzeitig wirksam kündigen konnten. Zu Unrecht berufen sich die Beklagten darauf, daß **sie** am 1. Dezember 1992 eine Kündigung des Dienstvertrags ausgesprochen haben. Fest steht nur, daß allenfalls die Firma **Eleven** mit Schreiben vom 1. Dezember 1992 an die Klägerin die Anwerbeaktion gestoppt hat. Dieses Schreiben der Firma Eleven kann jedoch nicht als Kündigung des Dienstvertrages ausgelegt werden, da die Firma Eleven nicht Vertragspartner der Vereinbarung vom 27. Oktober 1992 gewesen ist. Die insoweit beweispflichtigen Beklagten haben somit keinen Nachweis dafür erbracht, daß **sie** als **Vertragspartner** der Klägerin überhaupt eine Kündigung ausgesprochen haben. Es fehlt auch jeder Vortrag der Beklagten, daß etwa die Firma Eleven als Stellvertreterin für die Beklagten die Kündigung erklärt hätte. Bei dieser Sachlage kommt es auf die Frage, ob die Kündigung nach §§ 626, 627 BGB gerechtfertigt wäre, gar nicht mehr an.[14]

d) Ebensowenig steht den Beklagten die Möglichkeit zu, den Vertrag vom 27. Oktober 1992 anzufechten. Die Beklagten haben zwar vorgetragen, daß bei den Vertragsverhandlungen die Klägerin wahrheitswidrig mehrfach erklärt habe, bei ihrem Unternehmen handle es sich um ein größeres Personalberatungsunternehmen mit vielen Mitarbeitern, dessen Stärke die Durchführung schneller Aktionen sei. Ihr Unternehmen habe kürzlich bei einer großen Skibindungsfirma das gesamte Management in kürzester Frist ausgewechselt. Selbst wenn man diesen von der Klägerin bestrittenen Vortrag der Beklagten zu deren Gunsten als wahr unterstellt, rechtfertigt dies nicht eine Anfechtung nach § 123 BGB. Es kann dahingestellt bleiben, ob dieser von den Beklagten vorgetragene Sachverhalt den Tatbestand einer arglistigen Täuschung im Sinn des § 123 BGB erfüllt, jedenfalls ist eine dafür erforderliche Anfechtungserklärung nie abgegeben worden. Die tatsächlichen Behauptungen der Beklagten sind in dem Schriftsatz vom 30. Januar 1993 erwähnt. Spätestens seit diesem Zeitpunkt hatten die Beklagten Kenntnis von dem angeblichen Anfechtungsgrund. Dennoch ist eine Anfechtung unstreitig der Klägerin gegenüber nicht erklärt worden. Im Hinblick darauf, daß mangels Anfechtungserklärung die Möglichkeit einer Anfechtung von vorne-

---

[14] Dieser Gesichtspunkt wurde von fast allen Bearbeitern übersehen. Es muß jedoch als Aufbaumangel der Klausur angesehen werden, wenn die Frage eines Kündigungsgrunds erörtert wird, obwohl überhaupt keine wirksame Kündigungserklärung seitens der Beklagten erfolgt ist. Vielmehr gehörte die Erörterung der §§ 626, 627 BGB aufbaumäßig in das später anzufertigende Hilfsgutachten (vgl. dazu unten Fußnote 28).

herein ausscheidet, war das Gericht analog § 244 III StPO nicht gehalten, den von den Beklagten für ihre tatsächlichen Behauptungen angebotenen Zeugen Mehlmann zu vernehmen.[15]

e) Soweit der Beklagte 2) nunmehr erstmals in der Berufungsinstanz mit Schadensersatzansprüchen aus positiver Vertragsverletzung aufrechnet, ist dieser Einwand nicht geeignet, den Anspruch der Klägerin zu Fall zu bringen.

Dabei kann dahingestellt bleiben, ob die von dem Beklagten 2) behaupteten und von der Klägerin bestrittenen Pflichtverletzungen als Voraussetzung für Schadensersatzansprüche aus positiver Vertragsverletzung vorgelegen haben. Jedenfalls ist die vom Beklagten 2) erstmals in der Berufungsinstanz erklärte Aufrechnung gemäß § 530 II ZPO nicht zuzulassen.[16] Maßgeblich ist, daß die Klägerin keine Einwilligung zur geltend gemachten Aufrechnung erklärt hat und der Senat die Geltendmachung der Aufrechnung im anhängigen Verfahren nicht für sachdienlich hält.

Eine Sachdienlichkeit im Sinn des § 530 II ZPO ist nicht ohne weiteres schon deshalb zu bejahen, weil die zur Aufrechnung gestellte Forderung mit der Gegenforderung in rechtlichem Zusammenhang steht.[17] Es kommt vielmehr darauf an, ob die Sachdienlichkeit der Aufrechnung aus anderen Gründen bejaht werden kann. Der Zulassung der Aufrechnung steht zwar nicht entgegen, daß diese bereits in erster Instanz erklärt werden hätte können. Nicht entscheidend ist auch, daß eine Tatsacheninstanz verloren geht. Maßgeblich ist vielmehr der Gesichtspunkt der Prozeßwirtschaftlichkeit, ob nämlich die Zulassung der Aufrechnung zu einer sachgemäßen und endgültigen Erledigung des zwischen den Parteien bestehenden Streitstoffs führt und einem neuen Prozeß der Parteien vorbeugt.[18]

Dabei kann nicht außer acht gelassen werden, ob ohne Berücksichtigung des neuen Vorbringens der Rechtsstreit entscheidungsreif wäre. Denn der Gesichtspunkt der Prozeßwirtschaftlichkeit darf nicht dazu führen, daß eine Aufrechnung in der Berufungsinstanz immer dann zuzulassen ist, wenn dadurch ein neuer Streit der Parteien vermieden wird. Dann wäre nämlich eine Aufrechnung in der Beru-

---

[15] Wiederum mußten die Bearbeiter erkennen, daß mangels Anfechtungserklärung die Frage nach einem Anfechtungsgrund von vornherein nicht mehr erörtert werden durfte, mit der Folge, daß insoweit angebotene Beweise nicht zu erheben waren.

[16] Teilweise war den Bearbeitern die Vorschrift des § 530 II ZPO nicht bekannt. Dies mußte als erheblicher Mangel gewertet werden, da gerade die Erörterung des § 530 II ZPO ein zentrales Klausurproblem darstellte.

[17] Vgl. BGH WM 1976, 1278; Thomas-Putzo, § 530 Rdnr. 9; Baumbach-Lauterbach, ZPO 51. Aufl. 1993, § 530 Rdnr. 4.

[18] BGH WM 1976, 1280.

fungsinstanz in fast allen Fällen zuzulassen. Unter dem Gesichtspunkt der Prozeßwirtschaftlichkeit ist vielmehr eine Reihe von Umständen zu beachten. Zu berücksichtigen ist u. a. auch, ob die Entscheidung eines aufgrund des bisherigen Vorbringens entscheidungsreifen Prozesses verhindert würde.[19] Die Sachdienlichkeit der Aufrechnung ist insbesondere dann zu verneinen, wenn der ansonsten spruchreife Prozeß durch die Zulassung der nicht spruchreifen Aufrechnung **verzögert würde**.[20] Ob die Erledigung des Rechtsstreits verzögert wird, ist allein danach zu beurteilen, ob dieser bei Zulassung des verspäteten Vorbringens länger dauern würde als bei dessen Zurückweisung.[21] Bei Zugrundelegung dieser Kriterien ist im vorliegenden Fall davon auszugehen, daß die Zulassung der vom Beklagten 2) geltendgemachten Aufrechnung den Rechtsstreit verzögern würde.

Im Hinblick darauf, daß die vom Beklagten 2) vorgebrachten Tatsachen, aus denen er Ansprüche aus positiver Vertragsverletzung herleiten will, von der Klägerin in vollem Umfang bestritten worden sind, und von beiden Parteien dazu insgesamt neun Zeugen angeboten worden sind, wäre das Gericht erst nach Durchführung einer umfangreichen Beweisaufnahme in der Lage, über die zur Aufrechnung gestellten angeblichen Gegenansprüche der Beklagten zu entscheiden. Es bestand auch keine Möglichkeit für das Gericht, durch geeignete Vorbereitungsmaßnahmen nach § 273 ZPO die drohende Verzögerung abzuwenden. Zumutbar sind nämlich nur Maßnahmen im normalen Geschäftsgang.[22] Die Vernehmung von zwei, allenfalls drei Zeugen zu einem inhaltlich eng begrenzten Beweisthema kann den Rahmen eines Verhandlungstermins in der Regel nicht in unzumutbarer Weise sprengen.[23] Der Umfang vorbereitender Maßnahmen ist jedoch begrenzt. Eine umfangreiche Beweisaufnahme zur Klärung eines vielschichtigen Streitstoffes kommt nicht in Betracht.[24] Wie bereits ausgeführt wurde, wäre aber im vorliegenden Fall eine umfangreiche Beweisaufnahme mit neun Zeugen notwendig gewesen. Damit steht fest, daß eine solche Beweisaufnahme zur Abklärung der zur Aufrechnung gestellten Gegenforderung die Erledigung des ansonsten entscheidungsreifen Rechtsstreits erheblich verzögern würde. Es bleibt den Beklagten anheimgestellt, etwaige Schadenser-

---

[19] BGH WM 1976, 1280; Baumbach-Lauterbach, § 530 Rdnr. 6.
[20] Vgl. dazu Thomas-Putzo, § 530 Rdnr. 10. – Diesen Gesichtspunkt mußten die Bearbeiter der Klausur unbedingt erkennen, da dies der Aufhänger für die nachfolgenden Erörterungen zum verspäteten Vorbringen war.
[21] Hermisson, NJW 1983, 2229/2231; BGH NJW 1979, 1988; 1980, 945; 1983, 575.
[22] Vgl. BGH NJW 1980, 1102.
[23] Vgl. BGH NJW 1980, 1847.
[24] BGH NJW 1980, 1105; Hermisson, NJW 1983, 2232.

satzansprüche, falls sie eine solche Klage für erfolgreich ansehen sollten, im Weg einer eigenen Klage durchzusetzen. Jedenfalls können die behaupteten Schadensersatzansprüche im derzeit anhängigen Rechtsstreit im Rahmen einer Aufrechnung nicht mehr berücksichtigt werden.

Nach alledem war die Berufung der Beklagten mit der Kostenfolge des § 97 I ZPO zurückzuweisen.

Die Entscheidung über die vorläufige Vollstreckbarkeit folgt aus §§ 708 Nr. 10, 711 Satz 1, 713 ZPO.[25]

Die Beschwer der Beklagten bemißt sich nach ihrem Unterliegen in zweiter Instanz (§ 546 II ZPO).

Dr. Schnell   Fleißig   Sorgfältig
Vorsitzender Richter   Richter am Oberlandesgericht

Hilfsgutachten

1. Die örtliche Zuständigkeit[26] des Landgerichts München I war gewahrt. Diese folgte zwar nicht aus § 12 ZPO, da die Beklagten ihren Wohnsitz nicht in München haben. Ebensowenig ergab sich die örtliche Zuständigkeit für München aus § 29 II ZPO. Danach ist eine Vereinbarung über den Erfüllungsort, wie sie in Nr. 7 des Vertrags vom 27. Oktober 1992 vorgesehen ist, nur dann verbindlich, wenn die Vertragsparteien Vollkaufleute sind. Dies trifft zwar auf die Klägerin als Formkaufmann (§ 6 HGB) ohne weiteres zu.[27] Die Klägerin, die die Behauptungs- und Beweislast trägt, hat jedoch nichts dafür vorgetragen, daß die Beklagten, die kein Grundhandelsgewerbe nach § 1 HGB betreiben, Sollkaufleute nach § 2 HGB sind. Aus den gleichen Gründen scheidet eine Prorogation nach § 38 I ZPO, wie sie ebenfalls in Nr. 7 des Vertrags vom 27. Oktober 1992 vorgesehen ist, aus. Das Landgericht München I ist jedoch über § 39 ZPO stillschweigend prorogiert worden, da beide Parteien zur Hauptsache mündlich verhandelt haben, ohne die Unzuständigkeit des Gerichts zu rügen. Damit bestanden letztlich gegen die örtliche Zuständigkeit des Landgerichts München I keine Bedenken.

---

[25] Bei der Abfassung von Berufungsurteilen des Oberlandesgerichts wird im Rahmen der Entscheidung über die vorläufige Vollstreckbarkeit häufig § 708 Nr. 10 ZPO übersehen. Danach sind Berufungsurteile stets ohne Sicherheitsleistung für vorläufig vollstreckbar zu erklären. Viele Bearbeiter haben darüber hinaus übersehen, daß hier die Abwendungsbefugnis des § 711 Satz 1 ZPO für den Beklagten 2) nicht zum Tragen kam, da die Revisionssumme von DM 60000,– (§ 546 I ZPO) nicht erfüllt war (§ 713 ZPO). Für den Beklagten 1) ist § 547 ZPO anwendbar gewesen.

[26] Zur örtlichen Zuständigkeit vgl. schon die Hinweise in Fußnote 9.

[27] Vgl. Baumbach-Duden, HGB 28. Aufl. 1989, § 6 Anm. 2.

2. Wie oben ausgeführt wurde,[28] liegt jedenfalls keine Kündigungserklärung der Beklagten vor. Unabhängig davon wäre eine Kündigung des Dienstvertrags weder nach § 626 BGB noch nach § 627 BGB gerechtfertigt. Gemäß § 626 BGB kann nur aus wichtigem Grund gekündigt werden, wenn die Fortsetzung des Dienstverhältnisses dem Dienstberechtigten nicht mehr zugemutet werden kann. Ob diese Voraussetzungen vorliegen, ist im Weg einer Abwägung der beiderseitigen Interessen der Vertragsteile zu klären.[29] Den Beklagten ist zwar zuzugeben, daß sie – die Erfolglosigkeit der Aktion der Klägerin unterstellt – ein Interesse an dem Abbruch der bislang durchgeführten Aktion hatten. Umgekehrt muß jedoch berücksichtigt werden, daß die Klägerin aufgrund des Dienstvertrags nur die Dienstleistung als solche schuldete, und das Risiko der Erfolglosigkeit ihrer Bemühungen von vorneherein in die Sphäre der Beklagten fiel. Wollte man den Beklagten nunmehr ein Lösungsrecht nach § 626 BGB einräumen, würde dies zu einer unbilligen Verschiebung der Vergütungsgefahr auf Seiten der Klägerin führen, was mit dem Wesen des Dienstvertrags gerade nicht vereinbar ist. Die Vergütungsgefahr trägt beim Dienstvertrag im Gegensatz zum Werkvertrag nämlich der Dienstberechtigte.[30] Nach alledem liegt kein wichtiger Grund im Sinn des § 626 BGB für eine Kündigung seitens der Beklagten vor.

Ebensowenig können sich diese auf die erleichterte Möglichkeit der Kündigung nach § 627 BGB berufen. Weder liegen Dienste höherer Art im Sinn dieser gesetzlichen Vorschrift noch Anhaltspunkte für eine Übertragung der Dienste aufgrund eines besonderen Vertrauensverhältnisses vor. Von Diensten höherer Art kann nur gesprochen werden, wenn der Dienstleistende ein gewisses Maß an notwendiger Vorbildung aufweist und eine besondere Stellung im Geschäftsverkehr einnimmt, die gerade durch seine Dienstleistungen hervorgerufen wird.[31] Davon kann nicht die Rede sein, wenn wie im vorliegenden Fall die Klägerin lediglich die Verpflichtung übernahm, bei der Anwerbung und Auswahl von Handelsvertretern beratend und unterstützend tätig zu werden. Diese Tätigkeit ist mit den von der Rechtsprechung entschiedenen Fällen[32] nicht vergleichbar. Unabhängig davon fehlt es an dem persönlichen Vertrauensverhältnis im Sinn des § 627 BGB. Diese Vorschrift ist nämlich von der Anschauung getragen, daß es Dienstleistungsverhältnisse gibt, die so stark auf

---

[28] Vgl. die Hinweise oben in Fußnote 14.
[29] Vgl. Palandt-Putzo, § 626 Rdnr. 39.
[30] Vgl. Soergel in Münchner Kommentar, § 631 Anm. 14; Soergel-Siebert, § 611 Vorbem. Anm. 30.
[31] Schwerdtner in Münchner Kommentar, § 627 Rdnrn. 4 ff.
[32] Vgl. dazu Palandt-Putzo, § 627 Rdnrn. 2 ff.

persönlichem Vertrauen zu beruhen pflegen, daß sich ein Zwang zum Festhalten an diesem Dienstleistungsverhältnis durch keinen der Beteiligten rechtfertigen ließe.[33] Die Vorschrift des § 627 BGB erklärt sich zudem daraus, daß der in der Norm angesprochene Personenkreis seine Arbeitskraft mehrfach einzusetzen in der Lage ist.[34] Diesen Voraussetzungen wird die Vereinbarung der Parteien vom 27. Oktober 1992 nicht gerecht. Weder aus dem Wortlaut des Vertrags noch aus den sonstigen Umständen kann ein so enges Vertrauensverhältnis, wie es § 627 BGB erfordert, entnommen werden. Nach alledem bestand für die Beklagten keine Möglichkeit, sich vom Vertrag durch Kündigung zu lösen.

---

[33] Vgl. Staudinger-Neumann, BGB 12. Aufl. 1991, § 627 Rdnr. 1.
[34] Vgl. Schwerdtner in Münchner Kommentar, § 627 Anm. 1.

4. KLAUSUR: Eine voreilige Zwangsvollstreckung

Aktenauszug

Heiner Poitsch
Rechtsanwalt
Moosburger Straße 10
80112 München

München, den 16. März 1993

> Landgericht München I
> Eingang: 17. März 1993

An das
Landgericht München I
Zivilkammer

Klage

In Sachen
Kaiser Richard, 89622 Kempten, Schloßstraße 2   Kläger
vertreten durch den Unterfertigten

gegen
Berger Franz, 80431 München, Neuburger Straße 13   Beklagter
wegen Unzulässigkeit der Zwangsvollstreckung u. a.
Namens und im Auftrag des Klägers erhebe ich Klage zum Landgericht München I.
In der mündlichen Verhandlung werde ich beantragen:

1. Es wird festgestellt, daß die von dem Beklagten betriebene Zwangsvollstreckung in den Computer Marke Arco, Fabrik-Nr. 2223 unzulässig ist.
2. Der Beklagte wird verurteilt, an den Kläger DM 12 000,– zu bezahlen.
3. Der Beklagte trägt die Kosten des Rechtsstreits.
4. Das Urteil ist vorläufig vollstreckbar.

Begründung:

    Im Juni 1992 kaufte der in München wohnhafte Werner Drechsler, ein Bekannter des Klägers, einen Computer für DM 11 000,– und eine Stereo-Anlage für DM 12 000,– bei der Firma Super-Sound in München auf Raten. Die Verkäuferin behielt sich das Eigentum an beiden Geräten bis zur vollständigen Bezahlung des Kaufpreises vor. Im Juli 1992 nahm Drechsler beim Kläger ein Darlehen auf und übereignete ihm zur Sicherheit dafür den Computer und die Stereo-

Anlage, ohne den noch bestehenden Eigentumsvorbehalt der Firma Super-Sound zu erwähnen. Es wurde vereinbart, daß Drechsler die Gegenstände behalten und weiterbenutzen dürfe. Das Darlehen ist bis heute nicht zurückbezahlt worden.

Bereits am 15. April 1992 hatte der Beklagte gegen Drechsler wegen einer Werklohnforderung in Höhe von 20 000 DM ein Leistungsurteil des Landgerichts München I (Az. 10 0 112/92) erwirkt. Am 20. Dezember 1992 pfändete der Gerichtsvollzieher beim Amtsgericht München aufgrund dieses Titels im Auftrag des Beklagten in der Wohnung des Drechsler Computer und Stereo-Anlage. Am 10. Januar 1993 zahlte Drechsler an die Firma Super-Sound den Restkaufpreis für beide Geräte.

Im Hinblick darauf, daß der Gerichtsvollzieher in sechs Wochen Termin zur Versteigerung des Computers anberaumt hat, ist sofortige Klage geboten, da die Zwangsvollstreckung gegen meinen Mandanten unzulässig ist.

Was die Stereo-Anlage anbelangt, wurde diese bereits am 15. Februar 1993 versteigert. Der erzielte Versteigerungserlös in Höhe von DM 12 000,– wurde an den Beklagten ausgekehrt. Da dieser Betrag dem Beklagten nicht zusteht, ist dieser verpflichtet, DM 12 000,– an den Kläger zu erstatten. Da der Beklagte dies außergerichtlich wiederholt abgelehnt hat, ist auch in diesem Punkt Klage geboten.

Um baldige Anberaumung eines frühen ersten Termins wird gebeten.

Poitsch
Rechtsanwalt

Az.: 3 0 120/93   München, den 20. März 1993

Verfügung:

1. Früher erster Termin zur mündlichen Verhandlung wird bestimmt auf Dienstag, den 14. April 1993, 8.30 Uhr, Sitzungssaal 5.
2. An den Beklagten zustellen
   a) Klageschrift
   b) Ladung zum Termin gem. Nr. 1 mit der Aufforderung, auf das Klagevorbringen innerhalb von 2 Wochen schriftlich zu erwidern und etwa vorzubringende Verteidigungsmittel unverzüglich schriftlich mitzuteilen.
3. An Klägervertreter Ladung gem. Nr. 1 förmlich.
4. WV. mit Eingang, spät. zum Termin.

Dr. Eller
Vorsitzender Richter am Landgericht

Dr. Robert Krieger München, den 26. März 1993
Rechtsanwalt
Heinrichstraße 2
80551 München

> Landgericht München I
> Eingang: 30. März 1993

An das
Landgericht München I
3. Zivilkammer
Az.: 3 0 120/93

In dem Rechtsstreit

Kaiser ./. Berger

hat mich der Beklagte mit seiner Vertretung beauftragt.
In seinem Namen und Auftrag beantrage ich, die Klage abzuweisen.
Gleichzeitig erhebe ich hiermit Widerklage mit dem Antrag:
Der Kläger wird verurteilt, an den Beklagten DM 9000,– zu bezahlen.
1. Der vom Kläger vorgetragene Sachverhalt wird an sich nicht bestritten.
Dessen ungeachtet kann der Kläger nicht verlangen, daß die Zwangsvollstreckung in den Computer für unzulässig erklärt wird. Der Beklagte hat im Rahmen der ordnungsgemäß durchgeführten Zwangsvollstreckung ein Pfändungspfandrecht erlangt, so daß der bevorstehenden Versteigerung des Geräts nichts im Wege steht.
Auch ein Anspruch auf Herausgabe des Erlöses, der bei der Versteigerung der Stereo-Anlage erzielt wurde, kommt nicht in Betracht. Der Gerichtsvollzieher hat als Staatsorgan aufgrund hoheitlicher Befugnisse dem Beklagten wirksam Eigentum am Versteigerungserlös verschafft. Im übrigen ist der Betrag im Vermögen des Beklagten gar nicht mehr vorhanden, da dieser das Geld zur Begleichung dringender Schulden verwendet hat. Aus alledem ergibt sich, daß die Klage in vollem Umfang abzuweisen ist.
2. Vielmehr hat mein Mandant einen Gegenanspruch gegenüber dem Kläger, der hiermit im Wege der Widerklage geltend gemacht wird. Der Widerklage liegt folgender Sachverhalt zugrunde:
Der Kläger verkaufte dem Beklagten am 1. Februar 1993 einen gebrauchten PKW für DM 8000,–. Der Beklagte zahlte den Kaufpreis sofort in bar. Die Übereignung des Wagens sollte am 3. Februar 1993 erfolgen. Der Kläger vergaß jedoch den Liefertermin. Am 5. Februar 1993 verbrannte der verkaufte Pkw in der Garage des Klägers, da dieser einen Brand fahrlässig verschuldet hatte. Der Beklagte kaufte sich nunmehr ein vergleichbares Auto auf dem Gebrauchtwagenmarkt. Er mußte dafür allerdings einen Betrag von DM 9000,– aufwenden. Es versteht sich von selbst,

daß der Kläger verpflichtet ist, in dieser Höhe Schadensersatz zu
leisten.

Dr. Krieger
Rechtsanwalt

Az.: 3 0 120/93   München, den 30. März 1993

Verfügung:

1. Abschrift von Beklagtenerwiderung förmlich an Klägervertreter.
2. WV. mit Eingang, spät. zum Termin.

Dr. Eller
Vorsitzender Richter am Landgericht

Heiner Poitsch   München, den 2. April 1993
Rechtsanwalt
Moosburger Straße 10
80112 München

| Landgericht München I |
| Eingang: 3. April 1993 |

An das
Landgericht München I
3. Zivilkammer
Az.: 3 0 120/93

In Sachen Kaiser ./. Berger

Zum Schriftsatz der Gegenseite vom 26. März 1993 führe ich folgendes aus:

1. Die Rechtsansichten des Beklagten hinsichtlich der Klage sind völ-
   lig verfehlt. Die gestellten Anträge werden daher in vollem
   Umfang aufrechterhalten.
2. Was die Widerklage betrifft, ist diese als unbegründet abzuweisen.
   Zwar hat der Beklagte den Sachverhalt im wesentlichen zutreffend
   geschildert, doch bedarf dieser in einigen Punkten der Ergänzung:
   An dem Brand in der Garage trifft meinen Mandanten keinerlei
   Verschulden.
   Beweis: Anton Huber, Regensburger Str. 10, 89601 Kempten
            als Zeuge.
   Unabhängig davon entfällt die Schadensersatzverpflichtung des
   Klägers auch deshalb, weil selbst bei rechtzeitiger Lieferung der

Schaden am Pkw entstanden wäre. Der Beklagte hatte nämlich mit dem Kläger vereinbart, daß er am 4. Februar 1993 den Pkw lediglich zur Zulassungsstelle fahren und anschließend den Wagen für einige Tage wieder in der Garage des Klägers einstellen wollte. Bei dieser Sachlage hätte der Brand am 5. Februar 1993 den Pkw auch dann zerstört, wenn der Kläger am 3. Februar 1993 die Sache rechtzeitig übereignet hätte.

Poitsch
Rechtsanwalt

---

3 O 120/93   München, den 14. April 1993

Auszug aus der Niederschrift:

Bei Aufruf der Sache erscheinen:
für die Klagepartei: RA Poitsch
für die beklagte Partei: RA Dr. Krieger
Der Vorsitzende führt in den Sach- und Streitstand ein.
Rechtsanwalt Poitsch stellt Antrag gemäß Schriftsatz vom 16. März 1993, Rechtsanwalt Dr. Krieger gemäß Schriftsatz vom 26. März 1993.
Rechtsanwalt Poitsch beantragt ferner, die Widerklage abzuweisen.
Die Parteien verhandeln streitig zur Sache nach Maßgabe der gewechselten Schriftsätze.
Der Beklagtenvertreter bestreitet, daß der Beklagte und der Kläger vereinbart hätten, daß der Beklagte am 4. Februar 1993 den Pkw noch für einige Tage in der Garage des Klägers unterstellen wollte. Es besteht unter den Parteien Einigkeit, daß für die vom Kläger behauptete Vereinbarung keine weiteren Beweismittel zur Verfügung stehen.
Das Gericht verkündet folgenden Beschluß:
Termin zur Verkündung einer Entscheidung wird bestimmt auf Dienstag, den 20. April 1993.

Vermerk für den Bearbeiter:

Die Entscheidung des Gerichts ist zu entwerfen. Die Fertigung des Tatbestandes ist erlassen.
Ladungen, Zustellungen und sonstige Formalien sind in Ordnung.
§ 278 Abs. 3 ZPO wurde beachtet.
Wenn das Ergebnis der mündlichen Verhandlung nach Ansicht des Bearbeiters für die Entscheidung nicht ausreicht, ist zu unterstellen,

daß trotz Wahrnehmung der richterlichen Aufklärungspflicht eine weitere Aufklärung nicht zu erzielen war. Soweit die Entscheidung keiner Begründung bedarf oder in den Gründen ein Eingehen auf alle berührten Rechtsfragen nicht erforderlich erscheint, sind diese in einem Hilfsgutachten zu erörtern.

Entscheidungsentwurf

3 0 120/93

IM NAMEN DES VOLKES!

In dem Rechtsstreit
Kaiser Richard, Schloßstraße 2, 89622 Kempten
– Kläger und Widerbeklagter –
Prozeßbevollmächtigter: Rechtsanwalt Heiner Poitsch, Moosburgerstr. 10, 80112 München

gegen
Berger Franz, Neuburger Straße 13, 80431 München,
– Beklagter und Widerkläger –
Prozeßbevollmächtigter: Rechtsanwalt Dr. Robert Krieger, Heinrichstr. 2, 80551 München

wegen Unzulässigkeit der Zwangsvollstreckung u. a.
erläßt das Landgericht München I – 3. Zivilkammer – durch Vorsitzenden Richter am Landgericht Dr. Eller und die Richter am Landgericht Zweier und Dreier auf Grund der mündlichen Verhandlung vom 14. April 1993 folgendes

Endurteil

I.   Die laut Pfändungsprotokoll des Gerichtsvollziehers bei dem Amtsgericht München vom 20. 12. 1992 bei dem Schuldner Werner Drechsler aufgrund des Endurteils des Landgerichts München I vom 15. 4. 1992 (Az. 10 0 112/92) vorgenommene Zwangsvollstreckung in den Computer Marke Arco, Fabriknr. 2223 wird für unzulässig erklärt.[1]

---

[1] Schon bei der Tenorierung hatten viele Examenskandidaten erhebliche Schwierigkeiten. Häufig fand sich die Formulierung, daß die Zwangsvollstreckung unzulässig sei. Diese Formulierung ist ungenau, da sie nicht berücksichtigt, daß im Rahmen der Drittwiderspruchsklage ein Gestaltungsurteil ergeht, das die Zwangsvollstreckung für **unzulässig erklärt.** Manche Bearbeiter beschränkten sich darauf, die Zwangsvollstreckung schlechthin für unzulässig zu erklären. Auch diese Formulierung ist fehlerhaft, da diese Tenorierung nur im Falle einer Vollstreckungsgegenklage (§ 767 ZPO) zulässig ist. Bei einer Klage nach § 771 ZPO ist vielmehr erfor-

II. Der Beklagte wird verurteilt, an den Kläger DM 12 000,– zu bezahlen.

III. Auf die Widerklage hin wird der Kläger verurteilt, an den Beklagten DM 9000,– zu bezahlen.

IV. Von den Kosten des Rechtsstreits trägt der Beklagte ¾ und der Kläger ¼.

V. Das Urteil ist vorläufig vollstreckbar, für den Kläger gegen Sicherheitsleistung in Höhe von DM 28 000,– für den Beklagten gegen Sicherheitsleistung in Höhe von DM 11 000,–.

Entscheidungsgründe:

I. Die Klage ist zulässig und begründet.

1. Mag Klageantrag 1 auch als Feststellungsantrag formuliert sein,[2] so ist das Ziel des Klägers doch eindeutig, den Computer der Zwangsvollstreckung zu entziehen, d. h. die Zwangsvollstreckung für unzulässig erklären zu lassen. Daher ist sein Klagebegehren nicht als Feststellungsklage, sondern als prozessuale Gestaltungsklage im Sinn des § 771 ZPO auszulegen. Eine dahingehende Auslegung ist nicht nur zulässig, sondern auch geboten, da für eine Feststellungsklage im Hinblick auf die vom Gesetz in § 771 ZPO eröffnete Drittwiderspruchsklage kein Rechtsschutzbedürfnis bestehen würde.[3] Das Landgericht München I ist örtlich ausschließlich zuständig (§§ 771, 802 ZPO). Die sachliche Zuständigkeit folgt aus § 6 ZPO, §§ 23, 71 GVG.[4]

Klageantrag 2 ist als Leistungsklage formuliert und als solche in vollem Umfang zulässig. Die örtliche Zuständigkeit folgt aus §§ 12, 13 ZPO, die sachliche Zuständigkeit ergibt sich aus §§ 23, 71 GVG.

---

derlich, die Zwangsvollstreckung, die in einem **bestimmten Gegenstand** betrieben worden ist, für unzulässig zu erklären.

[2] Während der Klageantrag im Tatbestand eines Urteils wörtlich übernommen werden muß, ist dieser im Rahmen der Entscheidungsgründe stets auslegungsfähig. Häufig wurde versäumt, eine solche Auslegung in der Klausur vorzunehmen. Schwierigkeiten bereitete es auch, die Frage der Auslegung aufbaumäßig an der richtigen Stelle zu prüfen. Maßgeblich ist insofern, daß eine Auslegung des Klageantrags stets vor der Prüfung der Zulässigkeit und Begründetheit der Klage vorzunehmen ist.

[3] Vgl. dazu BGHZ 58, 214.

[4] Bei der Prüfung der örtlichen und sachlichen Zuständigkeit unterliefen unnötige Fehler. Überwiegend wurde verkannt, daß im Fall einer Drittwiderspruchsklage die örtliche Zuständigkeit ausschließlich ist (vgl. §§ 771, 802 ZPO), so daß der häufige Hinweis der Bearbeiter auf §§ 12, 13 ZPO von vornherein falsch war. Schließlich wurde nicht selten übersehen, daß §§ 771, 802 ZPO nur die Frage der örtlichen Zuständigkeit regeln, während die sachliche Zuständigkeit sich nach den allgemeinen Vorschriften der §§ 23, 71 GVG richtet. Im Hinblick auf § 6 Satz 2 ZPO ist im vorliegenden Fall von einem Streitwert in Höhe von DM 11 000,– auszugehen, da der Wert der Forderung (DM 20 000,–) höher ist als der Wert der gepfändeten Sache (DM 11 000,–). Vgl. dazu Thomas-Putzo § 771 Rdnr. 25.

Hinsichtlich der Zulässigkeit der objektiven Klageverbindung[5] gemäß § 260 ZPO bestehen keine Bedenken.[6] Insbesondere handelt es sich bei der gleichzeitigen Geltendmachung einer prozessualen Gestaltungsklage und einer Leistungsklage nicht um verschiedene Prozeßarten, sondern lediglich um verschiedene Klagearten.

2. Die Klage ist auch in vollem Umfang begründet.

a) Was zunächst den Klageantrag 1 anbelangt, muß die Zwangsvollstreckung für unzulässig erklärt werden, da dem Kläger als Sicherungseigentümer ein die Veräußerung hinderndes Recht im Sinn des § 771 ZPO zusteht.

Zwar scheiterte ein Eigentumserwerb des Klägers an dem Computer gemäß § 930 BGB im Juli 1992 daran, daß Drechsler im Hinblick auf den Eigentumsvorbehalt der Firma Super-Sound im Zeitpunkt der Übereignung noch gar nicht Eigentümer der Sache war. Auch ein gutgläubiger Eigentumserwerb des Klägers gemäß § 933 BGB kommt nicht in Betracht. Zwar wird ähnlich wie bei § 932 BGB auch im Falle des § 933 BGB die Gutgläubigkeit des Erwerbers grundsätzlich vermutet. Ein Eigentumsübergang nach § 933 BGB scheidet jedoch letztlich deshalb aus, weil keine tatsächliche Übergabe des Computers an den Kläger erfolgt ist. Die fehlgeschlagene Sicherungsübereignung muß jedoch entweder über § 157 BGB ausgelegt, oder über § 140 BGB dahingehend umgedeutet werden, daß Drechsler dem Kläger wenigstens das ihm aus dem Eigentumsvorbehalt mit der Firma Super-Sound zustehende Anwartschaftsrecht zur Sicherheit übertragen hat.[7] Diese Auslegung entspricht dem Willen der Parteien, insbesondere der Interessenlage des Klägers. Wenn schon die Stellung einer Sicherheit in Form des Vollrechts scheitert, so will der Kläger wenigstens das Minus, nämlich das Anwart-

---

[5] Die Prüfung der objektiven Klagehäufung des § 260 ZPO bereitet immer wieder Schwierigkeiten. Dabei wird häufig übersehen, daß es sich bei der objektiven Klagehäufung im Gegensatz zur sachlichen und örtlichen Zuständigkeit, Partei- und Prozeßfähigkeit usw. um keine Sachurteilsvoraussetzung der Klage handelt. Das Nichtvorliegen der Voraussetzungen des § 260 ZPO würde daher keinesfalls zur Unzulässigkeit der Klage sondern nur zur Prozeßtrennung nach § 145 ZPO führen. Um in der Klausurbearbeitung deutlich zu machen, daß dieser Gesichtspunkt erkannt worden ist, empfiehlt es sich, die Vorschrift des § 260 ZPO nicht innerhalb der Sachurteilsvoraussetzungen, sondern am Ende der Zulässigkeitsprüfung der Klage, auch äußerlich gekennzeichnet durch einen neuen Absatz, zu erörtern, um deutlich zu machen, daß diese prozessuale Frage nichts mit der Prüfung von Zulässigkeitsvoraussetzungen der Klage zu tun hat.

[6] Eine Erörterung des § 5 ZPO erübrigte sich, da jeder Klageantrag für sich bereits den Streitwert von DM 10 000,– übersteigt und somit die sachliche Zuständigkeit des Landgerichts ohne weiteres vorliegt. Diesen Gesichtspunkt haben mehrere Bearbeiter der Klausur nicht berücksichtigt und sich an dieser Stelle unnötig Schwierigkeiten bereitet.

[7] Vgl. dazu Palandt-Bassenge, § 929 Rdnr. 45 und § 930 Rdnr. 16.

schaftsrecht, als Sicherheit erhalten. Die Übertragung des Anwartschaftsrechtes orientiert sich an denselben Vorschriften wie die Übertragung des Vollrechts. Danach sind die §§ 929 ff. BGB analog anwendbar, insbesondere also auch die Regelung des § 930 BGB.[8] Danach kann das Anwartschaftsrecht auch zur Sicherheit durch dingliche Einigung und Vereinbarung eines Besitzkonstituts übertragen werden. Die dingliche Einigung hinsichtlich der Übertragung des Anwartschaftsrechts liegt vor. Das weiterhin erforderliche Besitzkonstitut (§ 868 BGB) ist bereits in der Sicherungsabrede als solcher enthalten.[9] Danach wurde der Kläger im Juli 1992 Inhaber des Anwartschaftsrechts. Mit Zahlung der letzten Rate durch Drechsler an die Firma Super-Sound am 10. 1. 1993 erstarkte das Anwartschaftsrecht zum Vollrecht und zwar ohne Durchgangserwerb des Drechsler unmittelbar in der Person des Klägers.[10] Die am 20. 12. 1992 erfolgte Pfändung bei Drechsler geht daher ins Leere, da dieser zu diesem Zeitpunkt nicht mehr Inhaber des Anwartschaftsrechts war und später auch nicht mehr Eigentümer werden konnte.

Steht dem Kläger das Sicherungseigentum an dem Computer zu, so kann er gemäß § 771 ZPO der Zwangsvollstreckung widersprechen. Das Sicherungseigentum gibt nämlich nach herrschender Meinung in Rechtsprechung und Schrifttum nicht nur das Recht auf vorzugsweise Befriedigung im Sinne des § 805 ZPO, sondern als vollwertiges Eigentum die Möglichkeit, die Zwangsvollstreckung für unzulässig erklären zu lassen.[11]

b) Auch der Klageantrag 2 ist in vollem Umfang begründet.

Der Kläger kann vom Beklagten gemäß § 812 I 1 BGB die Zahlung von DM 12 000,– verlangen. Der Beklagte ist unmittelbar auf Kosten des Klägers bereichert, weil die Stereo-Anlage im Wege der Zwangsvollstreckung dem Kläger entzogen worden ist. Für diese Vermögensverschiebung fehlt der Rechtsgrund. Zwar ist bei der Pfändung und Verwertung schuldnerfremder Sachen die Vollstreckung als solche rechtswirksam und infolgedessen die in der hoheitlichen Maßnahme liegende Güterverschiebung auch rechtsbeständig, so daß insbesondere kein Bereicherungsanspruch gegen den Ersteher der Sache in der Zwangsvollstreckung besteht.[12] In analoger Anwendung des

---

[8] Vgl. Palandt-Bassenge aaO.

[9] Überflüssigerweise versuchten mehrere Bearbeiter, künstlich einen Verwahrungsvertrag zu konstruieren, um dem Erfordernis des § 868 BGB gerecht zu werden. Sie übersahen dabei, daß die Sicherungsabrede selbst bereits ein „ähnliches Verhältnis" im Sinn des § 868 BGB darstellt (Palandt-Bassenge, § 930 Rdnr. 7).

[10] Vgl. Palandt-Bassenge, § 929 Rdnr. 49.

[11] Vgl. Palandt-Bassenge, § 930 Rdnr. 23; Thomas-Putzo, § 771 Rdnr. 15 m. w. Nachweisen.

[12] Vgl. Palandt-Thomas, § 812 Rdnr. 38.

§ 1247 BGB setzt sich jedoch das Eigentum des Klägers an der versteigerten Sache an dem in der Versteigerung erzielten Erlös fort. Durch die Auszahlung des Erlöses seitens des Gerichtsvollziehers an den Beklagten verlor der Kläger zwar sein Eigentum, da die Auskehrung des Erlöses an den Gläubiger kraft Hoheitsaktes stets zu dessen Eigentumserwerb führt.[13] Da dem Beklagten aber der Erlös aus der Versteigerung einer schuldnerfremden Sache unter dem Gesichtspunkt der materiell-rechtlichen Güterzuordnung nicht gebührt, ist er gemäß § 812 BGB zur Herausgabe des Erlöses verpflichtet.[14]

Ein Wegfall der Bereicherung nach § 818 III BGB kommt nicht in Betracht, da die Verwendung der Geldsumme zur Begleichung von Schulden durch den Beklagten letztlich dazu geführt hat, daß dieser anderweitige Aufwendungen erspart hat.[15] Er ist somit nach wie vor bereichert. Gemäß § 818 II BGB hat er Wertersatz zu leisten. Nach alledem hat der Beklagte dem Kläger den Betrag von DM 12 000,– zu erstatten.

II. Auch die Widerklage ist zulässig und begründet.

1. Die örtliche Zuständigkeit für die Widerklage folgt zwar nicht aus §§ 12, 13 ZPO, da Wohnsitz des Klägers Kempten ist. Auch § 33 ZPO vermag die örtliche Zuständigkeit des Landgerichts München I nicht zu begründen, da zwischen Klage und Widerklage keinerlei rechtlicher Zusammenhang besteht.

Ebensowenig liegt die sachliche Zuständigkeit des Landgerichts München I vor, da der Streitwert der Widerklage unter DM 10 000,– liegt. Im Hinblick darauf, daß die Anwälte beider Parteien jedoch im frühen ersten Termin zur Sache verhandelt haben, ohne die Unzuständigkeit des Landgerichts München I zu rügen, ist dieses Gericht gemäß § 39 ZPO stillschweigend prorogiert worden. Dabei heilt § 39 ZPO nicht nur den Mangel der örtlichen, sondern auch den Mangel der sachlichen Zuständigkeit.[16]

---

[13] Thomas-Putzo, § 819 Rdnr. 4.

[14] Vgl. dazu Palandt-Thomas, § 812 Rdnr. 38. – Nicht selten wurde der Anspruch des Klägers statt auf § 812 BGB auf § 816 I BGB gestützt. Diese Auffassung ist unrichtig. Der Gerichtsvollzieher trifft nämlich keine privatrechtliche Verfügung im Sinn des § 816 I BGB, sondern weist das Eigentum an der versteigerten Sache bzw. den Erlös kraft staatlichen Hoheitsaktes dem Ersteher bzw. dem Gläubiger zu (Palandt-Thoms, § 812 Rdnr. 37).

[15] Vgl. Palandt-Thomas, § 818 Rdnr. 38.

[16] Vgl. dazu Thomas-Putzo, § 39 Rdnr. 11. – Dieser Umstand wurde in der Klausur häufig übersehen mit der Folge, daß die Bearbeiter Schwierigkeiten hatten, die sachliche Zuständigkeit des Landgerichts München I zu begründen. In diesem Zusammenhang darf noch auf einen weiteren Gesichtspunkt hingewiesen werden, der zwar in der vorliegenden Klausur ohne Bedeutung war, jedoch häufig selbst Examenskandidaten unbekannt ist: Im Verfahren vor dem Amtsgericht ist im Rahmen des § 39 ZPO die Vorschrift des § 504 ZPO zu beachten!

2. Die Widerklage ist auch begründet, da der Beklagte vom Kläger gemäß § 325 I BGB Schadensersatz in Höhe von DM 9000,– verlangen kann.

Nach § 433 I BGB war der Kläger zur Übereignung des Autos verpflichtet. Im Hinblick darauf, daß der Kläger den Liefertermin vergessen hat, ist er am 3. 2. 1993 ohne Mahnung (§ 284 II BGB) in Verzug geraten, da diese Leistungsverzögerung auf sein Verschulden zurückzuführen ist (§ 285 BGB). Dennoch bestimmen sich die Rechtsfolgen nicht nach den Verzugsvorschriften der §§ 286 I, 326 I BGB. Letztere sind nur solange anwendbar, als die Leistung noch möglich ist. Im vorliegenden Fall wurde aber der Pkw am 5. 2. 1993 während des Verzugs zerstört, d. h. die Erbringung der Leistung wurde nachträglich unmöglich. Dies hat zur Folge, daß nunmehr der Verzug am 5. 2. 1993 endete und an seine Stelle die Unmöglichkeit trat. Daher kann der Beklagte seinen Schadensersatzanspruch nicht mehr auf § 326 I BGB, sondern nur auf § 325 I BGB stützen.[17] Letztere Vorschrift setzt allerdings voraus, daß der Kläger die nachträgliche Unmöglichkeit zu vertreten hat. In der Regel muß der Schuldner für Vorsatz und Fahrlässigkeit einstehen (§ 276 BGB).

Nach dem Vortrag der Parteien ist streitig, ob den Kläger an dem Untergang der Sache ein Verschulden trifft. Die Beantwortung dieser Frage kann jedoch letztlich dahingestellt bleiben. Maßgeblich ist allein, daß sich der Kläger bei Eintritt der Unmöglichkeit in Verzug befand. Gemäß § 287 Satz 2 BGB trifft den Schuldner während des Verzugs eine verschärfte Haftung, d. h. er muß auch für den zufälligen Untergang der Sache einstehen. Hat somit der Kläger im Hinblick auf § 287 Satz 2 BGB die Unmöglichkeit im Sinne des § 325 I BGB auf jeden Fall zu vertreten, kommt es auf den vom Kläger angebotenen Zeugenbeweis dafür, daß ihn kein Verschulden an dem Brand trifft, nicht mehr an.[18]

Schließlich ist die Schadensersatzverpflichtung des Klägers auch nicht durch § 287 Satz 2 BGB (letzter Halbsatz) ausgeschlossen. Danach haftet der Schuldner dann nicht verschärft, wenn der Schaden auch bei rechtzeitiger Leistung eingetreten wäre. In der Tat bestünde dann keine Schadensersatzverpflichtung für den Kläger, wenn man seinen Sachvortrag als wahr unterstellt, daß der Beklagte seinerseits

---

[17] Vgl. dazu Larenz, Schuldrecht Band 1, 14. Aufl. 1987, § 23 vor I; Fikentscher, Schuldrecht, 7. Aufl. 1985, § 45 II 1. – Dieses Problem wurde bei der Bearbeitung der Klausur häufig nicht erkannt.

[18] Wie bereits wiederholt ausgeführt wurde, sind Beweisangebote einer Partei, denen das Gericht nicht nachgehen will, in den Entscheidungsgründen zu verbescheiden. Hier kann in analoger Anwendung des § 244 III StPO zu Gunsten des Klägers als wahr unterstellt werden, daß ihn an dem Brand kein Verschulden trifft, ohne daß sich dadurch an dem gewonnenen Ergebnis rechtlich etwas ändert.

den Wagen in der Garage des Klägers ab dem 4. 2. 1993 eingestellt hätte. Dieser Vortrag des Klägers ist jedoch vom Beklagten bestritten worden. Trotz Ausschöpfung aller Beweismittel konnte das Gericht letztlich nicht klären, ob zwischen den Parteien eine diesbezügliche Absprache hinsichtlich der Benutzung der Garage ab dem 4. 2. 1993 getroffen worden ist. Die Beweislast bei diesem „non-liquet" trifft den Kläger. Wie der Formulierung des § 287 Satz 2 BGB zu entnehmen ist, sieht der Gesetzgeber den Fall, daß der Schaden auch bei rechtzeitiger Leistung eingetreten wäre, als Ausnahme an. Für diese Ausnahme ist daher derjenige beweispflichtig, der sich darauf beruft, also im vorliegenden Fall der Kläger.[19] Die Höhe des Schadensersatzes bestimmt sich in der Regel nach der sog. Differenztheorie. Hat der Beklagte aber wie hier seinerseits seine Leistung (Kaufpreiszahlung) bereits erbracht, so ist die sog. Surrogationstheorie anwendbar.[20] Danach kann der Beklagte einen Betrag von DM 9000,– vom Kläger verlangen.

Die Kostenentscheidung folgt aus § 92 I ZPO. Die Entscheidung über die vorläufige Vollstreckbarkeit ergibt sich aus § 709 Satz 1 ZPO.

Dr. Eller   Zweier   Dreier

---

[19] Vgl. Palandt-Heinrichs, § 287 Rdnr. 4. – An dieser Stelle der Klausur wurde meist übersehen, daß hinsichtlich der vom Kläger behaupteten Vereinbarung ein non-liquet vorlag. Dieser Fehler wäre aber durchaus vermeidbar gewesen. Zum einen enthält der Aufgabentext (Niederschrift vom 14. 4. 1993) ausdrücklich den Satz, daß unter den Parteien Einigkeit besteht, daß für die vom Kläger behauptete Vereinbarung keine weiteren Beweismittel zur Verfügung stehen. Zum zweiten weist der Bearbeitervermerk darauf hin, daß trotz Wahrnehmung der richterlichen Aufklärungspflicht eine weitere Aufklärung nicht zu erzielen war. Bei dieser Sachlage mußte sich dieses non-liquet zu Lasten des insoweit beweispflichtigen Klägers auswirken.
[20] Vgl. Palandt-Heinrichs, § 325 Rdnr. 13.

5. KLAUSUR: Eine schwierige Erbscheinserteilung

Aktenauszug

Hans Wiedmann   München, den 20. 6. 1993
Rechtsanwalt   Aichacher Platz 3

An das
Amtsgericht München
– Nachlaßgericht –

Amtsgericht München
Eingang: 22. 6. 1993

Betreff: Antrag auf Erteilung eines Erbscheins

Hiermit zeige ich unter Vorlage einer schriftlichen Vollmacht an, daß ich den Regierungsinspektor Christian Brochinger anwaltschaftlich vertrete.

Namens und im Auftrag meines Mandanten stelle ich hiermit den Antrag, das Gericht wolle zu Händen meines Mandanten einen Erbschein nach dem verstorbenen Kaufmann Anton Brochinger dahin erteilen, daß dieser von seinem Sohne Berchthold Brochinger aufgrund Testaments allein beerbt worden ist.

Begründung:

Am 10. 11. 1992 verstarb in München, seinem letzten Wohnsitz, der am 1. 6. 1920 geborene Kaufmann Anton Brochinger, der die anliegenden Testamente hinterließ. Er war verheiratet mit Elisabeth Brochinger, geb. Bach. Aus der Ehe stammte ein Sohn, der im Jahre 1938 geborene Ingenieur Berchthold Brochinger. Letzterer war mit der im Jahre 1987 verstorbenen Helga Brochinger, geb. Schmid, verheiratet. Aus der Ehe ist der am 10. 6. 1970 geborene Christian Brochinger hervorgegangen. Sonstige Verwandte oder Verschwägerte des Anton Brochinger sind nicht vorhanden. Das eigenhändig geschriebene und unterschriebene Testament des Erblassers vom 1. 6. 1990 (Anlage 1) ist am 12. 12. 1992 in Anwesenheit seiner Witwe und seines Sohnes eröffnet worden. Danach ist der Erblasser allein von seinem Sohn Berchthold beerbt worden. Zwar hat der Erblasser noch ein Testament vom 1. 5. 1988 (Anlage 2) hinterlassen, doch ist dieses durch das spätere Testament aus dem Jahre 1990 gegenstandslos geworden. Berchthold Brochinger ist am 28. 5. 1993 an den Folgen eines Verkehrsunfalls verstorben. Er ist von meinem Mandanten als einzigem Sohn gesetzlich beerbt worden. Dieser kann somit an Stelle seines verstorbenen Vaters Berchthold Brochinger einen Erbschein für den Nachlaß des Anton Brochinger beantragen.

Ein Rechtsstreit über das Erbrecht ist nicht anhängig.

Hans Wiedmann
Rechtsanwalt

Anlage 1

Testament

Im Falle meines Todes soll mein Haus in Nymphenburg mein Sohn Berchthold erben. Meine Briefmarkensammlung erhält mein Freund Gangolf Scholz, mit dem ich viele schöne Stunden bei der Pflege unseres gemeinsamen Hobbys verbracht habe. Was sonst noch übrig sein sollte, fällt ebenfalls meinem Sohn zu.

Meine Frau, die über ein eigenes stattliches Vermögen verfügt, setze ich als Ersatzerbin für den Fall ein, daß sie meinen Sohn überlebt.

München, den 1. 6. 1990   Anton Brochinger
(Eigenhändig geschrieben und unterschrieben)

Anlage 2

Testament

Im Falle meines Todes setze ich, Anton Brochinger, meine Ehefrau Elisabeth Brochinger, geb. Bach, und meinen Sohn Berchthold Brochinger als Erben zu je ½ ein.

Im Falle meines Todes setze ich, Elisabeth Brochinger, meine Schwester Fanny Bach zur Alleinerbin ein. Für meinen Mann und meinen Sohn ist anderweitig ausreichend vorgesorgt.

München, den 1. 5. 1988

Anton Brochinger   Elisabeth Brochinger
(Eigenhändig geschrieben und unterschrieben)

Elisabeth Brochinger   München, den 28. 6. 1993
Abensbergstr. 100

An das
Amtsgericht München
– Nachlaßgericht –

> Amtsgericht München
> Eingang: 30. 6. 1993

Durch Zufall habe ich erfahren, daß mein Enkel Christian Brochinger einen Erbschein für seinen Vater als Alleinerben hinsichtlich des Nachlasses meines verstorbenen Ehemannes beantragt hat. Einem solchen Antrag widerspreche ich energisch und bitte darum, diesem Antrag nicht stattzugeben.

Mein verstorbener Sohn Berchthold Brochinger ist niemals Alleinerbe meines Mannes geworden. Vielmehr konnte mein Mann aufgrund der Bindungswirkung des Testaments vom 1. 5. 1988 keine neue letztwillige Verfügung mehr treffen. Das Testament vom 1. 6. 1990 ist auch deshalb unwirksam, weil die dort erwähnte Briefmarkensammlung von meinem Mann kurz vor seinem Tode an Xaver Zentner veräußert worden ist und sich diese daher nicht mehr im Nachlaß befindet. Im übrigen erlaube ich mir, noch folgenden Sachverhalt mitzuteilen:

Nach dem Tode meines Mannes habe ich das Testament vom 1. 6. 1990 in einem verschlossenen Umschlag im Schreibtisch meines Mannes vorgefunden. Auf dem Kuvert hatte mein Mann eigenhändig geschrieben: „Berchthold" und darunter: „nicht zutreffend". Das Testament vom 1. 6. 1990 ist daher spätestens durch diesen Vermerk hinfällig geworden.

Danach sind mein Sohn Berchthold und ich Miterben zu ½ geworden, entweder aufgrund des Testaments vom 1. 5. 1988 oder kraft Gesetzes. Einen diesbezüglichen Erbscheinsantrag werde ich demnächst stellen.

Elisabeth Brochinger

Amtsgericht München
– Nachlaßgericht –
IV – 1226/93

München, den 11. 7. 1993

Beschluß:

Sofern gegen diesen Beschluß nicht binnen einer Frist von zwei Wochen Beschwerde eingelegt wird, wird folgender Erbschein erteilt:

Es wird bezeugt, daß der am 10. 11. 1992 verstorbene Anton Brochinger von seiner Ehefrau Elisabeth Brochinger und seinem Sohn Berchthold Brochinger je zur Hälfte beerbt worden ist.

Gründe:

Das am 1. 6. 1990 vom Erblasser errichtete Testament ist nachträglich wirksam widerrufen worden. Deshalb ist die gesetzliche Erbfolge maßgeblich. Danach ist der Erblasser von seiner Ehefrau und seinem Sohn kraft Gesetzes je zur Hälfte beerbt worden.

Dr. Einser
Richter am Amtsgericht

Hans Wiedmann   München, den 29. 7. 1993
Rechtsanwalt

An das
Amtsgericht München
– Nachlaßgericht –
Zum Aktenzeichen IV – 1226/93

> Amtsgericht München
> Eingang: 1. 8. 1993

Gegen den Beschluß des Amtsgerichts München vom 11. 7. 1993, mir zugestellt am 13. 7. 1993, lege ich Beschwerde ein und beantrage, diesen aufzuheben. Es wird nach wie vor daran festgehalten, daß der Vater meines Mandanten Alleinerbe des verstorbenen Anton Brochinger geworden ist.

Hans Wiedmann
Rechtsanwalt

Amtsgericht München   München, den 29. 7. 1993
– Nachlaßgericht –
IV – 1226/93

Nachlaß: Anton Brochinger, gestorben am 10. 11. 1992 in München

Beschluß:

I. Es wird die Erteilung eines Erbscheins nach Entwurf in Ziffer II bewilligt.
II. Erbschein: Der am 1. 6. 1920 in München geborene, zuletzt dort wohnhaft gewesene Kaufmann Anton Brochinger ist am 10. 11. 1992 in München verstorben und von seiner Ehefrau Elisabeth Brochinger und seinem Sohn Berchthold Brochinger je zur Hälfte beerbt worden.
III. Erbschein nach Ziff. II an Christian Brochinger,
Bekanntgabe von II. an Elisabeth Brochinger.

Dr. Einser
Richter am Amtsgericht

Ausfertigung des Beschlusses vom 29. 7. 1993 zur Post gegeben am 1. 8. 1993.

Hurtig, Justizangestellte

Hans Wiedmann
Rechtsanwalt

München, den 2. 8. 1993

Amtsgericht München
Eingang: 3. 8. 1993

An das
Amtsgericht München
– Nachlaßgericht –
Zu IV – 1226/93

Gegen den Beschluß des Amtsgerichts München vom 29. 7. 1993 lege ich hiermit Beschwerde ein.

Begründung:

Wie ich soeben telefonisch bei der Geschäftsstelle des Amtsgerichts München – Nachlaßgericht – in Erfahrung bringen konnte, hat Richter am Amtsgericht Dr. Einser am 29. 7. 1993 einen Beschluß erlassen, in dem Berchthold Brochinger zusammen mit seiner Mutter als Erbe je zur Hälfte ausgewiesen wurde. Wie die Justizangestellte Hurtig am Telefon versicherte, habe sie diesen Beschluß noch gestern zur Post gegeben. Bis heute vormittag ist bei mir ein diesbezüglicher Beschluß des Amtsgerichts München nicht eingegangen. Dessen ungeachtet erhebe ich hiermit bereits Beschwerde. Abgesehen davon, daß ich einen solchen Erbschein niemals beantragt habe, ist diese Erbscheinserteilungsanordnung inhaltlich unrichtig. Das Testament vom 1. 6. 1990 konnte nur durch die Abfassung eines neuen Testaments widerrufen werden. Ein weiteres Testament hat der Erblasser jedoch nicht gemacht. Aus dem Testament vom 1. 6. 1990 ergibt sich eindeutig, daß mein Mandant Alleinerbe geworden ist. Die Ehefrau des Erblassers war im Testament vom 1. 6. 1990 nur als Ersatzerbin vorgesehen. Dieser Ersatzerbfall ist aber nie eingetreten. Nach alledem muß der Beschluß des Amtsgerichts München vom 29. 7. 1993 aufgehoben werden und der von mir beantragte Erbschein vom Beschwerdegericht erteilt werden.

Hans Wiedmann
Rechtsanwalt

Nachweis, daß die Zustellung des Beschlusses vom 29.7. 1993 an Rechtsanwalt Wiedmann am 4.8. 1993 erfolgt ist.

Amtsgericht München	München, den 10. 8. 1993
– Nachlaßgericht –	
IV – 1226/93	

Mit Akten an das
Landgericht München I

Den beiden Beschwerden helfe ich nicht ab.
Die Beschwerde vom 29.7. 1993 gegen den Beschluß vom 11.7. 1993 ist unzulässig, da insoweit noch keine endgültige Regelung getroffen, sondern nur eine gerichtliche Entscheidung angekündigt wurde. Im übrigen wäre die Beschwerde verspätet, da die Beschwerdefrist nicht gewahrt wurde.
Was die Beschwerde vom 2.8. 1993 gegen den Beschluß des Amtsgerichts München vom 29.7. 1993 anbelangt, ist diese ebenfalls unzulässig. Dem Beschwerdeführer ist der Erbschein am 29.7. 1993 erteilt worden. Wie eine Rückfrage bei der Justizangestellten Hurtig ergeben hat, hat diese zwar irrtümlich noch keine Ausfertigung eines Erbscheins selbst ausgehändigt, obwohl ich dies am 29.7. 1993 ausdrücklich verfügt hatte. Durch die Zustellung des Beschlusses vom 29.7. 1993 an den Verfahrensbevollmächtigten des Beschwerdeführers wurde jedoch dieser Mangel im nachhinein geheilt. Nach Erteilung eines Erbscheins ist aber eine Beschwerde gegen die Erteilungsanordnung mangels Rechtsschutzbedürfnisses ausgeschlossen.

Dr. Einser
Richter am Amtsgericht

Vermerk für den Bearbeiter: Die Entscheidung des Gerichts ist zu entwerfen. Rubrum, Sachdarstellung und Kostenentscheidung sind erlassen.[1] Zustellungen, Vollmachten und sonstige Formalien sind in Ordnung. Es ist zu unterstellen, daß der Antragsteller die nach § 2356 BGB erforderlichen Nachweise (öffentliche Urkunden, eidesstattliche Versicherungen) erbracht hat. Soweit der Sachverhalt nach Auffassung eines Bearbeiters für eine Entscheidung nicht ausreicht, ist zu unterstellen, daß trotz Beachtung der richterlichen Aufklärungspflicht eine

---

[1] Zu den nach dem Bearbeitervermerk erlassenen Bestandteilen des Beschlusses vgl. Weiß, JuS 1988, 894, 898; Zimmermann, JuS 1987, 816, 819.

weitere Sachverhaltsaufklärung nicht zu erzielen war. Soweit die Entscheidung keiner Begründung bedarf oder in den Gründen ein Eingehen auf alle berührten Rechtsfragen nicht erforderlich erscheint, sind diese in einem Hilfsgutachten zu erörtern.

Entscheidungsentwurf

Beschluß:

I. Die Beschwerde gegen den Beschluß des Amtsgerichts München vom 11. 7. 1993 wird verworfen.[2]
II. Auf die Beschwerde vom 2. 8. 1993 wird der Beschluß des Amtsgerichts München vom 29. 7. 1993 aufgehoben.[2]
III. Der Antrag des Beschwerdeführers auf Erteilung eines Erbscheins als Alleinerbe wird zurückgewiesen.

Gründe:

I. Die Beschwerde gegen den Beschluß des Amtsgerichts München vom 11. 7. 1993 ist unzulässig.

Die Beschwerde ist zwar gem. § 19 I FGG statthaft. Bei der Ankündigung des Amtsgerichts München vom 11. 7. 1993 handelt es sich nämlich um einen Vorbescheid. Dabei kann an dieser Stelle die Frage dahingestellt bleiben, ob ein solcher Vorbescheid ergehen durfte. Maßgeblich ist allein, daß der Vorbescheid, wenn er erlassen worden ist, eine beschwerdefähige Entscheidung darstellt.[3] An eine Frist ist die Beschwerde nicht gebunden. Ein Fall der sofortigen Beschwerde (§ 22 FGG) liegt nicht vor. Die vom Amtsgericht gesetzte Frist von zwei Wochen hatte lediglich die Bedeutung, daß das Gericht bis zum Ablauf der Frist mit der Erteilung des Erbscheins zuwarten wollte. Daß diese Frist versäumt wurde, ist für die Zulässigkeit der Beschwerde letztlich ohne Bedeutung. Auch die nach § 21 I, II FGG erforderliche Form ist eingehalten worden, da die Beschwerde beim Ausgangsgericht schriftlich eingelegt worden ist. Die Vertretung durch einen Rechtsanwalt ist gem. § 13 FGG möglich. Die Zulässigkeit der Beschwerde scheitert aber letztlich daran, daß ihr das Rechtsschutzbedürfnis fehlt.[4] Da am 29. 7. 1993 die Erbscheinserteilungsanordnung selbst erging, ist der am 11. 7. 1993 erlassene Vorbescheid

---

[2] Im verfahrensrechtlichen Teil wurde das Vorliegen zweier Beschwerden und das dadurch bedingte Erfordernis, im Tenor einen Ausspruch zu beiden Beschwerden zu treffen, vielfach von den Bearbeitern verkannt.
[3] Vgl. BGHZ 20, 257; BayObLGZ 1963, 19; 1965, 88. – Aufbaumäßig völlig verfehlt war es daher, wenn mehrere Bearbeiter an dieser Stelle der Klausur die Voraussetzungen für den Erlaß eines Vorbescheids geprüft haben. Vielmehr mußte diese Frage einer Erörterung im Hilfsgutachten vorbehalten bleiben (vgl. das Hilfsgutachten unter I.).
[4] Vgl. dazu Keidel-Kuntze-Winkler, FGG 13. Aufl. 1992, § 19 Rdnrn. 84, 113.

prozessual überholt worden.[5] Der Beschwerdeführer hat jetzt die Möglichkeit, die Verfügung vom 29. 7. 1993 selbst im Weg der Beschwerde anzugreifen.

II. Soweit der Beschwerdeführer sich gegen den Beschluß des Amtsgerichts München vom 29. 7. 1993 wendet, ist seine Beschwerde zwar zulässig, aber nur teilweise begründet.

1. Die Statthaftigkeit der Beschwerde folgt aus § 19 I FGG, da die Erbscheinserteilungsanordnung vom 29. 7. 1993 eine richterliche Endentscheidung darstellt. Insbesondere liegt keine unzulässige Eventualbeschwerde vor, wenn der Beschwerdeführer bereits am 2. 8. 1993 Beschwerde eingelegt hat. Zeitlich ist die Beschwerde nämlich zulässig, sobald die Entscheidung erlassen ist, d. h. wenn das Gericht die Entscheidung aus seiner Verfügungsgewalt entlassen und der Außenwelt übergeben hat. Eine Bekanntmachung oder gar eine formgerechte Zustellung ist nicht erforderlich. Wenn die Geschäftsstelle die Erbscheinserteilungsanordnung am 1. 8. 1993 zur Post gab, existierte von diesem Zeitpunkt an eine beschwerdefähige Entscheidung, ohne Rücksicht darauf, wann der gerichtliche Beschluß dem Beschwerdeführer später tatsächlich zuging.[6] Der Beschwerdeführer konnte daher ohne weiteres am 2. 8. 1993 Beschwerde erheben.[7]

Die Beschwerde wurde auch formgerecht mit einer Beschwerdeschrift beim Ausgangsgericht eingelegt (§ 21 FGG). Eine Beschwerdefrist war nicht zu wahren, da es sich um eine einfache Beschwerde handelt. Der Beschwerdeführer ist auch beschwerdebefugt (§ 20 I FGG). Die Entscheidung des Amtsgerichts München beeinträchtigt ihn in seiner in Anspruch genommenen Stellung als Erbeserbe, da die Erbscheinserteilungsanordnung seinen Vater nur als Miterben zu ½ und nicht als Alleinerben ausweist. Für eine Anfechtung der Erbscheinserteilungsanordnung selbst besteht nach wie vor ein Rechtsschutzbedürfnis. Ein die Erteilung eines Erbscheins anordnender Beschluß kann zwar nach der Erteilung des Erbscheins nicht mehr mit dem Ziel der Aufhebung angefochten werden. Eine diesbezügliche Beschwerde wäre dahin umzudeuten, daß der Erbschein einzuziehen

---

[5] Viele Examenskandidaten stützten die Unzulässigkeit der Beschwerde gegen den Vorbescheid fälschlicherweise auf eine angebliche Fristversäumnis. Prozessuale Überholung und dadurch bedingtes fehlendes Rechtsschutzbedürfnis wurden im allgemeinen nur in den besseren Klausuren erkannt.

[6] Vgl. Keidel-Kuntze-Winkler, § 19 Rdnr. 2.

[7] Nur wenige Kandidaten stellten präzise heraus, daß der Beschluß vom 29. 7. 1993 am 1. 8. 1993 mit Hinausgabe zur Post existent wurde. Der Erlaß des Beschlusses wurde häufig nicht scharf von dem Zeitpunkt seines Wirksamwerdens (§ 16 FGG) getrennt.

ist.[8] Dieser Fall liegt hier aber nicht vor, weil der Erbschein bislang nicht erteilt worden ist. Die Anordnung, daß ein Erbschein bewilligt werde, ist von der Vollziehung dieses Beschlusses durch Erteilung des Erbscheins selbst, also der Aushändigung einer Urschrift oder einer Ausfertigung des Erbscheins an den Antragsteller, streng zu unterscheiden. Nach der Rechtsprechung des BayObLG[9] ist der Erbschein noch nicht mit der Bekanntgabe des die Erteilung anordnenden Beschlusses, auch nicht mit der Zustellung einer Ausfertigung dieses Beschlusses, als erteilt anzusehen. Die zugestellte Ausfertigung des Beschlusses stellt nicht den Erbschein selbst dar und nimmt daher nicht am Schutz des guten Glaubens nach §§ 2366, 2367 BGB teil, mag der Beschluß auch den Inhalt des Erbscheins vollständig wiedergeben.[10]

2. Die Beschwerde hat jedoch sachlich nur teilweise Erfolg. Zwar war das Amtsgericht München sachlich und örtlich für die Erbscheinserteilungsanordnung zuständig (§§ 72, 73 FGG). Auch die funktionelle Zuständigkeit des Richters war gewahrt. Nach § 16 I Nr. 6 RPflG ist dem Richter die Erbscheinserteilung vorbehalten, wenn eine Verfügung von Todes wegen vorliegt, gleichgültig ob diese wirksam ist oder nicht.[11] Wird letztlich trotz einer Verfügung von Todes wegen der Eintritt der gesetzlichen Erbfolge festgestellt, so kann zwar der Richter die Erteilung des Erbscheins dem Rechtspfleger übertragen (§ 16 II RPflG), doch besteht dazu keine Verpflichtung. Auch die formellen Voraussetzungen für die Erbscheinserteilungsanordnung gem. §§ 2355, 2356 BGB liegen vor. Schließlich bestehen keine Bedenken gegen die Antragsberechtigung des Beschwerdeführers Christian Brochinger. Der Erbeserbe kann als Rechtsnachfolger des Erben auf dessen Namen einen Erbschein beantragen.[12]

Die Erteilung des Erbscheins ist jedoch fehlerhaft, weil er seinem Inhalt nach nicht dem gestellten Antrag des Beschwerdeführers entspricht. Dieser hat für seinen Vater einen Erbschein als Alleinerbe aufgrund testamentarischer Erbfolge beantragt, während das Nachlaßgericht den Erbschein als Miterbe aufgrund gesetzlicher Erbfolge erteilt hat. Wie sich aus §§ 2354 BGB und § 2355 BGB ergibt, gehört zur genauen Bezeichnung des Erbrechts sowohl die Angabe der Quote, als

---

[8] Vgl. Keidel-Kuntze-Winkler, § 84 Rdnr. 4; Palandt-Edenhofer, § 2353 Rdnr. 36.

[9] BayObLGZ 1960, 193; Palandt-Edenhofer, § 2353 Rdnr. 34.

[10] Die Zustellung des Bewilligungsbeschlusses wurde vielfach als Erbscheinserteilung behandelt. Die auf der Rechtsprechung des BayObLG beruhende gegenteilige Ansicht, die auch Palandt-Edenhofer (§ 2353 Rdnr. 34) zitieren, wurde offensichtlich völlig übersehen.

[11] Palandt-Edenhofer, § 2353 Rdnr. 15.

[12] Palandt-Edenhofer, § 2353 Rdnr. 12.

auch die Angabe des Berufungsgrunds. Das Nachlaßgericht kann dem Antrag nur so, wie er gestellt worden ist, stattgeben oder ihn abweisen. Es ist nicht berechtigt, einen Erbschein anderen als des beantragten Inhalts zu erteilen.[13] Deshalb ist die Erteilung des Erbscheins schon deshalb unrichtig, weil die Quote nur mit ½ ausgewiesen wurde.[14]

Hinzu kommt, daß in den Fällen, in denen der Erbe die Erteilung eines Erbscheins ausdrücklich aufgrund einer Verfügung von Todes wegen beantragt, das Nachlaßgericht den Erbschein nicht kraft gesetzlicher Erbfolge erteilen darf.[15] Zwar ist der Berufungsgrund im Erbschein regelmäßig nicht aufzunehmen[16] und auch im vorliegenden Fall nicht ausdrücklich in der Erbscheinserteilungsanordnung aufgenommen worden. Aus der Begründung des Vorbescheids geht jedoch deutlich hervor, daß das Nachlaßgericht den Erbschein nicht aufgrund testamentarischer, sondern aufgrund gesetzlicher Erbfolge erteilen wird. Die Erbscheinserteilungsanordnung vom 29. 7. 1993 war daher schon aufgrund der beiden erwähnten Verfahrensfehler aufzuheben, ohne Rücksicht auf die inhaltliche Richtigkeit des Erbscheins.

3. Der vom Beschwerdeführer beantragte Erbschein kann nicht erteilt werden. Zunächst ist klarzustellen, daß das Beschwerdegericht selbst einen beantragten Erbschein nicht bewilligen darf, sondern allenfalls das Nachlaßgericht anweisen kann, ihn zu erteilen.[17] Eine solche Anweisung ist hier nicht möglich, da der vom Beschwerdeführer beantragte Erbschein inhaltlich nicht der materiellen Erbrechtslage entspricht. Berchthold Brochinger ist nur Vorerbe nach seinem Vater geworden, und mit seinem Tode ist Elisabeth Brochinger als Nacherbin an seine Stelle getreten. Der Erbscheinsantrag des Beschwerdeführers war daher zurückzuweisen.

Zutreffend ist zwar, daß der Erblasser im Testament vom 1. 6. 1990 den Vater des Beschwerdeführers als Alleinerben eingesetzt hatte. Dies folgt aus dem Wortlaut des Testaments, insbesondere aus dem Zusammenhang, der zwischen den Sätzen 1 und 3 besteht. Gangolf Scholz sollte dagegen nur als Vermächtnisnehmer nach § 2147 BGB bedacht sein, wie auch der Auslegungsregel des § 2087 II BGB zu entnehmen ist. Bei der Abfassung dieses Testaments war der Erblasser nicht durch die frühere Verfügung vom 1. 5. 1988 gehindert. Das sog. gemeinschaftliche Testament enthielt nämlich keine wechselbezügli-

---

[13] Vgl. Palandt-Edenhofer, § 2353 Rdnr. 14; BayObLGZ 1973, 29.

[14] Das Abweichen des bewilligten Erbscheins vom gestellten Antrag wurde zwar von den meisten Bearbeitern gesehen. Dennoch fehlte häufig die daraus zu ziehende Folgerung, daß allein schon deswegen der Beschluß vom 29. 7. 1993 aufzuheben war.

[15] Vgl. Palandt-Edenhofer, § 2353 Rdnr. 15; BayObLGZ 1973, 28.

[16] BayObLGZ 1973, 29.

[17] Palandt-Edenhofer, § 2353 Rdnr. 40.

chen Verfügungen i. S. des § 2270 I BGB, wie man der Definition und Auslegungsregel des § 2270 II BGB entnehmen kann. Somit war der Erblasser in seiner Testierfreiheit nicht beschränkt. Er konnte daher ohne weiteres den Vater des Beschwerdeführers in der letztwilligen Verfügung vom 1. 6. 1990 zum Erben einsetzen.

Diese Verfügung ist auch nachträglich nicht unwirksam geworden. Dabei kann an dieser Stelle offen bleiben, ob das Vermächtnis, das in der Zuwendung der Briefmarkensammlung liegt, nach § 2169 I BGB gegenstandslos geworden ist. Selbst wenn man dies unterstellt, steht diese Unwirksamkeit des Vermächtnisses der Wirksamkeit des Testaments im übrigen nicht entgegen. Dies ergibt sich eindeutig aus der Vorschrift des § 2085 BGB.

Ebensowenig liegt ein wirksamer Widerruf des Testaments vom 1. 6. 1990 vor. Zwar hat der Erblasser das Testament in einem Umschlag eingeschlossen verwahrt und diesen mit dem Namen des Bedachten versehen, doch konnte er das Testament nicht durch einen nur auf den Umschlag gesetzten, nicht unterschriebenen Ungültigkeitsvermerk wirksam widerrufen.[18] Zunächst ist klarzustellen, daß das Testament nicht durch eine neue letztwillige Verfügung gem. § 2254 BGB widerrufen worden ist. Die Worte auf dem Umschlag „nicht zutreffend" stellen keinesfalls ein neues Testament dar, zumal es an der Unterschrift des Erblassers fehlt. Auch ein Widerruf nach § 2255 BGB kommt nicht in Betracht. Zwar kann durch einen auf die Testamentsurkunde gesetzten Ungültigkeitsvermerk nach § 2255 BGB ein Testament auch dann widerrufen werden, wenn die Unterschrift des Erblassers nicht beigefügt wird.[19] Die Aufhebungswirkung tritt aber grundsätzlich nur dann ein, wenn ein diesbezüglicher Vermerk auf der Testamentsurkunde selbst erfolgt. Ein Widerrufsvermerk auf dem Umschlag, in dem sich die Testamentsurkunde befindet, genügt nur dann, wenn Testament und Umschlag eine Einheit bilden. Dies ist hier nicht der Fall. Eine Einheit zwischen Umschlag und Testament wäre nur dann gegeben, wenn sich die Aufschrift auf dem Umschlag nach ihrem urkundlichen Inhalt als eine Fortsetzung des eingeschlossenen Schriftstücks darstellen würde. Hier ist aber das eingeschlossene Testament in sich abgeschlossen und die Aufschrift auf dem Umschlag für das Testament selbst entbehrlich. Der Vermerk „nicht zutreffend" bedeutet daher keine Veränderung an der Urkunde selbst im Sinn des § 2255 BGB. Mangels wirksamen Widerrufs ist daher das Testament des Erblassers verbindlich geblieben.[20]

---

[18] Palandt-Edenhofer, § 2255 Rdnr. 6; BayObLGZ 1963, 31 ff.

[19] Palandt-Edenhofer, § 2255 Rdnr. 6.

[20] Materiellrechtlich wurde vom größten Teil der Bearbeiter das Fehlen wechselbezüglicher Verfügungen im Testament vom 1. 5. 1988, das Vermächtnis hinsicht-

Nach dem Testament des Erblassers ist sein Sohn Berchthold zum Alleinerben und seine Ehefrau zur Ersatzerbin eingesetzt. Der Ersatzerbe erbt nur, wenn der zunächst zum Erben Berufene vor oder nach dem Erbfall wegfällt (§ 2096 BGB). Berchthold Brochinger ist Erbe geworden, weil er den Erblasser überlebt hat (§ 1923 I BGB) und die Erbschaft auch nicht ausgeschlagen hat. Daß er ein halbes Jahr nach seinem Vater gestorben ist, ändert an dem bereits vorher eingetretenen Erbanfall nichts mehr.[21] Die Voraussetzungen des § 2096 BGB liegen somit nicht vor. In der testamentarischen Bestimmung der Ehefrau zur Ersatzerbin ist aber zugleich eine Nacherbeneinsetzung gem. § 2100 BGB zu sehen.

Im Gegensatz zu § 2102 II BGB, wonach die Einsetzung als Nacherbe im Zweifel auch die Einsetzung als Ersatzerbe enthält, fehlt eine gesetzliche Auslegungsregel für den hier vorliegenden umgekehrten Fall. Vielmehr ist davon auszugehen, daß die Ersatzerbenberufung regelmäßig keine Nacherbeneinsetzung enthält. Die Regel des § 2102 I BGB darf grundsätzlich nicht umgekehrt werden. Da aber der Unterschied zwischen dem Begriff des Ersatzerben und des Nacherben rechtsunkundigen Personen nicht in letzter Tragweite geläufig ist, kann sich durch Auslegung des Testaments ergeben, daß im Einzelfall nach dem Willen des Erblassers der Ersatzerbe auch Nacherbe sein soll.[22] Daran ändert auch die Vorschrift des § 2102 II BGB nichts. An der Einsetzung der Ehefrau als Ersatzerbin bestehen nämlich nach dem Inhalt des Testaments gerade keine Zweifel. Die Frage ist nur, ob das Testament dahingehend auszulegen ist, daß die Ehefrau des Erblassers alternativ sowohl als Ersatzerbin als auch als Nacherbin berufen worden ist. Dies ist zu bejahen. Aus dem Inhalt des Testaments läßt sich entnehmen, daß der Erblasser seiner Frau in jedem Fall und gerade dann eine entsprechende Erbenstellung einräumen wollte, wenn sie seinen Sohn Berchthold überleben sollte. Daraus folgt, daß der Nachlaß des Erblassers nicht dem Erben Berchthold Brochingers, sondern der Ehefrau des Erblassers zufallen sollte. Da dieses Ziel aber nur zu erreichen ist, wenn der Erblasser seiner Ehefrau die Stellung einer Ersatz- und Nacherbin einräumt, ist die Erbeneinsetzung der Ehefrau in diesem erweiterten Sinn zu verste-

---

lich der Briefmarkensammlung und die Problematik des Umschlagvermerks im Ergebnis richtig gelöst. Auffällig häufig fehlte jedoch bei Erörterung des Verkaufs der Briefmarkensammlung die Anführung der einschlägigen gesetzlichen Bestimmungen (§§ 2169, 2170, 2085 BGB).

[21] Ein Wegfall nach dem Eintritt des Erbfalls setzt voraus, daß der als Erbe Eingesetzte mit Rückwirkung auf den Eintritt des Erbfalls wegfällt (Skibbe in Münchner Kommentar, 2. Aufl. 1989, § 2096 Rdnr. 2).

[22] Palandt-Edenhofer, § 2102 Rdnr. 1.

hen.[23] Beim Tode von Berchthold Brochinger ist daher der Nachlaß seines Vaters an dessen Ehefrau Elisabeth Brochinger als Nacherbin gefallen (§ 2139 BGB). Mit Eintritt des Nacherbfalls kommt allein eine Erbscheinserteilung für die Nacherbin in Betracht.[24] Ein solcher Antrag ist bislang noch nicht gestellt worden.

Eine Zurückverweisung an die erste Instanz war nicht veranlaßt, da endgültig feststeht, daß die Erteilung eines Erbscheins als Alleinerbe nicht in Betracht kommt. Der Aufhebung des Beschlusses vom 29. 7. 1993 steht auch nicht das Verbot der reformatio in peius entgegen. Dabei kann dahingestellt bleiben, inwieweit dieser Grundatz im Verfahren der freiwilligen Gerichtsbarkeit, insbesondere im Erbscheinsverfahren, überhaupt anwendbar ist.[25] Einigkeit besteht, daß dieses Verfahrensprinzip dann nicht gilt, wenn das erstinstanzliche Verfahren unzulässig war oder gegen von Amts wegen zu beachtende Verfahrensvoraussetzungen verstoßen wurde.[26] Gleiches muß gelten, wenn im Erbscheinsverfahren gegen das elementare Verfahrensprinzip verstoßen wird, daß ein Erbschein nur so wie beantragt erteilt werden darf. Schließlich paßt das Verbot der reformatio in peius für das Erbscheinsverfahren um so weniger, als jeder erteilte Erbschein von vornherein unter dem Vorbehalt steht, daß er bei nachträglich erkannter Unrichtigkeit jederzeit von Amts wegen eingezogen werden kann.

Drei Unterschriften

Hilfsgutachten

I. Da die Beschwerde gegen den Beschluß des Amtsgerichts München vom 11. 7. 1993 zu verwerfen war, ist im Hilfsgutachten zu prüfen, ob die Beschwerde der Sache nach Erfolg gehabt hätte.

Der Vorbescheid wurde vom sachlich und örtlich zuständigen Amtsgericht München erlassen (§ 72, 73 FGG), da sich die Zuständigkeit für den Erlaß eines Vorbescheids nach den Vorschriften rich-

---

[23] Die Behandlung der erbrechtlichen Stellung der Ehefrau bereitete den Bearbeitern die größten Schwierigkeiten. Hier wurde bei entsprechender gründlicher Auslegung auch die Lösung als vertretbar erachtet, daß die Ehefrau nur Ersatzerbin und nicht auch Nacherbin sein sollte. Ein häufig vorkommender und die Arbeit stark beeinträchtigender Fehler lag jedoch darin, daß die Ehefrau als Ersatzerbin angesehen wurde, sie aber dennoch nach dem Tode Berchthold Brochingers Erbin geworden sein sollte. Der Begriff des „Wegfalls" in § 2096 BGB wurde dabei völlig verkannt. Dem gleichen Mißverständnis unterlagen die Bearbeiter, die den Beschwerdeführer Christian Brochinger über § 2096 BGB an die Stelle seines Vaters treten ließen.

[24] Palandt-Edenhofer, § 2363 Rdnr. 10.

[25] Vgl. dazu Keidel-Kuntze-Winkler, § 19 Rdnr. 117.

[26] Keidel-Kuntze-Winkler, § 19 Rdnr. 118.

tet, die auch für den Erlaß der Erbscheinserteilungsanordnung selbst maßgeblich sind. Da der Beschwerdeführer behauptet hat, eine Verfügung von Todes wegen habe vorgelegen, aufgrund derer er sein Erbrecht geltend mache, war für den Erlaß des Vorbescheids gem. § 16 I Nr. 6 RPflG der Richter funktionell zuständig, mag der Vorbescheid dann auch einen Erbschein kraft gesetzlicher Erbfolge ankündigen (vgl. die Parallelproblematik oben bei II 2).

Auch die sonstigen Voraussetzungen für den Erlaß eines Vorbescheids lagen vor. Im Hinblick auf die Zweifelhaftigkeit der Rechtslage war eine Vorklärung der Sach- und Rechtslage geboten, um die Erteilung eines unrichtigen und später wieder einzuziehenden Erbscheins, der wegen seiner Publizitätswirkung beträchtlichen Schaden zur Folge haben könnte, zu vermeiden. Zwar lagen keine entgegengesetzten Erbscheinsanträge der Beteiligten vor, was grundsätzlich Voraussetzung für den Erlaß eines Vorbescheids ist. Vielmehr lag nur ein Antrag Christian Brochingers vor, während die Ehefrau des Erblassers einen Erbscheinsantrag lediglich angekündigt hatte. Dies schadet jedoch letztlich nicht, da das Amtsgericht einen Vorbescheid selbst dann erlassen darf, wenn zu diesem Zeitpunkt von keinem der Beteiligten ein diesbezüglicher Erbschein beantragt worden ist. Ausreichend ist, daß damit zu rechnen ist, daß ein solcher Erbscheinsantrag gestellt wird.[27] Im Hinblick auf die Ankündigung der Ehefrau des Erblassers, einen Erbscheinsantrag demnächst stellen zu wollen, konnte das Amtsgericht mit guten Gründen davon ausgehen, daß ein solcher Antrag auch tatsächlich eingehen würde.

Mögen somit zwar die formellen Voraussetzungen für den Erlaß eines Vorbescheids gegeben gewesen sein, so war dieser jedoch der Sache nach unrichtig, da er die Ehefrau und den Sohn des Erblassers zu Unrecht als Miterben aufgrund gesetzlicher Erbfolge auswies.

II. Im Hinblick auf § 2087 II BGB handelt es sich bei der Briefmarkensammlung um ein Vermächtnis gemäß § 2147 BGB. Da der Erblasser den Gegenstand nach der Testamentserrichtung veräußert hatte, ist dieses Vermächtnis gem. § 2169 I BGB gegenstandslos geworden. Aus dem Testament ergeben sich keinerlei Anhaltspunkte, daß der Erblasser gemäß § 2170 BGB ein Verschaffungsvermächtnis angeordnet hat. Ein dahingehender Wille müßte aus dem Testament deutlich erkennbar sein. Wenn der Erblasser offensichtlich in Kenntnis seines Testamentes einen Gegenstand bewußt veräußert, so nimmt er in Kauf, daß dieser Gegenstand bei seinem Ableben der ursprünglich begünstigten Person nicht mehr zugewendet werden kann. Schließlich besteht auch kein Anspruch nach § 2169 III BGB, da die Voraussetzungen dieser Vorschrift nicht vorliegen.

---

[27] Palandt-Edenhofer, § 2353 Rdnr. 33.

6. KLAUSUR: Das verschwundene Testament

Vorbemerkung: Für die sechste Klausur wurden bewußt erneut Fragen des Erbscheinsverfahrens und Probleme der Vor- und Nacherbschaft gewählt, damit der Leser Gelegenheit erhält, das in der fünften Klausur erworbene Wissen zu vertiefen.

Aktenauszug

Franz Leder
Müllerstr. 68

An das
Amtsgericht München
80335 München

München, den 1. 7. 1992

> Amtsgericht München
> Eingang: 3. 7. 1992

Betreff: Antrag auf Erteilung eines Erbscheins hinsichtlich des Nachlasses der Babette Licht

Am 15. 12. 1991 verstarb in München, ihrem letzten Wohnsitz, die am 2. 1. 1912 in München geborene Lehrerin Babette Licht. Sie war verheiratet mit dem am 12. 2. 1987 verstorbenen Maximilian Licht. Diese Ehe blieb kinderlos. Für Maximilian Licht handelte es sich um seine zweite Ehe. Seine erste Ehefrau hatte aus ihrer ersten Ehe einen Sohn, Klaus Schweiger, also den Stiefsohn des Ehemanns der Erblasserin. Die einzige Schwester der Erblasserin ist bereits im Jahre 1955 verstorben. Ihr Sohn ist mein Vater Martin Leder.

Am 17. 6. 1959 errichteten Babette und Maximilian Licht das in Anlage 1 beigefügte eigenhändig geschriebene Testament. Am 15. 8. 1985 verfaßten die Eheleute Licht ein weiteres privatschriftliches Testament (Anlage 2). Am 1. 5. 1987 errichtete schließlich die Erblasserin ein privatschriftliches Testament, in dem mein Vater und ich als Miterben eingesetzt wurden (Anlage 3).

Auf die erwähnten letztwilligen Verfügungen der Erblasserin kommt es jedoch letztlich nicht an. Wie ich erst vor kurzem erfahren habe, hat die Erblasserin nämlich wenige Wochen vor ihrem Tod ein Testament errichtet, in dem sie mich als Alleinerben eingesetzt hat. Gem. § 2258 BGB hat die Erblasserin daher alle früheren Testamente widerrufen. Zwar konnte ich die Testamentsurkunde selbst nicht auffinden, da diese vermutlich bei der Auflösung der Wohnung der Erblasserin verloren gegangen ist, doch kann die Testamentserrichtung auf andere Weise nachgewiesen werden. So hat die Haushälterin der Erblasserin, Frau

Claudia Sorgsam, das Testament mit dem Inhalt meiner Alleinerbeneinsetzung mehrfach selbst gesehen. Hinzu kommt, daß die Erblasserin eine Woche vor ihrem Tod in einem Gespräch meiner Mutter gegenüber geäußert hat, für mich sei umfassend gesorgt. Dieser Satz kann nur im Sinn einer Alleinerbenstellung verstanden werden. Zum Beweis für diese Äußerung benenne ich als Zeugin meine Mutter, Frau Eva Leder. Somit ist mir ein Erbschein als Alleinerbe zu erteilen. Ein Rechtsstreit über das Erbrecht ist derzeit nicht anhängig.

Hochachtungsvoll
Franz Leder

Anlage 1

Testament

Durch meine eigene Unterschrift bestätige ich, Maximilian Licht, daß mein ganzes Vermögen im Falle meines Todes auf meine Frau Babette Licht übergehen soll.

München, d. 17. 6. 1959   Maximilian Licht

Testament

Ich bestätige hiermit, daß mein Vermögen im Falle meines Todes auf meinen Mann, Maximilian Licht, übergehen soll.

München, d. 17. 6. 1959   Babette Licht

Anlage 2

Testament

Unser Letzter Wille lautet wie folgt:
Wenn wir beide gestorben sind, soll alles dem Stiefsohn Klaus Schweiger zufallen. Er ist jedoch verpflichtet, unser gemeinsames Grab zehn Jahre in Ordnung zu halten.

München, d. 15. 8. 1985   Maximilian Licht
Babette Licht

Anlage 3

Testament

Ich bin Alleinerbin meines Ehemannes aufgrund dessen Testaments vom 17. 6. 1959 geworden. Der Stiefsohn meines verstorbenen Mannes, Klaus Schweiger, hat sich weder zu Lebzeiten meines Mannes noch nach dessen Tod je um uns gekümmert. Mein Mann hat oft darüber geklagt, daß es ihm nie gelungen sei, einen echten Kontakt zu seinem Stiefsohn herzustellen. Ich sehe daher überhaupt nicht ein, daß Herr Schweiger, zu dem praktisch nie eine Verbindung bestand, nach meinem Tod Erbe sein soll.

Ich vermache deshalb mein gesamtes Vermögen meinem Neffen Martin Leder. Sollte diesem etwas zustoßen, so geht das Erbe auf seinen Sohn Franz Leder über. Auf jeden Fall soll Franz bei meinem Tod vorweg ein Bargeldbetrag ausbezahlt werden, der einem Fünftel meines Vermögens entspricht.

Das schlechte Benehmen der Ehefrau meines Neffen, Eva Leder, zwingt mich noch zu einer weiteren Anordnung:

Nach meinem Tod darf kein Nachlaßgegenstand an sie veräußert werden. Mein Besitz darf nur an meinen Neffen Martin Leder und dessen Sohn Franz Leder übergehen.

München, d. 1. 5. 1987   Babette Licht

Auszug aus der Niederschrift über die nichtöffentliche Sitzung des Amtsgerichts München – Nachlaßgericht – vom 16. 9. 1992

Es ist erschienen der Beteiligte Franz Leder sowie die geladene Zeugin Claudia Sorgsam.

Die erschienene Zeugin wurde vorgerufen, mit dem Gegenstand ihrer Vernehmung bekannt gemacht, gesetzlich belehrt und wie folgt vernommen:

Zur Person: Claudia Sorgsam, 65 Jahre alt, ledige Hausangestellte, München, Winthirstraße 15, mit den Beteiligten nicht verwandt und nicht verschwägert.

Zur Sache: Ich habe die Erblasserin seit dem Jahre 1988 bis zu ihrem Tod betreut. Ich habe in der Wohnung der Erblasserin gewohnt, da diese im Hinblick auf ihr fortgeschrittenes Alter häufig pflegebedürftig war. Im Laufe der Zeit habe ich wohl ihr Vertrauen gewonnen, und so hat sie mit mir auch viele persönliche Dinge besprochen. Dabei kam auch öfters die Rede auf ihr Testament vom 1. 5. 1987. Sie hat mir gegenüber wiederholt geäußert, daß dieses Testament zu Gunsten von Franz Leder geändert werden müßte, da sie zunehmend bemerke, wie ihr Neffe Martin Leder unter dem Einfluß seiner Ehefrau stehe.

Etwa vier Wochen vor ihrem Ableben hat mich die Erblasserin in ihr Zimmer gerufen und mir gegenüber geäußert, daß sie soeben ein neues Testament angefertigt habe. Sie hielt mir ein Schriftstück kurz vor Augen. Ich konnte unschwer die Überschrift „Testament" erkennen. Bevor ich aber damit beginnen konnte, den Text zu lesen, hatte die Erblasserin das Schriftstück bereits wieder an sich genommen und es in ihrem Schrank verschlossen. Ich war nicht in der Lage, den Text der Testamentsurkunde zu lesen. Die Erblasserin selbst hat über den Inhalt ihres Testaments mir gegenüber keine Äußerung gemacht. Sie sagte lediglich, daß sie eine Fotokopie herstellen lassen werde. Als ich nach dem Tod der Erblasserin deren Wohnung auflöste, habe ich außer den drei Testamenten, die dem Gericht bereits vorliegen, kein weiteres Testament gefunden, weder im Original noch in Fotokopie. Ich kann keine Angaben dazu machen, wo das Schriftstück, das mir die Erblasserin wenige Wochen vor ihrem Tod gezeigt hat, letztlich geblieben ist.

v. u. g.

. . .

Amtsgericht München   München, d. 20. 9. 1992
- Nachlaßgericht -
Az.: IV 833/92

Beschluß:

Der Antrag des Antragstellers Franz Leder vom 1. 7. 1992 auf Erteilung eines Erbscheins wird zurückgewiesen.

Gründe:

Ein Erbschein kann nur erteilt werden, wenn der Antragsteller die Testamentsurkunde selbst oder wenigstens eine Fotokopie davon vorlegt. Diesen Nachweis hat der Antragsteller nicht geführt. Wie die Vernehmung der Zeugin Sorgsam ergeben hat, wollte die Erblasserin zwar eine Fotokopie ihres Testaments herstellen lassen, letztlich hat sie jedoch diesen Entschluß offensichtlich nicht in die Tat umgesetzt. Bei dieser Sach- und Rechtslage kam es auf die Aussage der Zeugin Eva Leder nicht mehr an, so daß das Gericht bewußt von der Vernehmung dieser Zeugin abgesehen hat.

Dr. Eigen
Richter am Amtsgericht

Franz Leder   München, den 1. 10. 1992

An das
Amtsgericht München
– Nachlaßgericht –
80335 München

> Amtsgericht München
> Eingang: 3. 10. 1992

Gegen das Urteil des Amtsgerichts München vom 20. 9. 1992 lege
ich hiermit Berufung ein.

Franz Leder

Rechtsanwalt   München, d. 25. 10. 1992
Alfred Klug   Giselastr. 22

An das
Amtsgericht München
– Nachlaßgericht –
80335 München

> Amtsgericht München
> Eingang: 25. 10. 1992

Betreff: Antrag auf Erteilung eines Erbscheins . . . . Nachlaß der
Babette Licht verstorben am 15. 12. 1991.

Hiermit zeige ich unter Vorlage einer schriftlichen Vollmacht an,
daß ich den kaufmännischen Angestellten Martin Leder anwaltschaftlich vertrete.

Namens und im Auftrag meines Mandanten stelle ich hiermit den
Antrag, das Gericht wolle zu Händen meines Mandanten einen Erbschein nach der verstorbenen Lehrerin Babette Licht erteilen, daß
diese von ihrem Neffen Martin Leder aufgrund Testaments allein
beerbt worden ist.

Begründung:

Um Wiederholungen zu vermeiden, nehme ich auf die Angaben
von Herr Franz Leder in seinem Schreiben vom 1. 7. 1992 Bezug und
mache diese mir zu eigen. Aufgrund Testaments vom 1. 5. 1987 ist
mein Mandant Alleinerbe geworden und kann daher einen diesbezüglichen Erbschein beanspruchen. Ein Rechtsstreit über das Erbrecht
ist derzeit nicht anhängig.

Klug
Rechtsanwalt

Klaus Schweiger   München, den 30. 10. 1992
                                          Leonrodstraße 50

An das   Amtsgericht München
Amtsgericht München   Eingang: 31. 10. 1992
– Nachlaßgericht –
80335 München

Sehr geehrte Damen und Herren!

Über einen Bekannten habe ich in Erfahrung gebracht, daß Herr
Martin Leder einen Erbschein hinsichtlich des Nachlasses der verstorbenen Babette Licht beantragt hat. Einem solchen Antrag widerspreche ich energisch und bitte darum, diesem Antrag nicht stattzugeben.

Da ich im Laufe meines Lebens schon wiederholt erfahren habe,
wie übel einem die Justizbehörden mitspielen können, lege ich heute
schon vorsorglich gegen einen etwaigen Erbscheinserteilungsbeschluß
Beschwerde ein.

                                          Hochachtungsvoll
                                          Klaus Schweiger

Amtgericht München   München, d. 5. 11. 1992
– Nachlaßgericht –

Az.: IV 833/92

Nachlaß: Babette Licht, gestorben am 15. 12. 1991 in München

                        Beschluß:

I. Es wird die Erteilung eines Erbscheins nach Entwurf in Ziffer II bewilligt.
II. Erbschein
Die am 2. 1. 1912 in München geborene, zuletzt dort wohnhaft gewesene
Lehrerin Babette Licht ist am 15. 12. 1991 in München verstorben und von
ihrem Neffen Martin Leder allein beerbt worden.
III. Erbschein nach Ziffer II an Martin Leder. Bekanntgabe von Ziffer II an
Klaus Schweiger und Franz Leder.

                              Dr. Eigen
                              Richter am Amtsgericht

Vermerk: Erbschein ausgehändigt am 8. 11. 1992 an Martin Leder
                              Haar
                              Justizangestellte

Klaus Schweiger   München, d. 11. 11. 1992
                                   Leonrodstraße 50

An das
Amtsgericht München
– Nachlaßgericht –

| Amtsgericht München |
| Eingang: 12. 11. 1992 |

Az.: IV 833/92

Sehr geehrte Damen und Herren!

Meine am 30. 10. 1992 eingelegte Beschwerde begründe ich wie
folgt:

Aufgrund des Testaments vom 15. 8. 1985 bin allein ich Erbe des
Nachlasses der verstorbenen Babette Licht geworden. Diese war aus
Rechtsgründen überhaupt nicht mehr in der Lage, von dem erwähn-
ten Testament abzuweichen und ihren Neffen als Erben einzusetzen.

Im übrigen darf ich noch auf folgendes hinweisen: Ich habe nach
dem Tod der Erblasserin wiederholt kundgetan, daß ich allein Erbe
geworden sei. Daraufhin hat Franz Leder am 15. 3. 1992 gegen mich
Klage vor dem Landgericht München I erhoben auf Feststellung, daß
er zusammen mit seinem Vater Martin Leder Miterbe geworden sei.
Mit Urteil vom 8. 5. 1992 (Az.: 30 1123/92) hat das Landgericht diese
Klage rechtskräftig abgewiesen. Allein aus diesem Grunde durfte das
Nachlaßgericht dem Antragsteller Martin Leder keinen Erbschein
mehr erteilen.

Ich erkläre daher noch einmal ausdrücklich, daß ich den Beschluß
vom 5. 11. 1992 anfechte.

                                   Klaus Schweiger

Amtsgericht München   München, d. 20. 11. 1992
- Nachlaßgericht -

Az.: IV 833/92

Mit Akten
an das Landgericht München I

Den Beschwerden helfe ich nicht ab.

Die Beschwerden sind bereits unzulässig.

Die Beschwerde des Beschwerdeführers Franz Leder entspricht nicht der
nach § 21 FGG erforderlichen Form, da sie keinerlei Begründung enthält, aus

welchen Gründen die Entscheidung vom 20. 9. 1992 unrichtig sei. Die Beschwerde des Beschwerdeführers Klaus Schweiger ist als Eventualbeschwerde nicht statthaft.

Dr. Eigen
Richter am Amtsgericht

———

Vermerk für den Bearbeiter:

Die Entscheidung des Gerichts ist zu entwerfen. Rubrum, Sachdarstellung und Kostenentscheidung sind erlassen. Zustellungen, Vollmachten und sonstige Formalien sind in Ordnung.

Es ist zu unterstellen, daß Franz Leder und Martin Leder die nach § 2356 BGB erforderlichen Nachweise (öffentliche Urkunden, eidesstattliche Versicherungen) erbracht haben, soweit sich aus dem Sachverhalt nichts Gegenteiliges ergibt. Die vorgelegten Testamente vom 17. 6. 1959 und vom 1. 5. 1987 sind jeweils eigenhändig geschrieben und unterschrieben. Das Testament vom 15. 8. 1985 wurde von Maximilian Licht eigenhändig geschrieben und unterschrieben und von Babette Licht eigenhändig mitunterzeichnet.

Soweit der Sachverhalt nach Auffassung des Bearbeiters für eine Entscheidung nicht ausreicht, ist zu unterstellen, daß trotz Beachtung der richterlichen Aufklärungspflicht eine weitere Sachverhaltsaufklärung nicht zu erzielen war.

Soweit die Entscheidung keiner Begründung bedarf oder in den Gründen ein Eingehen auf alle berührten Rechtsfragen nicht erforderlich erscheint, sind diese in einem Hilfsgutachten zu erörtern.[1]

Entscheidungsentwurf

Beschluß

I. Die Beschwerde des Beschwerdeführers Franz Leder[2] gegen den Beschluß des Amtsgerichts München vom 20. 9. 1992 wird zurückgewiesen.

———

[1] Der Bearbeitervermerk entspricht der Praxis des bayerischen Assessorexamens. – Zu den nach dem Bearbeitervermerk erlassenen Aufgaben s. zum Rubrum Weiß, JuS 1988, 894; Zimmermann, JuS 1987, 816; zur Kostenentscheidung Weiß, JuS 1988, 898; Zimmermann, JuS 1987, 816, 819.

[2] Aufbaumäßig war zwischen der Beschwerde des Franz Leder und der Beschwerde des Klaus Schweiger strikt zu trennen.

II. Auf die Beschwerde des Beschwerdeführers Klaus Schweiger[2] wird das Amtsgericht München – Nachlaßgericht – angewiesen, den am 8. 11. 1992 an Martin Leder erteilten Erbschein als unrichtig einzuziehen.

Gründe

– Sachdarstellung erlassen –

A. Die Beschwerde des Beschwerdeführers Franz Leder gegen den Beschluß des Amtsgerichts München vom 20. 9. 1992 ist zulässig, aber nicht begründet.

I. Die Statthaftigkeit der Beschwerde folgt aus § 19 I FGG, da es sich bei der Zurückweisung des Erbscheinsantrags um eine richterliche Entscheidung handelt.[3] Dabei ist unschädlich, daß der Beschwerdeführer sich nach seiner Meinung gegen ein Urteil wendet, das er mit dem Rechtsmittel der Berufung anfechten möchte. Insoweit handelt es sich in zweifacher Hinsicht um eine unschädliche Falschbezeichnung. Nach dem allgemeinen Rechtsgedanken des § 300 StPO, der auch im Verfahren der freiwilligen Gerichtsbarkeit gilt, ist die Erklärung des Beschwerdeführers dahingehend auszulegen, daß er gegen den ablehnenden Beschluß des Amtsgerichts München das Rechtsmittel der Beschwerde i. S. des § 19 FGG einlegen möchte. Die Beschwerde wurde auch formgerecht mit einer Beschwerdeschrift beim Ausgangsgericht eingelegt (§ 21 I, II FGG). Eine Begründung der Beschwerde ist vom Gesetz nicht vorgeschrieben und kann daher nicht als Zulässigkeitsvoraussetzung gefordert werden.[4] Daher schadet die unterbliebene Begründung der eingelegten Beschwerde letztlich nicht. Eine Beschwerdefrist war nicht zu wahren, da es sich um eine einfache Beschwerde handelt. Der Beschwerdeführer ist auch beschwerdebefugt (§ 20 I FGG). Die Entscheidung des Amtsgerichts München beeinträchtigt ihn in seiner von ihm behaupteten Stellung als Alleinerbe. Die somit nach § 20 I FGG gegebene Beschwerdeberechtigung wird auch nicht durch die Vorschrift des § 20 II FGG eingeschränkt, da das Amtsgericht München den Antrag des Beschwerdeführers ausdrücklich zurückgewiesen hat.

II. Die Beschwerde hat jedoch sachlich keinen Erfolg. Dabei kann dahingestellt bleiben, ob die früheren letztwilligen Verfügungen der Erblasserin diese in ihrer Testierfreiheit beschränkt haben.[5] Selbst

---

[3] Keidel, FGG, 13. Aufl. (1992), § 19 Rdnr. 2.
[4] Keidel, § 21 Rdnr. 6.
[5] Häufig übersahen die Prüflinge, daß an dieser Stelle der Klausur diese Frage noch nicht zu erörtern war.

wenn man zugunsten des Beschwerdeführers unterstellt, daß die Erblasserin in der Lage war, durch ein neuabgefaßtes Testament die früheren letztwilligen Verfügungen gem. § 2258 BGB zu widerrufen, hat die Beschwerde keinen Erfolg. Maßgeblich ist allein, daß es dem Beschwerdeführer nicht gelungen ist, seine Alleinerbenstellung, die er aus einem kurz vor dem Tod der Erblasserin verfaßten Testament herleiten will, zur Überzeugung des Gerichts nachzuweisen.

Zwar wird die Wirksamkeit eines Testaments nicht berührt, wenn dieses ohne Willen des Erblassers vernichtet wird oder sonst verloren geht.[6] In einem solchen Fall können Errichtung und Inhalt des Testaments mit allen zulässigen Beweismitteln bewiesen werden.[7] Gelingt der Beweis, so kann aufgrund des nicht mehr vorhandenen Testaments ein beantragter Erbschein erteilt werden. Gelingt der Beweis jedoch nicht, so geht dies zu Lasten dessen, der Rechte aus dem Testament herleiten will. Denn wer sich auf eine bestimmte Erbfolgeregelung durch ein Testament beruft, muß imstande sein, dessen formgültige Errichtung sowie dessen Gesamtinhalt anzugeben und nachzuweisen. Im Verfahren der freiwilligen Gerichtsbarkeit ist zwar von Amts wegen zu ermitteln, ob ein nicht mehr vorhandenes oder nicht mehr auffindbares Testament formgültig errichtet war und welchen Inhalt es hatte. Ist aber eine sichere Feststellung nicht möglich, so trägt derjenige die Feststellungslast, der ein Erbrecht aufgrund letztwilliger Verfügung für sich in Anspruch nimmt. Wer daher im Erbscheinsverfahren seinen Antrag auf ein nicht mehr vorhandenes Testament stützt, hat für den Nachweis einzustehen, daß ein rechtwirksames Testament mit dem behaupteten Inhalt errichtet worden ist.[8]

Unter Berücksichtigung dieser Grundsätze hat der Beschwerdeführer keinen hinreichenden Nachweis für die formgültige Errichtung und den Inhalt des Testaments erbracht. Die Aussage der Zeugin Sorgsam ist jedenfalls dafür nicht geeignet. Zwar hat sie die Testamentsurkunde der Erblasserin gesehen, ohne jedoch über den Inhalt eigene Wahrnehmungen machen zu können. Selbst wenn man zugunsten des Beschwerdeführers unterstellt, daß eine Testamentserrichtung wenige Wochen vor dem Tod der Erblasserin erfolgt ist, so ist keinerlei Nachweis über den Inhalt dieses Testaments geführt. Kann aber nicht der vollständige Inhalt einer letztwilligen Verfügung festgestellt werden, so darf darauf keine Erb-

---

[6] Vgl. BGH, NJW 1951, 559; BayObLGZ 1977, 62.
[7] Palandt-Edenhofer, § 2255 Rdnr. 12; BayObLG, Rpfleger 1980, 60. – Dieser Gesichtspunkt wurde von vielen Bearbeitern übersehen.
[8] BayObLGZ 1977, 62.

folge gestützt werden. Die bloße Äußerung der Erblasserin, ihr früheres Testament zugunsten des Beschwerdeführers ändern zu wollen, reicht nicht aus, eine Alleinerbenstellung des Beschwerdeführers zu begründen.

Es ist nicht zu beanstanden, daß das Amtsgericht die Zeugin Eva Leder bewußt nicht vernommen hat. Es handelt sich um eine Zeugin, die aufgrund ihres Gesprächs mit der Erblasserin das Vorhandensein des Testaments allenfalls vom Hörensagen bestätigen könnte. Darin liegt kein Verstoß gegen den Ermittlungsgrundsatz des § 12 FGG. Art und Umfang der Ermittlungen richten sich stets nach der Lage des Einzelfalls. Der Grundsatz der Amtsermittlung verpflichtet das Gericht, sämtliche zur Aufklärung des Sachverhalts dienlichen Beweise zu erheben. Dies bedeutet jedoch nicht, daß das Gericht allen nur denkbaren Möglichkeiten nachgehen müßte. Eine Aufklärungspflicht besteht vielmehr nur insoweit, als das Vorbringen der Beteiligten und der festgestellte Sachverhalt bei sorgfältiger Überlegung dazu Anlaß geben. Die Ermittlungen sind so weit auszudehnen, bis der entscheidungserhebliche Sachverhalt vollständig aufgeklärt ist und sind dann abzuschließen, wenn von weiteren Ermittlungen ein sachdienliches, die Entscheidung beeinflussendes Ergebnis nicht mehr zu erwarten ist.[9]

Entscheidend ist, daß ein solches Ergebnis von der benannten Zeugin nicht zu erwarten ist, da sie nach dem Vorbringen des Beschwerdeführers das unter Beweis gestellte Wissen nur aus den Äußerungen der Erblasserin, nicht aber aus eigener Wahrnehmung bezogen haben kann. Es begegnet daher keinen rechtlichen Bedenken, von einer Vernehmung dieser Zeugin abzusehen. Darin liegt insbesondere keine vorweggenommene, unzulässige Beweiswürdigung, sondern lediglich die zulässige Einstufung des Beweismittels als unerheblich. Selbst wenn man zugunsten des Beschwerdeführers unterstellt,[10] daß die Zeugin das Vorbringen des Beschwerdeführers in tatsächlicher Hinsicht glaubhaft bekundet, kann daraus kein Alleinerbenrecht für den Beschwerdeführer hergeleitet werden. Die Äußerung der Erblasserin, für den Beschwerdeführer sei umfassend gesorgt, kann keinesfalls dahingehend ausgelegt werden, daß sich daraus zwingend die Einräumung der Stellung eines Alleinerben ergebe. Vielmehr kann dieser Satz auch dahingehend verstanden werden, daß die Erblasserin zu diesem Urteil auf Grund ihres Testaments vom 1. 5. 1987 gekommen ist. Im übrigen bleiben durchaus Zweifel, ob die Erblasserin im Hinblick auf das angespannte Verhältnis, das zwischen ihr und der Zeugin

---

[9] BGHZ 40, 57; BayObLGZ 1980, 99.
[10] Insoweit bietet sich eine analoge Anwendung des § 244 III StPO auch für das FGG-Verfahren an.

Leder bestand, diese richtig informiert hat. Nach alledem ist kein Zeuge vorhanden, der den Inhalt des nicht mehr vorhandenen Testaments aus unmittelbarer eigener Wahrnehmung bestätigen könnte. Der beantragte Erbschein war daher nicht zu erteilen. Die Entscheidung des Amtsgerichts München war zwar nicht in der Begründung, wohl aber im Ergebnis zutreffend, so daß die dagegen eingelegte Beschwerde zurückzuweisen ist.

B. Die Beschwerde des Beschwerdeführers Klaus Schweiger ist im Ergebnis zulässig und begründet.

I. Eine zulässige Beschwerde liegt zwar nicht im Schreiben vom 30. 10. 1992. Die Beschwerde ist nämlich nach § 19 FGG zeitlich erst dann statthaft, wenn die Verfügung des Erstgerichts erlassen ist. Die Entscheidung des Amtsgerichts München erging jedoch erst am 5. 11. 1992. Eine Einlegung der Beschwerde im voraus für den Fall der Antragsablehnung ist unzulässig.[11]

Eine zulässige Beschwerde ergibt sich vielmehr aus dem Schreiben vom 11. 11. 1992. Formal gesehen hat der Beschwerdeführer zwar nur seine am 30. 10. 1992 unstatthaft erhobene Beschwerde begründet. Es bestehen jedoch keinerlei Bedenken, dieses Schreiben als neue Beschwerdeeinlegung auszulegen. Dies umso mehr, als der Beschwerdeführer im letzten Satz seines Briefes deutlich zum Ausdruck bringt, daß er unbedingt den inzwischen ergangenen Beschluß des Amtsgerichts München anfechten möchte.[12] Der Zulässigkeit der Beschwerde steht auch nicht entgegen, daß ein die Erteilung eines Erbscheins anordnender Beschluß nach der Erteilung des Erbscheins selbst nicht mehr mit dem Ziel der Aufhebung angefochten werden kann.[13] Eine diesbezügliche Beschwerde ist vielmehr dahingehend umzudeuten,[14] daß sie auf eine Einziehung des Erbscheins abzielt.[15] Die insoweit umgedeutete Beschwerde ist nach § 19 FGG statthaft. Dem steht nicht entgegen, daß das Nachlaßgericht sich bislang mit der Sache nicht befaßt hat und an sich eine anfechtbare Entscheidung mit dem Inhalt, die Einbeziehung des Erbscheins werde abgelehnt, nicht vorliegt. Es ist zwar richtig, daß das Beschwerdegericht grundsätzlich nicht tätig werden darf, ohne daß das Nachlaßgericht vorher entschie-

---

[11] BayObLGZ 1951, 568.

[12] Diesen Gesichtspunkt mußten die Bearbeiter der Klausur unbedingt erkennen.

[13] Palandt-Edenhofer, § 2353 Rdnr. 36.

[14] Insoweit handelt es sich um ein zentrales Problem der Klausur. Wer die Umdeutungsproblematik nicht erkannte, hatte erhebliche Schwierigkeiten, die Beschwerde Klaus Schweigers im Rahmen eines vernünftigen Aufbaus abzuhandeln.

[15] Keidel, § 84 Rdnr. 4; Palandt-Edenhofer, § 2353 Rdnr. 36.

den hat.[16] Wie der Nichtabhilfeverfügung des Amtsgerichts jedoch zu entnehmen ist, hat der Ausgangsrichter von seiner Möglichkeit, im Rahmen eines Amtsverfahrens den Erbschein einzuziehen, keinen Gebrauch gemacht und damit durch sein Nichttätigwerden letztlich konkludent die Einziehung des Erbscheins abgelehnt. Die Beschwerde wurde schließlich auch formgerecht mit einer Beschwerdeschrift beim Ausgangsgericht eingelegt (§ 21 I, II FGG). Eine Beschwerdefrist war nicht zu wahren, da es sich um eine einfache Beschwerde handelt. Der Beschwerdeführer ist auch beschwerdebefugt (§ 20 I FGG). Ausgehend von der Behauptung des Beschwerdeführers, daß er aufgrund des Testaments vom 15. 8. 1985 Alleinerbe geworden sei, würde sein Recht durch den erteilten Erbschein beeinträchtigt werden. § 20 II FGG bleibt dagegen außer Betracht, da es sich beim Einziehungsverfahren um ein Amtsverfahren handelt.

II. Die Beschwerde hat auch sachlich Erfolg, da der Erbschein als unrichtig einzuziehen ist (§ 2361 BGB).

1. Zwar waren die formellen Voraussetzungen für die Erteilung des Erbscheins erfüllt. Insbesondere war das Amtsgericht München sachlich und örtlich für die Erbscheinserteilung zuständig (§§ 72, 73 FGG). Auch die funktionelle Zuständigkeit des Richters war gewahrt (§ 16 I Nr. 6 RPflG). Die nach §§ 2356 BGB erforderlichen Nachweise lagen ebenfalls vor. Schließlich stand der Erteilung des Erbscheins auch nicht das vom Beschwerdeführer angeführte rechtskräftige Zivilurteil des Landgerichts München I entgegen. Zwar wird man entgegen früherer Auffassung die Bindung des Nachlaßgerichts an Zivilurteile nicht mit der Argumentation verneinen können, daß Zivilurteile nur zwischen den Parteien wirkten und im Zivilprozeß die Verhandlungsmaxime gelte, während ein Erbschein auch für und gegen Dritte wirke und im FGG-Verfahren die Amtsermittlungspflicht herrsche. Zu Recht spricht sich die überwiegende Meinung in der Literatur[17] für eine beschränkte Bindung aus. Dafür spricht nicht zuletzt die Vorschrift des § 2362 BGB, wonach man die Herausgabe des Erbscheins an das Nachlaßgericht erzwingen kann, was zeigt, daß das Urteil stärkere Wirkung entfalten kann als der erteilte Erbschein. Im vorliegenden Fall war das Nachlaßgericht jedoch nicht gehindert, den beantragten Erbschein an Martin Leder zu erteilen. Maßgeblich ist nämlich, daß der Zivilprozeß zwischen Franz Leder und dem Beschwerdeführer geführt worden ist und die Rechtskraft des Urteils daher nur zwischen diesen Parteien wirken kann (§ 325 ZPO). Für

---

[16] BayObLGZ 1961, 291; Keidel, § 23 Rdnr. 3.
[17] Vgl. Staudinger-Firsching, BGB, 12. Aufl. (1978 ff.), § 2360 Rdnr. 11; Jansen, FGG, 2. Aufl. (1971), § 12 Rdnr. 22.

die hier maßgebliche Frage, ob Martin Leder ein Erbrecht zusteht, liegt keine rechtskräftige Entscheidung vor.[18]

2. Der an sich zulässige Erbschein ist jedoch nach § 2361 BGB einzuziehen, da er inhaltlich nicht mit der materiellen Rechtslage in Einklang steht. Der Erbschein weist zu Unrecht Martin Leder als Alleinerben aus.

a) Rechtsgrundlage für die im Erbschein bezeugte Erbenstellung des Martin Leder ist das Testament vom 1. 5. 1991. Dieses Testament ist von der Erblasserin wirksam errichtet worden. Trotz der früher abgefaßten Testamente vom 17. 6. 1959 und 15. 8. 1985 war die Erblasserin insoweit in ihrer Testierfreiheit nicht beschränkt. Bei den jeweils mit „Testament" überschriebenen Verfügungen der Eheleute Licht vom 27. 6. 1959 auf einem Blatt handelt es sich um ein formgerecht errichtetes gemeinschaftliches Testament (§§ 2231 Nr. 2, 2265, 2267, 2247 BGB). Ein gemeinsamer Wille zur letztwilligen Verfügung ist aus den beiden Einzeltestamenten hinreichend deutlich zu entnehmen.[19] Es bestehen auch keine Bedenken, daß die Ehegatten später dieses Testament durch ein weiteres gemeinschaftliches Testament vom 15. 8. 1985 ergänzt haben.[20] Die gegenseitige Erbeinsetzung durch die Eheleute für den ersten Todesfall sowie die Berufung eines Schlußerben brauchen nicht in derselben Verfügung getroffen sein. Die entscheidende Frage ist vielmehr, ob durch eine solche Ergänzung die frühere Verfügung mit der späteren wechselbezüglich geworden ist (§ 2270 I BGB) mit der Konsequenz, daß der überlebende Ehegatte nicht mehr frei testieren, insbesondere keine von der Schlußerbeneinsetzung abweichende Verfügung mehr treffen kann.[21]

Eine solche Wechselbezüglichkeit ist im vorliegenden Fall jedoch zu verneinen. Zunächst ist dem Wortlaut des gemeinschaftlichen Testaments vom 15. 8. 1985 nicht zu entnehmen, ob die Einsetzung des Beschwerdeführers als Schlußerben durch die Erblasserin wechselbezüglich zu deren Einsetzung durch ihren Mann sein sollte. Ist aber in einem gemeinschaftlichen Testament keine klare und eindeutige Anordnung hinsichtlich der Wechselbezüglichkeit der einzelnen Verfügungen enthalten, so muß diese Frage durch Auslegung des Testaments nach den allgemeinen Auslegungsgrundsätzen ermittelt werden. Dies gilt auch dann, wenn das Testament wie hier in der

---

[18] An dieser Stelle der Klausur machten sich die Bearbeiter das Leben unnötig schwer, weil viele von ihnen die Vorschrift des § 325 ZPO nicht kannten.

[19] Vgl. Palandt-Edenhofer, Vorb. § 2265 Rdnr. 2.

[20] BayObLG, Rpfleger 1980, 283.

[21] Leider haben viele Bearbeiter die Frage der Wechselbezüglichkeit vorschnell bejaht, ohne ihre Ansicht entsprechend zu begründen. Bei der Bewertung der Klausur mußte sich dies negativ auswirken, zumal es sich insoweit um eine zentrale Frage der Prüfungsaufgabe handelte.

Form eines sog. Berliner Testaments abgefaßt ist, d. h., wenn sich die Ehegatten in einem gemeinschaftlichen Testament gegenseitig als Alleinerben einsetzen und eine Verfügung für die Erbfolge nach dem zuletzt Versterbenden treffen.[22]

Nach der allgemeinen Auslegungsvorschrift des § 133 BGB ist davon auszugehen, daß die Schlußerbeneinsetzung nach dem wirklichen oder mutmaßlichen Willen der Ehegatten nicht wechselbezüglich sein sollte. Irgendwelche Anhaltspunkte für eine Wechselbezüglichkeit sind nicht zutage getreten. Für eine innere Abhängigkeit der oben bezeichneten beiderseitigen Verfügungen ist kein Zusammenhang des Motivs ersichtlich geworden. Unter den hier gegebenen Umständen steht es durchaus mit der Lebenserfahrung in Einklang, daß der Ehemann seiner Frau das Recht belassen wollte, die Verfügung der Schlußerbeneinsetzung nach seinem Ableben jederzeit zu ändern. Nicht zuletzt spricht der lange Zeitraum zwischen den gemeinschaftlichen Testamenten aus den Jahren 1959 und 1985 gegen einen Ergänzungswillen dahingehend, die beiden Verfügungen nachträglich wechselbezüglich zu machen. An diesem Ergebnis ändert auch die Auslegungsregel des § 2270 II BGB nichts. Zunächst ist klarzustellen, daß diese Auslegungsregel erst dann eingreift, wenn die im Rahmen des § 133 BGB zu vollziehende Willenserforschung zu keinem zweifelsfreien Ergebnis führt. Erst dann ist im Zweifel Wechselbezüglichkeit anzunehmen.[23] Solche Zweifel bestehen hier nach Sachlage gerade nicht, ganz davon abgesehen, daß auch die Voraussetzungen des § 2270 II BGB nicht erfüllt wären. Zum einen ist der Ehegatte der Erblasserin mit dem Beschwerdeführer als Stiefsohn nicht verwandt. Zum zweiten kann der Beschwerdeführer auch nicht als sonst nahestehend bezeichnet werden. Ob das der Fall ist, ist nach den Umständen des Einzelfalls zu entscheiden, wobei ein strenger Maßstab anzulegen ist. Es fallen nur Personen darunter, zu denen der betroffene Ehegatte besonders enge persönliche und innere Bindungen gehabt hat.[24] Diese Voraussetzungen liegen hier nicht vor, da nach den Ausführungen der Erblasserin im Testament vom 1. 5. 1987 der Beschwerdeführer nie zu seinem Stiefvater in engem Kontakt gestanden hat. Nach alledem war die Erblasserin nicht gehindert, durch ihr späteres Testament vom 1. 5. 1987 die Verfügung vom 15. 8. 1985 gem. § 2258 BGB zu widerrufen und danach Martin Leder als Erben einzusetzen.

b) Die Verfügung vom 1. 5. 1987 begründet aber nicht die im Erbschein ausgewiesene Alleinerbenstellung Martin Leders. Zwar kann

---

[22] Palandt-Edenhofer, § 2270 Rdnr. 5; BayObLGZ 1983, 217.
[23] Palandt-Edenhofer, § 2270 Rdnr. 7.
[24] Palandt-Edenhofer, § 2270 Rdnrn. 7 ff.; BayObLGZ 1982, 474.

nicht davon die Rede sein, daß Martin Leder nur als Miterbe mit seinem Sohn Franz eingesetzt wäre. Die Zuwendung eines Fünftels des Nachlasses stellt ein Quotenvermächtnis und keine Erbeinsetzung für Franz Leder dar.[25] Entscheidend ist jedoch, daß die Erblasserin im Testament vom 1. 5. 1987 Martin Leder nur die Stellung eines Vorerben und dessen Sohn Franz die eines Nacherben eingeräumt hat. Zwar ergibt sich aus dem Wortlaut des Testaments nicht eindeutig, ob Franz Leder Nacherbe oder nur Ersatzerbe sein soll. Die letztwillige Verfügung der Erblasserin ist insoweit nicht klar und eindeutig und daher auslegungsbedürftig. Für die Auslegung einer letztwilligen Verfügung ist § 133 BGB maßgeblich, d. h. es ist der wirkliche Wille der Erblasserin zu erforschen und nicht an dem buchstäblichen Sinn des Ausdrucks zu haften. Um diesem Erfordernis zu genügen, muß der gesamte Inhalt der Erklärung einschließlich aller Nebenumstände, auch solcher, die außerhalb der Testamentsurkunde liegen, als Ganzes gewürdigt werden.[26] Für die Annahme einer Vor- und Nacherbenschaft spricht zunächst die Formulierung im Testament vom 1. 5. 1987: „Sollte diesem etwas zustoßen, so geht das Erbe auf seinen Sohn Franz über." Eine Einschränkung dahingehend, daß Franz Leder nur Erbe sein sollte, falls dessen Vater Martin Leder den Erbfall nicht erleben sollte, ist der Formulierung nicht zu entnehmen. Vielmehr wollte die Erblasserin dafür Sorge tragen, daß ihr Vermögen auch für den Fall, daß ihr Neffe den Erbfall erleben sollte, letztlich auf dessen Sohn übergehen sollte. Andernfalls bestünde ja die Gefahr, daß die Ehefrau des Martin Leder als gesetzliche Erbin ihres Ehegatten in den Genuß des Vermögens der Erblasserin kommen könnte. Gerade das zu verhindern, war der Erblasserin ersichtlich ein besonderes Anliegen. Dies geht nicht nur aus der im Testament deutlich zum Ausdruck kommenden Abneigung gegenüber der Ehefrau ihres Neffen hervor, sondern auch aus der Formulierung, daß ihr Vermögen letztlich nur ihrem Neffen und dessen Sohn zufallen soll. Bei dieser Sachlage kann somit nur eine Vor- und Nacherbenstellung dem Willen der Erblasserin gerecht werden. An diesem Ergebnis ändert auch die Vorschrift des § 2102 II BGB nichts. Diese gesetzliche Bestimmung enthält eine Auslegungsregel, die erst nach Ausschöpfung aller Auslegungsmöglichkeiten zur Anwendung kommt.[27] Hier bestehen aber für das Gericht überhaupt keine Zweifel, daß eine sachgerechte Auslegung des Testamentsinhalts zur Vor- und Nacherbenschaft führt.

c) Nach alledem war die Bezeichnung von Martin Leder im Erbschein als Vollerbe unrichtig. Tatsächlich wären er als Vorerbe und

---

[25] Palandt-Edenhofer, § 2087 Rdnr. 2.
[26] BayObLGZ 1982, 164.
[27] Palandt-Edenhofer, § 2102 Rdnr. 3.

sein Sohn Franz Leder als Nacherbe auszuweisen gewesen. Im Erbschein muß nämlich angegeben werden, daß Nacherbfolge angeordnet ist, unter welchen Voraussetzungen sie eintritt und wer Nacherbe ist (§ 2363 I 1 BGB). Der insoweit unrichtige Erbschein ist daher auf die Beschwerde des Beschwerdeführers Klaus Schweiger vom Amtsgericht einzuziehen.[28]

Simon   Lang   Karger[29]

---

[28] Einziehung, hilfsweise Kraftloserklärung, ist die zwingende Rechtsfolge der Feststellung der Unrichtigkeit oder verfahrensrechtlichen Unzulässigkeit des Erbscheins (§ 2361 I 1, II 1 BGB). Kraft Gesetzes macht die Einbeziehung den Erbschein kraftlos (§ 2361 I 1). Die Anordnung der Einziehung durch das Nachlaßgericht enthält insbesondere den Befehl zur körperlichen Rückgabe des Erbscheins; kann der Erbschein nicht sofort erlangt werden, so ist er nach § 2361 II BGB für kraftlos zu erklären. Die Wirkung der Kraftloserklärung entspricht derjenigen der Einziehung nach § 2361 I BGB. Zuständig für Einziehung bzw. Kraftloserklärung ist das Nachlaßgericht, das den Erbschein erteilt hat; das Beschwerdegericht kann daher im vorliegenden Fall den Erbschein nicht selbst einziehen, sondern weist das AG zur Einziehung an. Vgl. ausf. Promberger, in: MünchKomm, BGB 2. Aufl. (1989), § 2361 Rdnrn. 24 ff.

[29] Die Anfertigung eines Hilfsgutachtens entfiel, da alle rechtserheblichen Fragen im Rahmen der gerichtlichen Entscheidung selbst beantwortet werden konnten.

7. KLAUSUR: Zwei Autokäufe mit Folgen

Aktenauszug

Dr. Richard Schuster
Rechtsanwalt
Tassiloweg 5
80331 München

München, den 25. April 1993

An das
Landgericht München I
– Zivilkammer –

Klage

in Sachen
Kaiser Manfred, Kfz-Zubehör-Händler, 80661 München, Karlsgasse 2
– Kläger –
vertreten durch den Unterfertigten

gegen
Firma Brell-Gebrauchtwagen GmbH, 80681 München, Moosacher
Straße 112 – Beklagte –
wegen Forderung

Namens und im Auftrag des Klägers erhebe ich Klage zum Landgericht München I. In der mündlichen Verhandlung werde ich beantragen:

1. Die Beklagte wird verurteilt, an den Kläger 10 200,– DM zu bezahlen.
2. Die Beklagte trägt die Kosten des Rechtsstreits.
3. Das Urteil ist vorläufig vollstreckbar.

Begründung:

Die Beklagte hatte früher ihre Niederlassung in Rosenheim. Vor kurzem hat sie ihren Sitz nach München verlegt.

Die Beklagte war Eigentümerin eines PKW Mercedes 230 SE, Baujahr 1990. Am 10. November 1992 verkaufte der Geschäftsführer der Beklagten, Franz Bogner, den PKW an den Kläger, einen nicht im Handelsregister eingetragenen Kaufmann. Die wesentlichen Eigenschaften des Fahrzeugs waren in der Vertragsurkunde wie folgt beschrieben:

„Mercedes 230 SE, 2,3-Liter-Motor, Baujahr 1990, Austauschmotor, 50 000 km".

Ebenfalls am 10. November 1992 übergab Franz Bogner das Auto
dem Kläger gegen sofortige Barzahlung. Als der Kläger noch am
Abend des 10. November 1992 das Auto näher prüfte, bemerkte er
Störungen am Motor des Fahrzeugs. Er teilte dies der Beklagten
sofort mit, ohne eine Antwort zu erhalten. Darauf ließ der Kläger das
Fahrzeug von einem Sachverständigen untersuchen, der feststellte,
daß in dem Wagen zu Unrecht ein Motor des Typs 250 eingebaut
war. Diesen Umstand hat der Geschäftsführer der Beklagten arglistig
verschwiegen. Im übrigen stellte der Gutachter fest, daß der eingebaute Motor völlig defekt war. Schließlich teilte der Sachverständige
dem Kläger mit, daß im Hinblick auf den in unzulässiger Weise ein-
gebauten 2,5-Liter-Motor die Betriebserlaubnis für den PKW erloschen sei.

Beweis: Hans Meyer, Kfz-Sachverständiger, 80511 München, Mor-
gengasse 11.

In dem erwähnten Gutachten führte der Sachverständige ferner
aus, daß der Aufwand für die Auswechslung des 2,5-Liter-Motors
gegen eine typengemäße neue 2,3-Liter-Maschine 17 000,– DM
betrage. Davon sei ein Betrag von 40% nach dem Grundsatz „neu
gegen alt" für den Wert des alten Motors abzuziehen, so daß dem
Kläger letztlich ein Schaden von 10 200,– DM entstanden ist.

Nachdem sich die Beklagte trotz mehrfacher Aufforderung weigert, diesen Betrag an den Kläger zu überweisen, ist Klage geboten.
Um baldige Anberaumung eines frühen ersten Termins wird dringend gebeten.

Dr. Schuster
Rechtsanwalt

---

60 105/93   München, den 29. April 1993

Verfügung:

1. Früher erster Termin zur mündlichen Verhandlung wird bestimmt auf Mittwoch, den 5. Juni 1993, 10.00 Uhr, Sitzungssaal 3.
2. An die Beklagte zustellen
   a) Klageschrift,
   b) Ladung zum Termin gem. Nr. 1 mit der Aufforderung, auf das Klagevor-
      bringen innerhalb von 2 Wochen schriftlich zu erwidern und etwa vorzu-
      bringende Verteidigungsmittel unverzüglich schriftlich mitzuteilen.

3. An den Klägervertreter Ladung gem. Nr. 1 förmlich.
4. WV. m. E., spätestens zum Termin.

Dr. Gerecht
Vorsitzender Richter am Landgericht

Dr. Maximilian Gruber   München, den 10. Mai 1993
Rechtsanwalt
Adelheidstraße 85
80551 München

| Landgericht München I |
| Eingang: 13. Mai 1993 |

An das
Landgericht München I
6. Zivilkammer
– Az.: 6 0 105/93 –

In dem Rechtsstreit Kaiser ./. Fa. Brell GmbH hat mich die Beklagte mit ihrer Vertretung beauftragt. In ihrem Namen beantrage ich,
die Klage abzuweisen.

Begründung:
Die Klage ist bereits unzulässig.
Im Verfahren 3 0 4/93 hatte die Beklagte den Kläger vor dem
Landgericht München I auf Rückzahlung eines Darlehens in Höhe
von 14 000,– DM verklagt. Gegen diesen Anspruch hatte der Kläger
am 11. Februar 1993 mit der jetzigen Klageforderung von
10 200,– DM aufgerechnet. Mit Urteil vom 11. März 1993 (Az:
3 0 4/93) wurde der Kläger rechtskräftig zur Zahlung von
14 000,– DM verurteilt. In den Gründen führte das Gericht aus, daß
die Aufrechnung wegen eines Aufrechnungsverbots unzulässig sei. Im
übrigen, so fuhr das Gericht in seiner Urteilsbegründung fort, sei die
Aufrechnungsforderung auch der Sache nach unbegründet. Bei dieser
Sachlage steht der erneuten Geltendmachung der Forderung von
10 200,– DM durch den Kläger in der jetzigen Klageschrift der Einwand der Rechtskraft entgegen.
Unabhängig davon ist der Klageanspruch von 10 200,– DM aber
auch der Sache nach nicht gerechtfertigt. Der vom Kläger vorgetragene Sachverhalt ist zwar im großen und ganzen zutreffend. Insbesondere ist es richtig, daß die Betriebserlaubnis für den verkauften
PKW erloschen ist, weil der Wagen mit einem größeren Motor ausgerüstet war. Die Beklagte verwahrt sich jedoch mit Entschiedenheit
dagegen, daß ihr Geschäftsführer den Umstand, der Mercedes sei
nicht seinem Typus entsprechend mit einem 2,3-Liter-Motor ausge-

stattet, dem Kläger arglistig verschwiegen habe. Vielmehr hatte der Geschäftsführer Franz Bogner, der wenige Wochen vorher seinerseits den PKW von dem Zeugen Manfred Huber erworben hatte, darauf vertraut, daß der PKW typengerecht mit einem 2,3-Liter-Motor ausgerüstet war. Bei dieser Sachlage kann der Kläger keinerlei Ansprüche geltend machen. Im übrigen lagen dem Kaufvertrag die von der Beklagten verwendeten und vom Kläger durch Unterschrift akzeptierten Allgemeinen Geschäftsbedingungen zugrunde, wonach jegliche Gewährleistungsansprüche ausgeschlossen sind (vgl. Auszug aus den Allgemeinen Geschäftsbedingungen in der Anlage). Zudem ist die Schadensberechnung des Klägers der Höhe nach völlig verfehlt. Zwar sollen die Rechnungsposten des Sachverständigen in seinem Gutachten nicht bezweifelt werden, doch könnte der Kläger allenfalls die Kosten verlangen, die der Einbau eines defekten 2,3-Liter-Motors verursachen würde. Im Hinblick auf den Gewährleistungsausschluß dürfen auf keinen Fall die Anschaffungskosten für einen mangelfreien 2,3-Liter-Motor angesetzt werden. Nach alledem ist die Klage dem Grund und der Höhe nach unbegründet.

Rein vorsorglich rechnet die Beklagte mit einer Gegenforderung in Höhe von 2000,– DM auf, der folgender Sachverhalt zugrunde liegt: Am 15. Februar 1993 verkaufte der Kläger der Beklagten seinen gebrauchten PKW Marke Opel für einen Kaufpreis von 8000,– DM. Gleichzeitig wurde der Beklagten der PKW übereignet und übergeben. Beide Parteien vereinbarten, daß der Kläger der Beklagten den Kfz-Brief spätestens am 1. März 1993 nachträglich übergeben sollte. Als am 1. März 1993 der Kläger seiner Verpflichtung nicht nachgekommen war, forderte die Beklagte den Kläger am 2. März 1993 auf, ihr den Kfz-Brief bis spätestens 5. März 1993 auszuhändigen. Danach, so schrieb die Beklagte, würde sie den Kfz-Brief nur noch entgegennehmen, wenn sie ihrerseits den PKW wie von Anfang an geplant an den Zeugen Dieter Müller weiterveräußern könnte. Sollte dies nicht der Fall sein, so werde sie vom Kaufvertrag zurücktreten. Nachdem der Kläger den Kfz-Brief der Beklagten weiterhin nicht übergeben hatte, teilte die Beklagte dem Kläger am 23. März 1993 mit, daß sie nunmehr von ihm Schadensersatz wegen Nichterfüllung in Höhe von 2000,– DM verlange. Der Schadensersatzanspruch resultiert daraus, daß die Beklagte dem Zeugen Dieter Müller den PKW für einen Preis von 10 000,– DM weiterverkauft hatte, Müller aber nicht bereit war, das Auto ohne gleichzeitige Übergabe des Kfz-Briefes entgegenzunehmen und deshalb seinerseits am 22. März 1993 vom Kaufvertrag zurückgetreten war. In Höhe von 2000,– DM kann die Beklagte daher gegen die angebliche Klageforderung auf jeden Fall aufrechnen.

Dr. Gruber
Rechtsanwalt

Anlage: Auszug aus den Allgemeinen Geschäftsbedingungen der Beklagten:

Nr. 13: Gewährleistungsansprüche aller Art sind beim Verkauf von gebrauchten Fahrzeugen ausgeschlossen.

Nr. 17: Die AGB bilden einen wesentlichen Teil des Kaufvertrages. Bei Ungültigkeit einzelner Bestimmungen bleiben die übrigen in Kraft.

---

6 0 105/93   München, den 14. Mai 1993

Verfügung:

1. Abschrift von Beklagtenerwiderung förmlich an Klägervertreter.
2. WV. m. E., spätestens zum Termin.

Dr. Gerecht
Vorsitzender Richter am Landgericht

Dr. Richard Schuster   München, den 20. Mai 1993
Rechtsanwalt
Tassiloweg 5   Landgericht München I
80331 München   Eingang: 21. Mai 1993

An das
Landgericht München I
– 6. Zivilkammer –
AZ: 6 0 105/93

In Sachen Kaiser ./. Fa. Brell GmbH

Zum Schriftsatz der Gegenseite vom 10. Mai 1993 führe ich folgendes aus:

Zunächst darf ich dem Gericht mitteilen, daß der Kläger seinen Anspruch am 19. Mai 1993 an seinen Berufskollegen, Otto Paulus, wohnhaft in München, Rudolfstraße 10, abgetreten hat. In der Sache selbst möchte ich folgendes ausführen:

Die Rechtsansichten der Beklagten hinsichtlich der Klage sind völlig verfehlt. Im Verfahren 3 0 4/93 wurde im Tenor nur über die damalige Klagefordung in Höhe von 14 000,– DM entschieden. Ausführungen in den Urteilsgründen erwachsen nicht in Rechtskraft, so daß der erneuten Geltendmachung der jetzt anhängigen Forderung von 10 200,– DM kein Hindernis entgegensteht. Der Klageantrag wird daher in vollem Umfang aufrechterhalten. Daran ändert auch die von der Beklagten erklärte Eventualaufrechnung nichts. Zwar wird der der angeblichen Aufrechnungsforderung zugrundeliegende Sachverhalt nicht bestritten, doch besteht ein Schadensersatzanspruch aus rechtlichen Gründen nicht. Für einen Schadensersatzanspruch müßte der Kläger mit einer Hauptpflicht aus dem Kaufvertrag in Verzug geraten sein. Dies ist nicht der Fall, da er den PKW fristgerecht übereignet hat, ganz davon abgesehen, daß die Beklagte nicht vom Kaufvertrag zurücktreten **und** Schadensersatz verlangen kann, wie sie es offensichtlich getan hat.

Dr. Schuster
Rechtsanwalt

---

6 0 105/93 München, den 5. Juni 1993

Auszug aus der Niederschrift:

Bei Aufruf der Sache erschienen
für den Kläger: Rechtsanwalt Dr. Schuster,
für die Beklagte: Rechtsanwalt Dr. Gruber.
  Der Vorsitzende führt in den Sach- und Streitstand ein. Klägervertreter stellt Antrag gem. Schriftsatz vom 25. April 1993 mit der Maßgabe, daß Zahlung an Otto Paulus erfolgen solle; Beklagtenvertreter stellt Antrag gem. Schriftsatz vom 10. Mai 1993. Die Parteien verhandeln streitig zur Sache nach Maßgabe der gewechselten Schriftsätze. Der Prozeßbevollmächtigte der Beklagten weist erneut darauf hin, daß die Klageforderung jedenfalls spätestens durch die geltend gemachte Aufrechnung teilweise erloschen sei.
  Der Vorsitzende verkündet folgenden

Beschluß:

  Termin zur Verkündung einer Entscheidung wird bestimmt auf 14. Juni 1993, 10.30 Uhr, Sitzungssaal 3.
Dr. Gerecht   Hellmrich
Vorsitzender Richter am Landgericht   Justizangestellte

Vermerk für den Bearbeiter:

Die Entscheidung des Gerichts ist zu entwerfen. Der Tatbestand ist erlassen.

Ladungen, Zustellungen, Vollmachten und sonstige Formalien sind in Ordnung. § 278 Abs. 3 ZPO wurde beachtet. Wenn das Ergebnis der mündlichen Verhandlung nach Ansicht des Bearbeiters für die Entscheidung nicht ausreicht, ist zu unterstellen, daß trotz Wahrnehmung der richterlichen Aufklärungspflicht keine weitere Aufklärung zu erzielen war.

Soweit die Entscheidung keiner Begründung bedarf oder in den Gründen ein Eingehen auf alle berührten Rechtsfragen nicht erforderlich erscheint, sind diese in einem Hilfsgutachten zu erörtern.

Entscheidungsentwurf

6 O 105/93

IM NAMEN DES VOLKES!

In dem Rechtsstreit
Kaiser Manfred, Karlsgasse 2, 80661 München

– Kläger –

Prozeßbevollmächtigter: Rechtsanwalt Dr. Richard Schuster, Tassiloweg 5, 80331 München

gegen

Firma Brell-Gebrauchtwagen GmbH, gesetzlich vertreten durch den Geschäftsführer Franz Bogner, Moosacher Straße 112, 80681 München

– Beklagte –

Prozeßbevollmächtigter: Rechtsanwalt Dr. Maximilian Gruber, Adelheidstraße 85, 80551 München

erläßt das Landgericht München I, 6. Zivilkammer, durch den Vorsitzenden Richter am Landgericht Dr. Gerecht und die Richter am Landgericht Zweier und Dreier aufgrund der mündlichen Verhandlung vom 5. Juni 1993 folgendes

Endurteil:

I. Die Beklagte wird verurteilt, an den Rechtsnachfolger des Klägers,[1] Otto Paulus, München, Rudolfstr. 10, DM 8200,– zu bezahlen. Im übrigen wird die Klage abgewiesen.[2]

II. Von den Kosten des Rechtsstreits tragen der Kläger ⅓ und die Beklagte ⅔.[3]

III. Das Urteil ist vorläufig vollstreckbar;[4] für den Kläger nur gegen Sicherheitsleistung in Höhe von DM 10 000,–. Der Kläger kann die Vollstreckung gegen Sicherheitsleistung in Höhe von DM 600,– abwenden, wenn nicht die Beklagte vor Vollstreckung in gleicher Höhe Sicherheit leistet.

---

[1] Viele Bearbeiter haben vorschnell tenoriert, daß der Beklagte verurteilt wird, an den Kläger DM 8200,– zu bezahlen. Sie haben dabei übersehen, daß der Kläger während des Prozesses seinen Anspruch an Otto Paulus abgetreten hat. Konsequenterweise hat er in der Sitzung vom 5. 6. 1993, also im Zeitpunkt der letzten mündlichen Verhandlung, beantragt, daß die Zahlung an seinen Rechtsnachfolger Otto Paulus zu erfolgen habe. Abgesehen davon, daß nach den Grundsätzen der sog. Relevanztheorie (vgl. dazu Thomas-Putzo, § 265 Rdnr. 13) der Kläger zur Umstellung seines Antrags verpflichtet war, konnte der Beklagte auch deswegen nicht zur Zahlung an den Kläger mehr verurteilt werden, da dies gar nicht mehr beantragt war (vgl. § 308 I ZPO). Diejenigen Bearbeiter, die zur Zahlung an den Kläger selbst verurteilten, haben somit letztlich gegen zwei prozessuale Grundsätze verstoßen.

[2] Obwohl viele Prüflinge zum richtigen Ergebnis, nämlich zur Verurteilung des Beklagten zur Zahlung von DM 8200,–, kamen, vergaß mindestens ein Drittel der Examenskandidaten, die Klage im übrigen abzuweisen. Diese Abweisung ist aber notwendig, da der Kläger nach Sachverhalt DM 10 200,– eingeklagt hat.

[3] Zahlreichen Bearbeitern bereitete die Kostenentscheidung ernsthafte Probleme. Dies hing letztlich damit zusammen, daß im Rahmen der Kostenentscheidung die von der Beklagten geltend gemachte Hilfsaufrechnung zu berücksichtigen war. Ausgangspunkt ist, daß der Streitwert der Klage DM 10 200,– beträgt. Hinzuzurechnen ist über § 19 III GKG der Wert der Gegenforderung in Höhe von DM 2000,–, mit der hilfsweise aufgerechnet worden ist. Damit ergibt sich insgesamt ein Gebührenstreitwert in Höhe von DM 12 200,–. Angesichts dessen, daß der Kläger mit seinem Anspruch in Höhe von DM 8200,– durchdringt, ist eine Kostenentscheidung von ⅓ zu ⅔ die logische Folgerung. Problematisch ist allenfalls, ob die Gegenforderung im vorliegenden Fall als bestritten im Sinne des § 19 III GKG anzusehen ist. Zwar ist der Tatsachenvortrag, auf den die Beklagte die Gegenforderung stützt, unstreitig, der Kläger verneint aber das Bestehen der Gegenforderung aus Rechtsgründen, was noch als ausreichend anzusehen ist, um die Vorschrift des § 19 III GKG bejahen zu können.

[4] Wie fast in jeder Examensklausur hatten die Bearbeiter auch hier wieder Schwierigkeiten mit dem Ausspruch über die vorläufige Vollstreckbarkeit des Urteils. Der Kläger kann neben dem Hauptsachebetrag von DM 8200,– ⅔ seiner Kosten vollstrecken, so daß für ihn § 709 I ZPO anwendbar ist. Umgekehrt kann der Beklagte lediglich ⅓ seiner Kosten beim Kläger vollstrecken, so daß sich die vorläufige Vollstreckbarkeit insoweit nach §§ 708 Nr. 11, 711 Satz 1 ZPO bestimmt. § 713 ZPO ist für beide Parteien nicht anwendbar, da beiden gegen das Urteil das Rechtsmittel der Berufung offensteht. Die Berufungssumme von DM 1500,– (§ 511 a ZPO) ist für den Kläger wie für die Beklagte überschritten.

Entscheidungsgründe:

Die zulässige Klage ist überwiegend begründet.

I. Die Klage ist in vollem Umfang zulässig.

1. Insbesondere ist das Landgericht München I sachlich zuständig, da der Streitwert der Klageforderung über DM 10 000,– liegt (§§ 23, 71 GVG). Dagegen bleibt der Wert einer etwaigen Gegenforderung, mit der aufgerechnet wird, für den Zuständigkeitsstreitwert außer Betracht.

2. Auch die örtliche Zuständigkeit des Landgerichts München I ist gewahrt. Diese folgt aus § 17 ZPO, da die Beklagte nunmehr ihren Sitz in München hat.

3. Ebensowenig steht die Abtretung des geltend gemachten Klageanspruchs seitens des Klägers an Otto Paulus der Zulässigkeit der Klage entgegen. Die Prozeßführungsbefugnis des Klägers bleibt davon unberührt.[5] Die Rechtshängigkeit schließt nämlich das Recht des Klägers, einen etwaigen Schadensersatzanspruch gegen die Beklagte abzutreten, nicht aus (§ 265 I ZPO). Die Abtretung hat auf den Prozeß keinen Einfluß (§ 265 II ZPO). Vielmehr führt der Kläger als gesetzlicher Prozeßstandschafter den Prozeß weiter. Anders wäre es nur, wenn die Ausnahmevorschrift des § 265 III ZPO eingreifen würde. Danach wäre erforderlich, daß das Urteil nicht nach § 325 I ZPO gegen den Rechtsnachfolger wirksam wäre. Davon kann jedoch im vorliegenden Fall nicht die Rede sein. Nach § 325 I ZPO wirkt das zwischen den Parteien ergangene Urteil ohne weiteres auch für und gegen den Rechtsnachfolger Otto Paulus. Dem steht auch nicht die Ausnahmevorschrift des § 325 II ZPO entgegen, selbst wenn man unterstellt, daß Paulus von der Rechtshängigkeit des Prozesses keine Kenntnis hatte. Entscheidend ist, daß beim Forderungserwerb der gute Glaube an die materielle Berechtigung nicht geschützt wird, so daß auch ein Schutz des guten Glaubens an die fehlende Rechtshängigkeit nicht ausreichend ist. Vielmehr erstreckt sich die Rechtskraft hier auf den Rechtsnachfolger unabhängig davon, ob er von dem anhängigen Rechtsstreit Kenntnis hatte oder nicht.[6]

4. Schließlich steht der Zulässigkeit der Klage auch nicht die negative Sachurteilsvoraussetzung des § 322 II ZPO entgegen. Nach § 322 I ZPO erwächst grundsätzlich nur die Entscheidung über den Klageanspruch im Tenor in Rechtskraft, nicht aber die Urteilsgründe. Aus-

---

[5] Viele Bearbeiter haben übersehen, daß die Abtretung der Forderung durch den Kläger nach Rechtshängigkeit sich allenfalls im Rahmen einer Sachurteilsvoraussetzung (Prozeßführungsbefugnis des Klägers) auswirken kann und die Fragen der §§ 265, 325 ZPO daher in diesem Zusammenhang zu prüfen sind.
[6] Vgl. dazu die lesenswerte Abhandlung von Merle, JA 1983, 632.

nahmsweise nimmt der Aufrechnungseinwand im Hinblick auf § 322 II ZPO an der Rechtskraft des Urteils teil. Eine in den Entscheidungsgründen enthaltene Feststellung, daß die Gegenforderung nicht besteht, erwächst in Höhe des aufgerechneten Betrages in Rechtskraft. Das hat zur Konsequenz, daß die Gegenforderung in einem späteren Prozeß nicht mehr selbständig eingeklagt werden kann. Hält das Gericht die Aufrechnung jedoch für unzulässig, ergeht keine Entscheidung über das Nichtbestehen der Gegenforderung selbst, so daß auch keine Rechtskraftwirkung im Sinne des § 322 II ZPO eintreten kann.[7]

Im Urteil vom 11. 3. 1993 (AZ: 3 0 4/93) hat sich das Gericht eindeutig zur Unzulässigkeit der Aufrechnung bekannt. Soweit es hilfsweise auf die Unbegründetheit der Gegenforderung verwiesen hat, ist diese Hilfserwägung rechtlich ohne Bedeutung und begründet keine Rechtskrafterstreckung im Sinne des § 322 II ZPO.[8] Das Urteil vom 11. 3. 1993 steht daher einer erneuten Geltendmachung der Forderung des Klägers im derzeit anhängigen Prozeß nicht entgegen.

II. Die Klage ist weitgehend begründet. Zwar stand dem Kläger in Höhe von 10 200,– DM ein Schadensersatzanspruch gem. § 463 Satz 1 BGB zu, doch ist dieser Anspruch durch die von der Beklagten erklärte Aufrechnung in Höhe von 2000,– DM reduziert worden.

1. Gem. § 463 Satz 1 BGB kann der Kläger von der Beklagten Schadensersatz verlangen, da der verkauften Sache zur Zeit des Kaufes eine zugesicherte Eigenschaft fehlte. Nach ständiger Rechtsprechung des Bundesgerichtshofs[9] hat die Angabe eines bestimmten Autotyps im Kaufvertrag die Zusicherung der Eigenschaft zum Inhalt, das Fahrzeug sei mit dem vom Hersteller bestimmten Motor ausgerüstet, jedenfalls dann, wenn wie hier der Einbau eines Motors mit größerem Hubraum und höherer Leistung zum Erlöschen der allgemeinen Betriebserlaubnis führt (§ 19 II 1 StVZO), was letztlich bedeutet, daß das Fahrzeug auf öffentlichen Straßen nicht gefahren werden darf (§ 69a II Nr. 3 StVZO). Nach Hubraum und Leistung eines Motors werden außerdem Kraftfahrzeugsteuer und Versicherungsprämie berechnet. Im Hinblick auf diese wichtigen rechtlichen Konsequenzen muß die Angabe der Typenbezeichnung bei einem Gebrauchtwagen als Zusicherung dahingehend ausgelegt werden, daß die Ausrü-

---

[7] Mehrere Kandidaten haben die Vorschrift des § 322 II ZPO überhaupt nicht erkannt. Soweit die Vorschrift gesehen worden ist, haben zahlreiche Bearbeiter übersehen, daß im Urteil vom 11. 3. 1993 nur über die Zulässigkeit der Aufrechnung entschieden wurde, nicht jedoch in der Sache selbst hinsichtlich des Gegenanspruchs eine rechtskräftige Entscheidung ergangen ist.

[8] Vgl. Thomas-Putzo, § 322 Rdnr. 48; BGH WM 1983, 688.

[9] Vgl. BGH WM 1982, 1382; WM 1983, 363.

stung mit einem typengerechten Motor vorliegt.[10] Dies um so mehr, wenn wie hier in der vertraglichen Beschreibung das Fahrzeug neben der Typenbezeichnung die Angabe des Motors (2,3 Liter Motor) ausdrücklich mitaufgenommen wurde. Das Urteil des Bundesgerichtshofs vom 16. 1. 1985[11] ist dagegen nicht einschlägig, weil in dem dort entschiedenen Fall der Einbau eines kleineren Motors nicht zum Erlöschen der Betriebserlaubnis führte. Der Anspruch des § 463 Satz 1 BGB scheitert auch nicht deshalb, weil der Geschäftsführer der Beklagten seinerseits von dem Umstand, daß der PKW mit einem Motor von 2,5 Liter ausgerüstet war, keine Kenntnis hatte. § 463 Satz 1 BGB setzt nämlich kein Verschulden voraus.[12] Der Verkäufer haftet vielmehr auch dann, wenn er das Fehlen der Eigenschaft nicht kennen konnte oder nicht kannte.[13]

Dem Anspruch des § 463 Satz 1 BGB steht schließlich nicht der in den Allgemeinen Geschäftsbedingungen vereinbarte Gewährleistungsausschluß entgegen. Zwar kann man der Vorschrift des § 476 BGB entnehmen, daß grundsätzlich Gewährleistungsansprüche abbedungen werden können. Es bestehen auch keine Bedenken, daß dieser Gewährleistungsausschluß formularmäßig durch Allgemeine Geschäftsbedingungen erfolgt, da es sich im vorliegenden Fall um einen gebrauchten PKW handelt.[14] Es spielt auch keine Rolle, daß der Kläger seinen Anspruch auf § 463 Satz 1 BGB stützt. Die in Nr. 13 erwähnten Gewährleistungsansprüche umfassen dem Wortlaut und Sinn nach nämlich sämtliche Mängelansprüche, also nicht nur Wandelung und Minderung sondern auch einen Schadensersatzanspruch nach § 463 Satz 1 BGB, da es sich bei letzterem um einen echten Gewährleistungsanspruch handelt.[15] Auch die in § 476 BGB erwähnte Grenze der Arglist steht der Gültigkeit des Gewährleistungsausschlusses nicht entgegen. Zwar hat der Kläger behauptet, daß der Geschäftsführer der Beklagten den Mangel, daß das Auto mit keinem 2,3 Liter Motor ausgestattet war, arglistig verschwiegen habe. Die Beklagte hat dies jedoch bestritten. Der insoweit beweispflichtige Kläger hat keinen Nachweis für eine der Beklagten über § 166 I BGB zuzurechnende Arglist geführt.[16]

---

[10] Vgl. Palandt-Putzo, § 459 Rdnr. 30.
[11] Vgl. NJW 1985, 967.
[12] Dieser Gesichtspunkt wurde in der Klausur wiederholt übersehen.
[13] Vgl. Palandt-Putzo, § 463 Rdnr. 10.
[14] Vgl. Palandt-Heinrichs, § 11 AGB-Gesetz, Rdnr. 72.
[15] Vgl. Palandt-Putzo, § 463 Rdnr. 1.
[16] An dieser Stelle der Klausur haben zahlreiche Bearbeiter nicht sehr sorgfältig gearbeitet. Während die einen ohne nähere Begründung unterstellten, daß der Geschäftsführer der Beklagten tatsächlich den Mangel arglistig verschwiegen habe, nahmen andere wiederum ohne Begründung kurzerhand an, daß kein arglistiges

Der zwischen den Parteien formularmäßig vereinbarte Ausschluß von Gewährleistungsansprüchen nach § 463 Satz 1 BGB findet jedoch letztlich in § 11 Nr. 11 AGB-Gesetz seine Grenze. Danach können grundsätzlich Schadensersatzansprüche für zugesicherte Eigenschaften formularmäßig nicht abbedungen werden. Allerdings ist zu beachten, daß § 11 Nr. 11 AGB-Gesetz wie alle Vorschriften des § 11 AGB-Gesetzes dann keine Anwendung findet, wenn die Allgemeinen Geschäftsbedingungen gegenüber einem Kaufmann[17] verwendet werden (§ 24 Satz 1 Nr. 1 AGB-Gesetz). Dabei spielt es keine Rolle, daß der Kläger kein Vollkaufmann ist, denn auf die Unterscheidung von Voll- und Minderkaufmann stellt § 24 AGB-Gesetz nicht ab.[18] Ausreichend ist, daß der Kläger überhaupt Kaufmann ist. Die entscheidende Frage ist somit, ob § 11 Nr. 11 AGB-Gesetz von derart grundlegender Bedeutung ist, daß der Rechtsgedanke dieser Vorschrift gem. § 9 AGB-Gesetz auch im Verkehr zwischen Kaufleuten entsprechend zu beachten ist. Mit der h. M.[19] wird man diese Frage bejahen müssen. Auch unter Kaufleuten besteht ein Interesse daran, daß Zusicherungen im Rechtsverkehr nicht durch die Freizeichnung von Schadensersatzansprüchen jegliche praktische Bedeutung verlieren. Selbst wenn man die Anwendbarkeit der Generalklausel des § 9 AGB-Gesetzes verneinen sollte, kann hier im Endergebnis eine Haftung für zugesicherte Eigenschaften nicht abbedungen werden. Die Zusicherung für eine Eigenschaft bedeutet gerade eine besondere Haftungsübernahme. Diese Zielsetzung kann nicht durch eine Freizeichnung wieder bedeutungslos und inhaltslos gemacht werden. Anders ausgedrückt: Ein Gewährleistungsausschluß für zugesicherte Eigenschaften versagt insoweit, als er mit dem Inhalt der Zusicherung nicht vereinbar ist.[20] Schließlich sind auch die Voraussetzungen des § 377 HGB erfüllt, da der Kläger noch am Tag der Übereignung den PKW untersucht und eine diesbezügliche Mängelanzeige an die Beklagte abgesandt hat.[21] Nach alledem ist der Anspruch des Klägers nach § 463 Satz 1 BGB dem Grunde nach gerechtfertigt.

Verschweigen vorgelegen habe. Tatsächlich kam es in der Klausur jedoch darauf an, zu erkennen, daß Behauptung gegen Behauptung steht und das Problem daher über die Grundsätze der Beweislast zu lösen war.

[17] Die Kaufmannseigenschaft des Klägers wurde häufig nicht erkannt, obwohl darauf im Aufgabentext ausdrücklich hingewiesen wurde, nämlich in der Klageschrift vom 25. 4. 1993.

[18] Vgl. Palandt-Heinrichs, § 24 AGB-Gesetz, Rdnr. 11.

[19] Vgl. Staudinger-Schlosser, 12. Aufl. 1980, § 11 Nr. 11 AGB-Gesetz Rdnr. 17; Palandt-Heinrichs, § 11 AGB-Gesetz, Rdnr. 62 m. w. Nachweisen.

[20] Vgl. BGH WM 1983, 363; BGHZ 87, 308; Palandt-Putzo, § 476 Rdnr. 3.

[21] Die meisten Bearbeiter der Klausur haben übersehen, § 377 HGB wenigstens kurz anzusprechen. Dies überrascht um so mehr, als dem Sachverhalt deutlich zu entnehmen war, daß Kläger und Beklagte Kaufleute sind.

2. Der Anspruch ist auch in der geltend gemachten Höhe von 10 200,– DM begründet. Zunächst ist nicht zu beanstanden, daß der Kläger Schadensersatz verlangt und den gekauften Mercedes behalten will. Diese Möglichkeit ist ihm nach § 463 BGB eröffnet, da der Schadensersatz auf zwei Arten berechnet werden kann: Der Käufer kann den Kaufgegenstand zurückgeben und den durch die Nichtdurchführung des gesamten Vertrages entstandenen Schaden liquidieren (sog. großer Schadensersatz). Er kann aber auch den Kaufgegenstand behalten und die Wertdifferenz zwischen fehlerhaftem und fehlerfreiem Kaufgegenstand verlangen.[22] Der in diesem Rahmen von der Beklagten zu leistende Schadensersatz kann nach der Höhe der Kosten bemessen werden, die erforderlich wären, um den PKW, soweit es um den nicht typengerechten Motor geht, in einen mangelfreien Zustand zu versetzen.[23] Es begegnet also keinen Bedenken, daß der Kläger die Wertdifferenz zwischen fehlerhaftem und fehlerfreiem Kaufgegenstand mit den vom Gutachter errechneten Kosten für den Einbau eines typengerechten Motors gleichsetzt.

Bedenken gegen das Bestehen des Anspruchs in der vom Kläger geltend gemachten Höhe ergeben sich höchstens daraus, daß der nicht typengerechte Motor total defekt war. Für diesen Mangel war grundsätzlich über Nr. 13 der Geschäftsbedingungen die Haftung wirksam ausgeschlossen. Zu Recht hat der Bundesgerichtshof[24] jedoch ausgeführt, daß dieser Umstand bei der Schadensberechnung nicht dazu führen dürfe, daß der Kläger nur die Aufwendungen geltend machen könne, die ihm für den Einbau eines **defekten** 2,3 Liter Motors entstehen würden, während die Anschaffungskosten für einen **mangelfreien** 2,3 Liter Motor außer Betracht bleiben müßten. Maßgeblich ist, daß der Kläger vollen Schadensersatz verlangen könnte, wenn der eingebaute falsche Motor fehlerfrei gewesen wäre. Es ist daher kein Grund ersichtlich, daß sein Schadensersatzanspruch geschmälert werden sollte, wenn die Beklagte vertragswidrig – wenn auch im Hinblick auf die Freizeichnungsklausel gegen die Geltendmachung von Wandelung und Minderung insoweit geschützt – einen schadhaften Motor geliefert hat.[25] Somit sind grundsätzlich die Anschaffungskosten für einen mangelfreien Motor als Schadensposten bei der Schadensberechnung anzusetzen.

Bei der Schadensberechnung sind allerdings die Grundsätze über einen Ausgleich „neu für alt"[26] zu berücksichtigen. Maßgeblich ist,

---

[22] Vgl. zum sog. kleinen Schadensersatz: Palandt-Putzo, § 463 Rdnr. 18.

[23] Vgl. BGH WM 1964, 1249; WM 1983, 363 m. w. Nachweisen.

[24] Vgl. BGH WM 1983, 363.

[25] Dieses Problem der Klausur wurde nur von wenigen Bearbeitern erkannt. In den meisten Examensaufgaben fehlte jegliche Stellungnahme zu dieser Frage.

[26] Vgl. dazu BGHZ 30, 29; Palandt-Heinrichs, § 251 Rdnr. 17.

daß im Unterschied zu dem defekten 2,5 Liter Motor eine 2,3 Liter Maschine einen völlig fabrikneuen Motor darstellt. Da der Sachverständige jedoch bereits diesem Gedanken dadurch Rechnung getragen hat, daß er den Neupreis für einen Austauschmotor angesetzt hat und davon 40% für die erbrachten 50 000 km des alten Motors abgezogen hat, ist die Schadensberechnung nicht zu beanstanden.[27] Der Anspruch des Klägers ist daher an sich in Höhe von 10 200,– DM begründet. Im Hinblick auf die zwischenzeitlich erfolgte Abtretung der Forderung an Otto Paulus war der Kläger nach den Grundsätzen der sog. Relevanztheorie verpflichtet, seinen Antrag umzustellen, so daß die Beklagte antragsgemäß zur Zahlung von DM 10 200,– an den Rechtsnachfolger verpflichtet ist.[28]

3. Gegen diesen Anspruch hat die Beklagte jedoch in Höhe von 2000,– DM wirksam aufgerechnet, da ihr insoweit ein Schadensersatzanspruch nach § 326 I 2 BGB zusteht.

Der Kläger war mit der ihm obliegenden Leistung gem. § 284 I BGB in Verzug. Die Übergabe des KFZ-Briefes war am 1. 3. 1993 fällig, eine Mahnung gem. § 284 II 1 BGB entbehrlich. Da der Kläger nichts Gegenteiliges vorgetragen hat, wird vermutet, daß er die Leistungsverzögerung gem. § 285 BGB zu vertreten hat.[29]

§ 326 I BGB setzt ferner voraus, daß der Kläger mit einer Hauptleistungspflicht in Verzug ist.[30] Im Fall des Kaufvertrags ist dies in der Regel nur die Verpflichtung, den Kaufgegenstand zu übereignen. Ist der Kaufgegenstand jedoch ein Auto, so ist die in § 444 BGB angesprochene Verpflichtung des Verkäufers, den KFZ-Brief dem Käufer auszuhändigen, von so elementarer Wichtigkeit, daß es sich insoweit nicht nur um eine Nebenverpflichtung, sondern um eine echte Hauptpflicht handelt. Entscheidend ist, daß der KFZ-Brief zur Sicherung des Eigentums und anderer Rechte notwendig ist und insbesondere zur Meldung über den Eigentumswechsel vorgelegt werden muß. Ohne Vorlage dieses Briefes erfolgt keine Umschreibung des Autos bei der Zulassungsstelle. Daher ist die Benutzung eines nicht anderweitig zugelassenen Kraftfahrzeuges ohne Übergabe des KFZ-

---

[27] Vgl. BGH WM 1983, 363.

[28] Vgl. dazu bereits oben unter Fußnote 1.

[29] Viele Bearbeiter haben sich an dieser Stelle der Klausur das Leben selbst schwer gemacht. Mit gekünstelter Begründung wurde versucht, das Verschulden des Klägers herzuleiten. Tatsächlich enthielt der Sachverhalt insoweit keinerlei Anhaltspunkte. Vielmehr wäre es Sache des Klägers gewesen, die gegen ihn sprechende Vermutung des § 285 BGB durch entsprechenden Vortrag und gegebenenfalls durch entsprechende Beweisangebote zu entkräften. Dies hat er jedoch nicht getan, so daß im Hinblick auf die Vermutung des § 285 BGB ohne weiteres vom Verschulden des Klägers auszugehen ist.

[30] Vgl. Palandt-Heinrichs, § 326 Rdnr. 7.

Briefs praktisch nicht möglich und ohne Übergabe dieses Briefs der Zweck, zu dem ein KFZ in der Regel erworben wird, nicht erfüllbar. Dies umsomehr, wenn wie hier der Käufer unstreitig geplant hat, den PKW seinerseits weiterzuveräußern.[31]

Ferner ist für § 326 I BGB erforderlich, daß der Käufer dem Verkäufer eine angemessene Nachfrist verbunden mit der Erklärung der Ablehnung für den Fall des fruchtlosen Ablaufs der Frist gesetzt hat. Die Verbindung beider Erklärungen ist nötig.[32] Zwar hat hier die Beklagte dem Kläger eine Frist von nur drei Tagen gesetzt. Es kann offen bleiben, ob diese Frist angemessen ist, denn eine zu kurz gesetzte Nachfrist ist jedenfalls nicht wirkungslos. Vielmehr wird damit eine angemessene Nachfrist in Lauf gesetzt.[33] Zumindest ist eine solche Frist am 23. 3. 1993 sicher abgelaufen, wenn zu diesem Zeitpunkt der Kläger der Beklagten immer noch nicht den KFZ-Brief ausgehändigt hat.

Auch die nach § 326 I BGB erforderliche Erklärung, daß die Beklagte nach Ablauf der Frist die Annahme der Leistung ablehne, liegt vor. Die Worte des Gesetzes braucht der Käufer nicht zu wählen.[34] Ausreichend ist, daß aus der Erklärung unzweifelhaft hervorgeht, daß der Gläubiger nach Fristablauf die Erfüllung nicht mehr annehmen werde. Die Erklärung, daß die Beklagte den KFZ-Brief nach Ablauf der Frist nur unter dem Vorbehalt der Weiterverkaufsmöglichkeit des Autos an Müller annehmen werde, bringt diesen Willen des Käufers eindeutig zum Ausdruck.

Schließlich wird der Schadensersatzanspruch der Beklagten nicht dadurch in Frage gestellt, daß sie im Schreiben vom 2. 3. 1993 für den Fall der Nichtaushändigung des KFZ-Briefes den Rücktritt vom Kaufvertrag angedroht hatte. Die bloße Ankündigung des Rücktritts nimmt ihr nicht die Möglichkeit, später zum gegebenen Zeitpunkt Schadensersatz wegen Nichterfüllung zu verlangen. Nur wenn der Gläubiger bereits den Rücktritt wirksam erklärt hat, kann er nicht mehr Schadensersatz fordern, da durch den Rücktritt das Schuldverhältnis aufgelöst worden ist. Die bloße Ankündigung, das Rücktrittsrecht eventuell auszuüben, ist jedoch noch keine Rücktrittserklärung selbst und beläßt daher dem Gläubiger die Möglichkeit, nach Ablauf der Nachfrist im konkreten Fall Schadensersatz wegen Nichterfüllung zu verlangen.[35] Nach alledem kann die Beklagte vom Kläger Scha-

---

[31] Vgl. dazu BGH NJW 1953, 1347; Palandt-Heinrichs, § 326 Rdnr. 8.
[32] Vgl. Palandt-Heinrichs, § 326 Rdnr. 14.
[33] Vgl. Palandt-Heinrichs, § 326 Rdnr. 17.
[34] Palandt-Heinrichs, § 326 Rdnr. 18.
[35] BGH NJW 1979, 762; Palandt-Heinrichs, § 325 Rdnr. 8. – Bedauerlicherweise haben mehrere Kandidaten nicht streng zwischen der Ankündigung des Rücktritts und einer tatsächlich erfolgten Rücktrittserklärung getrennt und kamen

densersatz nach § 326 I 2 BGB verlangen. Die Höhe des Schadensersatzes orientiert sich an dem der Beklagten entgangenen Gewinn aus
dem Weiterverkauf des Autos an Müller. Dies ist ein Betrag von
2000,– DM.

Schließlich steht der Aufrechnung der Beklagten vom 10. 5. 1993
nicht entgegen, daß der Kläger am 19. 5. 1993 die Klageforderung an
Otto Paulus nach § 398 BGB abgetreten hat. Der neue Gläubiger
muß nach § 404 BGB die Einwendungen gegen sich gelten lassen,
die im Zeitpunkt der Abtretung bestanden haben. Dies gilt insbesondere für die vor Abtretung erklärte Aufrechnung.[36]

Die Kostenentscheidung folgt aus § 92 I ZPO, wobei für die
Kostenverteilung unter Einbeziehung der Aufrechnungsforderung
von einem Streitwert von DM 12 200,– auszugehen ist.[37] Die Entscheidung über die vorläufige Vollstreckbarkeit ergibt sich aus §§ 709
Satz 1, 708 Nr. 11, 711 Satz 1 ZPO.[38]

Dr. Gerecht   Zweier   Dreier
Vors. Richter am Landgericht   Richter am Landgericht

---

daher zum falschen Ergebnis.
[36] Vgl. Palandt-Heinrichs, § 406 Rdnr. 1.
[37] Vgl. oben Fußnote 3.
[38] Vgl. oben Fußnote 4.

8. KLAUSUR: Die ungeliebten Untermieter

Aktenauszug

Dr. Gerhard Scholz   München, den 15. 3. 1993
Rechtsanwalt   Nibelungenstr. 20

An das
Landgericht München I
– Zivilkammer –

> Landgericht München I
> Eingang: 16. 3. 1993

Klage

Kling Franz, 80431 München, Bergstr. 6   – Kläger –
vertreten durch den Unterfertigten

gegen

1. Buchner Erich, Student, 80455 München, Johannesplatz 25
2. Carsten Richard, Student, 80455 München, Johannesplatz 25
                                                – Beklagte –

wegen Forderung

Namens und im Auftrag des Klägers erhebe ich Klage zum Landgericht München I. In der mündlichen Verhandlung werde ich beantragen:

1. Die Beklagten werden samtverbindlich verurteilt, an den Kläger 4000 DM zu bezahlen.
2. Die Beklagten tragen die Kosten des Rechtsstreits.
3. Das Urteil ist vorläufig vollstreckbar.

Begründung:

Der Kläger ist Eigentümer des in München, Martinstraße 3 gelegenen Grundstücks, auf dem eine größere Villa mit Garten liegt. Am 1. 3. 1988 vermietete der Kläger das Anwesen an den Bankier Hans Geldig. Da eine Weitervermietung des Anwesens laut Mietvertrag gestattet war, vermietete Geldig am 1. 6. 1990 die Mansardenwohnung der Villa an die Beklagten. Am 14. 1. 1992 erwirkte der Kläger gegen Geldig ein Räumungsurteil, das am 20. 2. 1992 rechtskräftig wurde. In diesem Zusammenhang erfuhr der Kläger erstmals von der Untervermietung des Geldig an die Beklagten. Da die Beklagten nicht bereit waren, die Mansardenwohnung freiwillig zu räumen, sah sich der Kläger gezwungen, diese am 25. 2. 1992 ebenfalls auf Räumung zu verklagen. Die Klageschrift wurde den Beklagten am 28. 2. 1992 zugestellt. Mit rechtskräftigem Urteil vom 4. 5. 1992 wurden die Beklagten zur Räumung der Mansardenwohnung verurteilt. Am 1. 7. 1992 zogen die Beklagten endlich aus der Wohnung aus. Die Beklagten weigern sich, für die Zeit vom 1. 3. 1992 bis 30. 6. 1992 Ersatz für die unberechtigte Nutzung der Wohnung zu leisten. Zwar hat der Kläger keinen Schaden erlitten, da er zugegebenerweise für den erwähnten Zeitraum nicht beabsichtigte, die Wohnung anderweitig zu vermieten. Dies ändert jedoch nichts daran, daß die Beklagten verpflichtet sind, eine entsprechende Nutzungsentschädigung zu bezahlen. Der Mietwert der Wohnung beträgt 1000 DM monatlich.

Um baldige Anberaumung eines frühen ersten Termins wird dringend gebeten.

Dr. Gerhard Scholz
Rechtsanwalt

Az.: 3 0 112/93 München, den 20. 3. 1993

Verfügung:

1. Früher erster Termin zur mündlichen Verhandlung wird bestimmt auf Mittwoch, den 25. 4. 1993 8.30 Uhr, Sitzungssaal 10
2. An die Beklagten zustellen
    a) Klageschrift
    b) Ladung zum Termin gemäß Nr. 1
       mit der Aufforderung, auf das Klagevorbringen innerhalb von zwei Wochen schriftlich zu erwidern und etwa vorzubringende Verteidigungsmittel unverzüglich mitzuteilen.
3. An Klägervertreter Ladung gem. Nr. 1 förmlich.
4. WV. m. E., spätestens zum Termin.

Dr. Gerecht
Vors. Richter

Dr. Andreas Bauer München, den 30. 3. 1993
Rechtsanwalt Hedwigstr. 10

An das
Landgericht München I
– 3. Zivilkammer –

| Landgericht München I |
| Eingang: 2. 4. 1993 |

Az.: 3 0 112/93

In dem Rechtsstreit Kling ./. Buchner hat mich der Beklagte 1) mit seiner Vertretung beauftragt. In seinem Namen und Auftrag beantrage ich, die Klage abzuweisen.

Begründung:

Der vom Kläger vorgetragene Sachverhalt wird an sich nicht bestritten, doch kann der Kläger dessen ungeachtet nicht 4000 DM von meinem Mandanten verlangen. Wie der Kläger selbst vorträgt, hatte er gar nicht die Absicht, in der Zeit vom 1. 3. 1992 bis 30. 6. 1992 die Wohnung anderweitig zu vermieten. Er hat deshalb keinerlei finanzielle Nachteile erlitten, für die er entschädigt werden könnte. Schon deshalb ist die Klage unbegründet. Rein vorsorglich rechnet der Beklagte 1) mit einer Gegenforderung in Höhe von 4000 DM auf, die sich wie folgt zusammensetzt:

Der Beklagte 1) hat hohe Aufwendungen für die 2-Zimmer-Mansardenwohnungen gemacht. So ließ er im Dezember 1991 die porösen und deswegen bereits in einem gefährlichen Zustand befindlichen Leitungen der Gasheizung erneuern und mußte dafür einen Betrag von 1000 DM aufwenden.

Beweis: Xaver Blitz, Gasinstallateur, 80553 München, Herrenstraße 16.

Ferner ließ der Beklagte 1) im Dezember 1991 die Wände der Mansardenwohnung für 1000 DM neu streichen.

Beweis: Hans Pinsel, Malermeister, 80622 München, Abendstraße 7.

Schließlich ließ der Beklagte 1) im März 1992 eine Holzdecke über dem Eßplatz im Wohnzimmer einziehen, was den Wert der Wohnung erheblich erhöhte. Für diese Arbeit mußte der Beklagte 1) 2000 DM aufwenden.

Beweis: Otto Holzmann, Schreinermeister, 80123 München, Bürgerstraße 67.

Der Beklagte 1) kann deshalb in Höhe von 4000 DM auf jeden Fall aufrechnen.

Dr. Bauer
Rechtsanwalt

Dr. Walter Schmid
Rechtsanwalt

München, den 31. 3. 1993
Eckenweg 70

An das
Landgericht München I
– 3. Zivilkammer –

Landgericht München I
Eingang: 2. 4. 1993

Az.: 3 0 112/93

In dem Rechtsstreit Kling ./. Carsten hat mich der Beklagte 2) mit seiner Vertretung beauftragt. In seinem Namen beantrage ich, die Klage abzuweisen.

Begründung:

Zur Begründung nehme ich auf den Schriftsatz meines Kollegen Dr. Bauer Bezug. Rein vorsorglich rechnet auch der Beklagte 2) mit einer Gegenforderung in Höhe von 2000 DM auf. Diesen Betrag hat er für Renovierungsarbeiten in der Wohnung aufgewendet.

Dr. Schmid
Rechtsanwalt

Az.: 3 0 112/93

München, den 3. 4. 1993

Verfügung:

1. Abschrift von beiden Beklagtenerwiderungen förmlich an Klägervertreter.
2. WV. m. E., spätestens zum Termin

Dr. Gerecht
Vors. Richter am LG

Dr. Gerhard Scholz
Rechtsanwalt

München, den 12. 4. 1993
Nibelungenstr. 20

An das
Landgericht München I
– 3. Zivilkammer –

Landgericht München I
Eingang: 13. 4. 1993

Az.: 3 0 112/93

In Sachen Kling ./. Buchner und Carsten
Zu den Schriftsätzen der Gegenseite vom 30. 3. 1993 und 31. 3.
1993 führe ich folgendes aus:

Die Rechtsansichten der Beklagten hinsichtlich der Klage sind völlig verfehlt. Der Klageantrag wird daher in vollem Umfang aufrechterhalten. Daran ändert auch nichts die von den Beklagten erklärte hilfsweise Aufrechnung. Es wird zwar nicht bestritten, daß der Beklagte 1) die Gasleitungen für einen Betrag von 1000 DM erneuern ließ, doch muß er sich hinsichtlich seiner Aufwendungen an seinen Vermieter halten, der diese Kosten letztlich zu tragen hat. Die Kosten für die Malerarbeiten und den Einbau der Holzdecke werden dem Grund und der Höhe nach bestritten. Insofern bedürfte es der Durchführung einer Beweisaufnahme. Der Kläger ist überzeugt, daß die vor dem Beklagten 1) angebotenen Zeugen die behauptete Gegenforderung nicht bestätigen können. Eine Aufrechnung durch den Beklagten 2) scheidet von vornherein aus.

Dr. Scholz
Rechtsanwalt

Dr. Andreas Bauer   München, den 18. 4. 1993
Rechtsanwalt   Hedwigstr. 10

An das
Landgericht München I   ┌─────────────────────────────┐
– 3. Zivilkammer –   │ Landgericht München I   │
                               │ Eingang: 19. 4. 1993   │
                               └─────────────────────────────┘

Az.: 3 O 112/93

In Sachen Kling ./. Buchner zeige ich an, daß ich in dieser Sache das Mandat niederlege. Ich werde daher zum anberaumten Termin nicht erscheinen.

Dr. Bauer
Rechtsanwalt

Az.: 3 O 112/93   München, den 25. 4. 1993

Auszug aus der Niederschrift:

Es sind erschienen
für den Kläger: Rechtsanwalt Dr. Scholz
für die Beklagten: niemand

Es wird festgestellt, daß die Beklagtenvertreter zum heutigen Termin rechtzeitig und ordnungsgemäß geladen wurden, jedoch nicht erschienen sind.
Der Klägervertreter beantragt um 9.50 Uhr Versäumnisurteil.
Das Gericht verkündet hierauf folgendes

Versäumnisurteil:

1. Die Beklagten werden samtverbindlich verurteilt, an den Kläger 4000 DM zu bezahlen.
2. Die Beklagten werden verurteilt, samtverbindlich die Kosten des Rechtsstreits zu tragen.
3. Das Urteil ist vorläufig vollstreckbar.

Dr. Gerecht   Müller
Vors. RiLG   JAng.

Az.: 3 O 112/93   München, den 26. 4. 1993

Versäumnisurteil zustellen an Beklagtenvertreter 2) sowie an Beklagten 1) persönlich, da dessen Prozeßbevollmächtigter das Mandat niedergelegt hat.

Dr. Gerecht
Vors. RiLG

Dr. Walter Schmid   München, den 4. 5. 1993
Rechtsanwalt   Eckenweg 70

An das
Landgericht München I
– 3. Zivilkammer

Landgericht München I
Eingang: 4. 5. 1993

Az.: 3 0 112/93

In Sachen Kling ./. Carsten
Gegen das mir am 2. 5. 1993 zugestellte Versäumnisurteil vom 25. 4. 1993 lege ich hiermit Einspruch ein.

Dr. Schmid
Rechtsanwalt

Dr. Walter Schmid   München, den 9. 5. 1993
Rechtsanwalt   Eckenweg 70

An das
Landgericht München I | Landgericht München I
– 3. Zivilkammer – | Eingang: 9. 5. 1993

Az.: 3 0 112/93
   In Sachen Kling ./. Carsten
   Den am **4. 5.** 1993 gegen das Versäumnisurteil vom 25. 4. 1993
eingelegten Einspruch nehme ich hiermit zurück.

                                 Dr. Schmid
                                 Rechtsanwalt

Dr. Walter Schmid   München, den 18. 5. 1993
Rechtsanwalt   Eckenweg 70

An das
Landgericht München I | Landgericht München I
– 3. Zivilkammer – | Eingang: 18. 5. 1993

Az.: 3 0 112/93
   In Sachen Kling ./. Carsten
   Aufgrund einer Fehlinformation meines Mandanten habe ich mit
Schriftsatz vom 9. 5. 1993 den Einspruch gegen das Versäumnisurteil
vom 25. 4. 1993 zurückgenommen. Nach erneuter Prüfung der Sach-
und Rechtslage wird diese Rücknahme nicht aufrechterhalten und die
Einspruchsrücknahme widerrufen.
   Ich beantrage, das Versäumnisurteil vom 25. 4. 1993 aufzuheben
und die Klage abzuweisen.

                                 Dr. Schmid
                                 Rechtsanwalt

Dr. Werner Neuling   München, den 21. 5. 1993
Rechtsanwalt   Adelheidstr. 15

An das
Landgericht München I | Landgericht München I
– 3. Zivilkammer – | Eingang: 21. 5. 1993

Az.: 3 0 112/93

In Sachen Kling ./. Buchner hat mich der Beklagte 1) mandatiert. Gegen das dem Beklagten 1) am 2. 5. 1993 persönlich zugestellte Versäumnisurteil vom 25. 4. 1993 lege ich hiermit Einspruch ein und beantrage Aufhebung des Versäumnisurteils und Klageabweisung.

Dr. Neuling
Rechtsanwalt

Terminsbestimmung vom 22. 5. 1993, die Rechtsanwalt Dr. Scholz und den Rechtsanwälten Dr. Schmid und Dr. Neuling am 26. 5. 1993 zugestellt wird. – Klägervertreter erhält außerdem Abschriften der Schriftsätze vom 9. 5. 1993, vom 18. 5. 1993 und vom 21. 5. 1993, sowie Mitteilung durch das Gericht, daß das Versäumnisurteil vom 25. 4. 1993 am 2. 5. 1993 dem Beklagtenvertreter 2) und dem Beklagten 1) persönlich zugestellt und am 4. 5. 1993 sowie am 21. 5. 1993 Einspruch eingelegt wurde.

Az.: 3 0 112/93   München, den 8. 6. 1993

Auszug aus der Niederschrift:
Es sind erschienen für den Kläger: Rechtsanwalt Dr. Scholz
für den Beklagten 1): Rechtsanwalt Dr. Neuling
für den Beklagten 2): Rechtsanwalt Dr. Schmid
Der Vorsitzende führt in den Sach- und Streitstand ein.
Es wird festgestellt, daß das Versäumnisurteil vom 25. 4. 1993 dem Beklagtenvertreter 2) und dem Beklagten 1) persönlich am 2. 5. 1993 zugestellt wurde.
Klägervertreter beantragt, den Einspruch des Beklagten 2) gegen das Versäumnisurteil vom 25. 4. 1993 zu verwerfen, das Versäumnisurteil gegen den Beklagten zu 1) aufrechtzuerhalten.
Beklagtenvertreter 1) und Beklagtenvertreter 2) stellen ihre Anträge gem. Schriftsatz vom 21. 5. 1993 und vom 18. 5. 1993.
Die Parteien verhandeln streitig zur Sache nach Maßgabe der gewechselten Schriftsätze.
Die Prozeßbevollmächtigten der Beklagten weisen erneut darauf hin, daß die Klageforderung jedenfalls spätestens durch die geltend gemachte Aufrechnung erloschen sei.
Der Vorsitzende verkündet folgenden

Beschluß:

Termin zur Verkündung einer Entscheidung wird bestimmt auf Mittwoch, den
20. 6. 1993, 9.30 Uhr, Sitzungssaal 10.

Dr. Gerecht   Müller
Vors. RiLG   JAng.

Vermerk für den Bearbeiter: Die Entscheidung des Gerichts ist zu
entwerfen. Ein Ausspruch über Kosten und vorläufige Vollstreckbarkeit ist erlassen.

Ladungen, Zustellungen, Vollmachten und sonstige Formalien sind
in Ordnung. Wenn das Ergebnis der mündlichen Verhandlung nach
Ansicht des Bearbeiters für die Entscheidung nicht ausreicht, ist zu
unterstellen, daß trotz Wahrnehmung der richterlichen Aufklärungspflicht keine weitere Aufklärung zu erzielen war. § 278 III ZPO
wurde beachtet.

Soweit die Entscheidung keiner Begründung bedarf oder in den
Gründen ein Eingehen auf alle berührten Rechtsfragen nicht erforderlich erscheint, sind diese in einem Hilfsgutachten zu erörtern.

Entscheidungsentwurf

Az.: 3 0 112/93

IM NAMEN DES VOLKES!

In dem Rechtsstreit
Kling Franz, Bergstraße 6, 80431 München,   Kläger,
Prozeßbevollmächtigter: Rechtsanwalt Dr. Gerhard Scholz, Nibelun-
genstraße 20, 80357 München

gegen
1. Buchner Erich, Johannesplatz 25, 80455 München
                                              Beklagter zu 1)
Prozeßbevollmächtigter: Rechtsanwalt Dr. Werner Neuling,[1] Adelheidstraße 15, 80319 München
2. Carsten Richard, Johnnesplatz 25, 80455 München,
                                              Beklagter zu 2),
Prozeßbevollmächtigter: Rechtsanwalt Dr. Walter Schmid, Eckenweg
70, 80021 München

---

[1] Mehrere Bearbeiter haben übersehen, im Rubrum den neubestellten Prozeßbevollmächtigten des Beklagten 1, Rechtsanwalt Dr. Neuling, aufzuführen und
haben statt dessen fläschlicherweise den früheren Prozeßbevollmächtigten aufgenommen.

erläßt das Landgericht München I, 3. Zivilkammer, durch den Vorsitzenden Richter am Landgericht Dr. Gewissenhaft und die Richter am Landgericht Mann und Simon aufgrund der mündlichen Verhandlung vom 8. Juni 1993
folgendes

Endurteil:

I. Der Einspruch des Beklagten 2) gegen das Versäumnisurteil vom 25. April 1993 wird verworfen.

II. Das Versäumnisurteil vom 25. April 1993 wird gegen den Beklagten 1) mit der Maßgabe aufrechterhalten, daß der Beklagte 1) verurteilt wird, an den Kläger 3000 DM samtverbindlich mit dem Beklagten 2) zu bezahlen.[2]

III. Im übrigen wird das Versäumnisurteil vom 25. April 1993 gegen den Beklagten 1) aufgehoben und die Klage gegen ihn abgewiesen.[3]

(IV. Entscheidung über Kosten und vorläufige Vollstreckbarkeit erlassen.)[4]

Tatbestand:

Die Parteien streiten um Nutzungen und Aufwendungen der Beklagten im Hause des Klägers.[5]

Der Kläger ist Eigentümer des in München, Martinstraße 3 gelegenen Grundstücks, auf dem eine größere Villa mit Garten liegt. Am 1. 3. 1988 vermietete der Kläger das Anwesen an den Bankier Geldig. Da eine Weitervermietung gestattet war, vermietete Geldig am 1. 6. 1990 die Mansardenwohnung der Villa an die Beklagten. Am 14. 1. 1992 erwirkte der Kläger gegen Geldig ein Räumungsurteil, das am 20. 2. 1992 rechtskräftig wurde. Da die Beklagten nicht bereit waren, die Mansardenwohnung freiwillig zu räumen, verklagte sie der Kläger am 25. 2. 1992. Die Klageschrift wurde den Beklagten am 28. 2. 1992 zugestellt. Mit rechtskräftigem Urteil vom 4. 5. 1992 wurden die Beklagten

---

[2] Zur Tenorierung bei einem teilweise aufrechterhaltenen Versäumnisurteil vgl. Thomas-Putzo, § 343 Rdnrn. 3, 4.

[3] Auch in dieser Klausur haben wieder viele Bearbeiter vergessen, die teilweise Klageabweisung in den Tenor aufzunehmen.

[4] An dieser Stelle rächte es sich, daß einzelne Examenskandidaten den Bearbeitervermerk der Klausur nicht genau genug gelesen hatten. Diese Prüflinge mühten sich, die hier zu komplizierte Entscheidung über Kosten und vorläufige Vollstreckbarkeit zu fällen, obwohl gerade dieser Ausspruch erlassen worden war. Auf diese Weise verloren diese Bearbeiter unnötig Zeit, die an anderer Stelle der Klausur sichtlich abging.

[5] In der Praxis ist es üblich, den Tatbestand mit einem Einleitungssatz zu beginnen, der den Kern des Rechtsstreits herausstellt und umreißt.

zur Räumung der Mansardenwohnung verurteilt. Am 1. 7. 1992 zogen die Beklagten aus der Wohnung aus. Die Beklagten weigern sich für die Zeit vom 1. 3. 1992 bis 30. 6. 1992 Ersatz für die Nutzung der Wohnung zu leisten. Der Mietwert betrug 1000 DM monatlich.

In der mündlichen Verhandlung vom 25. 4. 1993, in der weder für den Beklagten 1) noch für den Beklagten 2) ein Prozeßbevollmächtigter erschienen war, erließ das Gericht nach Antrag des Klägers Versäumnisurteil. Das Versäumnisurteil wurde dem Beklagten 1) am 2. 5. 1993 persönlich und am selben Tag dem Prozeßbevollmächtigten des Beklagten 2) zugestellt. Der Prozeßbevollmächtigte des Beklagten 2) erklärte mit Schriftsatz vom 9. 5. 1993 die Rücknahme des am 4. 5. 1993 eingelegten Einspruchs. Mit Schriftsatz vom 18. 5. 1993, der am gleichen Tag bei Gericht einging, erklärte der Prozeßbevollmächtigte des Beklagten 2), die Rücknahme beruhe auf einer Fehlinformation seitens seines Mandanten. Nach erneuter Prüfung der Sach- und Rechtslage widerrufe er die Rücknahme dieses Einspruchs. Mit Schriftsatz vom 21. 5. 1993 legte der neu bestellte Prozeßbevollmächtigte des Beklagten 1) Einspruch gegen das Versäumnisurteil ein.[6]

Der Kläger ist der Ansicht, daß die Beklagten zur Zahlung einer Nutzungsentschädigung in Höhe von 4000 DM verpflichtet sind, auch wenn nicht beabsichtigt war, die Wohnung in der Zeit vom 1. 3. 1992 bis 30. 6. 1992 anderweitig zu vermieten.

Der Kläger beantragt,

den Einspruch des Beklagten 2) gegen das Versäumnisurteil vom 25. 4. 1993 zu verwerfen und das Versäumnisurteil gegen den Beklagten 1) aufrechtzuerhalten.

Die Beklagten beantragen,

das Versäumnisurteil vom 25. 4. 1993 aufzuheben und die Klage abzuweisen.

Die Beklagten sind der Ansicht, daß kein Anspruch bestehe, weil der Kläger keinen Schaden erlitten habe. Hilfsweise erklärt der Beklagte 1) die Aufrechnung[7] mit einer Gegenforderung in Höhe von 4000 DM, die sich wie folgt zusammensetzt:

Unstreitig[8] hat der Beklagte 1) im Dezember 1991 die porösen und deswegen bereits in einem gefährlichen Zustand befindlichen

---

[6] Der Umstand, daß das Gericht Vesäumnisurteil erlassen hat und beide Beklagte dagegen Einspruch eingelegt haben, muß im Tatbestand vorgezogen und vor den Anträgen der letzten mündlichen Verhandlung eingeordnet werden.

[7] Die Aufrechnung stellt eine rechtsvernichtende Einwendung des Beklagten 1) dar. Daher ist sie bei der Abfassung des Tatbestands in das streitige Vorbringen des Beklagten 1) einzuordnen.

[8] Der Sachverhalt, der der Aufrechnungsforderung zu Grunde liegt, ist unstreitig, soweit es um die Aufwendungen für die Erneuerung der Gasheizung geht. Dagegen ist der Tatsachenvortrag bezüglich der Malerarbeiten und der Einziehung der Holzdecke unter den Parteien streitig. Um den Sachverhalt, der der Aufrech-

Leitungen der Gasheizung erneuert und dafür einen Betrag von 1000 DM aufgewandt. Darüber hinaus behauptet[9] der Beklagte 1), daß er im Dezember 1991 die Wände der Mansardenwohnung für 1000 DM neu streichen ließ. Zum Beweis dafür hat er die Vernehmung des Zeugen Hans Pinsel beantragt.[10]

Schließlich behauptet[11] der Beklagte 1) daß er im März 1992 für 2000 DM eine Holzdecke über den Eßplatz im Wohnzimmer einziehen ließ. Zum Beweis für diese Behauptung hat er die Vernehmung des Zeugen Otto Holzmann beantragt.[12]

Der Beklagte 2) rechnet mit einer Gegenforderung von 2000 DM auf. Er behauptet, diesen Betrag für Renovierungsarbeiten in der Wohnung aufgewendet zu haben.[13]

Entscheidungsgründe:

I. Der Einspruch des Beklagten 2) ist gem. § 341 I 2 ZPO zu verwerfen. Der Einspruch ist statthaft (§ 338 ZPO) und auch in der erforderlichen Form eingelegt worden (§ 340 ZPO). Die Einspruchsfrist (§ 339 I ZPO) ist jedoch nicht gewahrt. Zwar hat der Beklagte 2) zunächst durch Schriftsatz vom 4. 5. 1993 rechtzeitig Einspruch eingelegt, doch wurde dieser Einspruch mit Schriftsatz vom 9. 5. 1993 wirksam zurückgenommen (§§ 346, 515 ZPO). Der später erklärte Widerruf der Einspruchsrücknahme ist unwirksam. Prozeßhandlungen sind nicht frei widerruflich. Ebensowenig ist eine Anfechtung von Prozeßhandlungen etwa wegen Irrtums zulässig. Es bestehen zwar keine Bedenken, den Widerruf der Einspruchsrücknahme gem. § 140 BGB analog als erneute Einspruchseinlegung anzusehen, jedoch ist für den Einspruch vom 18. 5. 1993 die zweiwöchige Einspruchsfrist bereits abgelaufen.[14] Der Einspruch war daher gem. § 341 ZPO durch Urteil zu verwerfen, da eine mündliche Verhandlung über die Zulässigkeit des Einspruchs stattgefunden hat.[15]

---

nungsforderung zu Grunde liegt, nicht sinnlos zu zerreißen, sollte dieser einheitlich geschildert werden, allerdings unter deutlicher Kennzeichnung, welche Tatumstände zwischen den Parteien unstreitig bzw. streitig sind.

[9] Vgl. die Ausführungen in Fußnote 8.

[10] Immer wieder wird übersehen, daß Beweisangebote einer Partei, denen das Gericht nicht gefolgt ist, im Tatbestand ausdrücklich erwähnt werden müssen.

[11] Vgl. die Ausführungen in Fußnote 8.

[12] Vgl. die Ausführungen in Fußnote 10.

[13] Viele Bearbeiter der Klausur haben hier vergessen, auch das Vorbringen des Beklagten 2) in den Tatbestand aufzunehmen.

[14] Die meisten Prüflinge haben sich in der Klausur darauf beschränkt festzustellen, daß der Widerruf der Einspruchsrücknahme unwirksam ist, ohne zusätzlich zu prüfen, ob in dem unwirksamen Widerruf der Einspruchsrücknahme eine erneute Einspruchseinlegung zu sehen ist.

[15] Vgl. Thomas-Putzo, § 341 Rdnr. 6.

II. Der Einspruch des Beklagten 1) ist dagegen fristgerecht eingelegt worden. Nach § 339 ZPO beginnt die Einspruchsfrist erst mit der Zustellung des Versäumnisurteils zu laufen. Eine wirksame Zustellung liegt aber nicht vor, da diese nach § 176 ZPO an den früheren Prozeßbevollmächtigten, Rechtsanwalt Dr. Bauer, hätte erfolgen müssen. Daran ändert auch dessen Mandatsniederlegung nichts. Gem. § 87 I ZPO erlangt die Kündigung des Vollmachtsvertrags erst durch die Anzeige der Bestellung eines anderen Anwalts rechtliche Wirksamkeit.[16] Bis zu diesem Zeitpunkt ist an den Rechtsanwalt, der das Mandat niedergelegt hat, zuzustellen. Durch den Einspruch wird der Prozeß in die Lage vor Eintritt der Säumnis zurückversetzt (§ 342 ZPO).

III. Die Klage gegen den Beklagten 1) ist in vollem Umfang zulässig.

Das Landgericht München I ist nach §§ 12, 13 ZPO örtlich zuständig, weil der Beklagte 1) seinen Wohnsitz in München hat. Dagegen scheidet der ausschließliche Gerichtsstand des § 29a ZPO aus, da es im vorliegenden Rechtsstreit nicht um einen Entschädigungsanspruch wegen Nichterfüllung, sondern um einen Anspruch auf Nutzungsentschädigung geht.[17]

Sachlich zuständig ist an sich das Amtsgericht (§ 23 Nr. 1 GVG), da der Streitwert unter 10 000 DM liegt.[18] Für den Zuständigkeitsstreitwert ist nur der Wert der Klageforderung (4000 DM) und nicht zusätzlich noch der Wert der Gegenforderungen, mit denen aufgerechnet wird, maßgeblich.[19] Das Landgericht ist jedoch von den Parteien in der Sitzung vom 8. 6. 1993 über § 39 ZPO stillschweigend prorogiert worden.

IV. Die zulässige Klage gegen den Beklagten 1) ist jedoch nur zum Teil begründet. Zwar stand dem Kläger in Höhe von 4000 DM ein Ersatzanspruch auf Nutzung gem. § 987 BGB zu, doch ist dieser Anspruch durch die vom Beklagten 1) erklärte Aufrechnung in Höhe von 1000 DM erloschen.

1. Ein Anspruch auf Ersatz von Nutzungen gem. § 987 BGB besteht, da zwischen den Prozeßparteien eine Vindikationslage nach § 985 BGB vorliegt und die Nutzungen nach dem Eintritt der

---

[16] Die Vorschrift des § 87 I ZPO war vielen Bearbeitern der Klausur offensichtlich unbekannt mit der Folge, daß diese die Zulässigkeit des Einspruchs leider falsch entschieden.

[17] Vgl. dazu Thomas-Putzo, § 29a Rdnrn. 4, 5.

[18] Dagegen liegen die Voraussetzungen des § 23 Nr. 2a GVG nicht vor.

[19] Vgl. dazu Thomas-Putzo, § 3 Rdnr. 19. – Im Gegensatz zum Zuständigkeitsstreitwert ist beim Gebührenstreitwert nach § 19 III GKG der Wert der hilfsweise geltend gemachten Aufrechnungsgegenforderung zum Wert der Klageforderung hinzuzuaddieren. (Thomas-Putzo, § 3 Rdnr. 19 Stichwort: Aufrechnung).

Rechtshängigkeit des Herausgabeanspruchs gezogen worden sind. Der Beklagte 1) ist dem Kläger als Eigentümer gegenüber weder nach § 986 I 1 BGB selbst zum Besitz berechtigt, noch ist der Vermieter Geldig, von dem der Beklagte 1) ein Recht zum Besitz gem. § 986 I 2 BGB herleiten könnte, dem Kläger gegenüber zum Besitz berechtigt. Das Mietverhältnis zwischen dem Kläger und Geldig ist längst erloschen. Auch aus einem etwaigen Zurückbehaltungsrecht des Beklagten 1) nach § 1000 Satz 1 BGB folgt kein Recht zum Besitz im Sinn des § 986 BGB. Dabei kann an dieser Stelle dahingestellt bleiben, ob dem Beklagten 1) ein Anspruch auf Ersatz von Verwendungen gem. §§ 994 ff. BGB zusteht, denn selbst wenn man einen solchen Gegenanspruch des Beklagten 1) bejaht und daraus ein Zurückbehaltungsrecht nach § 1000 Satz 1 BGB herleitet, gibt dieses Zurückbehaltungsrecht nach h. M. kein Recht zum Besitz im Sinn des § 986 BGB.[20] Selbst wenn man mit dem Bundesgerichtshof die gegenteilige Auffassung vertritt,[21] steht dies jedenfalls im Ergebnis der Anwendbarkeit der §§ 987 ff. BGB und damit der Anspruchsgrundlage des § 987 BGB nicht entgegen.[22]

Nach § 987 BGB hat der Beklagte 1) somit die tatsächlich gezogenen Nutzungen zu ersetzen. Zu den Nutzungen gehören auch die Gebrauchsvorteile einer Sache (§ 100 BGB). Da die Gebrauchsvorteile selbst nicht herausgegeben werden können, ist in diesem Fall Geldersatz für den objektiven Wert zu leisten, also bei Mietobjekten der objektive Mietwert zu ersetzen. Daher kommt es auch nicht darauf an, daß der Kläger die Wohnung tatsächlich nicht vermieten wollte.[23] Entscheidend ist, daß der Kläger seine Klage nicht auf Schadensersatz, sondern auf den objektiven Ausfall von Nutzungen gestützt hat.[24] Nach alledem ist der Anspruch des Klägers auf Ersatz der Nutzung in Höhe von 4000 DM an sich begründet.

2. Gegen diesen Anspruch konnte der Beklagte 1) teilweise aufrechnen, da ihm Gegenansprüche aus den §§ 994 ff. BGB zustanden. Sämtliche Aufwendungen des Beklagten 1) stellen Verwendungen im Sinn der §§ 994 ff. BGB dar, da diese Vermögensaufwendungen der Mietsache selbst unmittelbar zugute kamen.[25]

---

[20] Vgl. die ausführlichen Literaturnachweise bei Palandt-Bassenge, § 986 Rdnr. 6.

[21] Vgl. BGH WM 1970, 1367; BGHZ 64, 122.

[22] Vgl. so ausdrücklich im Ergebnis BGH WM 1970, 1367.

[23] Vgl. Palandt-Bassenge, § 987 Rdnr. 2.

[24] Diese Unterscheidung haben viele Bearbeiter der Klausur nicht erkannt und kamen daher zu dem falschen Ergebnis, daß mangels Schaden des Klägers die Klage abzuweisen sei.

[25] Vgl. Palandt-Bassenge, Vorbem. § 994 Rdnr. 5.

Der Gegenanspruch aus durchgeführten Malerarbeiten in Höhe von 1000 DM ist nicht begründet. Es handelt sich zwar um notwendige Verwendungen. Die Malerarbeiten stellen jedoch gewöhnliche Erhaltungskosten dar, für die der Eigentümer gem. § 994 I 2 BGB nicht ersatzpflichtig ist. Es kommt daher auf den vom Beklagten 1) angebotenen Beweis nicht mehr an, so daß der Zeuge Pinsel nicht zu vernehmen war.[26]

Ebensowenig kann der Beklagte 1) sich auf einen Gegenanspruch hinsichtlich der Aufwendungen für die eingebaute Holzdecke berufen. Insoweit handelt es sich um nützliche Verwendungen im Sinn des § 996 BGB, für die nur Ersatz verlangt werden kann, wenn sie vor dem Eintritt der Rechtshängigkeit gemacht werden. Der Beklagte 1) hat die Holzdecke jedoch erst im März 1992, also nach Eintritt der Rechtshängigkeit am 28. 2. 1992 eingebaut. Andere Anspruchsgrundlagen, etwa aus Bereicherung oder Geschäftsführung ohne Auftrag, müssen außer Betracht bleiben, da die §§ 994 ff. BGB eine abschließende Sonderregelung enthalten.[27] Damit erübrigt sich die Vernehmung des Zeugen Holzmann.[28]

Dagegen steht dem Beklagten 1) ein Verwendungsanspruch nach § 994 I 1 BGB insoweit zu, als er neue Gasleitungen legen ließ. Diese Aufwendungen stellen notwendige Verwendungen im Sinn des § 994 I 1 BGB dar, für die der Eigentümer grundsätzlich Ersatz zu leisten hat. § 994 II BGB, der für Verwendungen nach Eintritt der Rechtshängigkeit Einschränkungen vorsieht, kommt nicht zum Zuge, da die Gasleitungen bereits im Dezember 1991 erneuert worden waren, also vor Eintritt der Rechtshängigkeit. Unschädlich ist, daß der Beklagte 1) die Aufwendungen zu einem Zeitpunkt getätigt hat, als er im Hinblick auf § 986 I 2 BGB noch rechtmäßiger Besitzer war. Für das Bestehen eines Verwendungsanspruchs kommt es allein darauf an, ob zwischen Eigentümer und Besitzer im Zeitpunkt der Herausgabe der Sache eine Vindikationslage besteht, d. h. ob der Verwender zu diesem Zeitpunkt unrechtmäßiger Besitzer ist.[29] Ist dies der Fall, so spielt es keine Rolle, daß die Verwendungen zu einem Zeitpunkt gemacht worden sind, zu dem der Besitzer noch rechtmäßiger Besitzer war. Schließlich scheitert der Verwendungsanspruch auch nicht an § 1002 I BGB, da der Beklagte 1) die Sache nicht freiwillig,

---

[26] Immer wieder wird vergessen, nicht erhobene Beweisangebote einer Partei im Tatbestand zu erwähnen (vgl. oben Fußnote 10), und vor allem auch in den Entscheidungsgründen zu verbescheiden. Der Beweisführer hat einen Anspruch darauf, daß das Urteil eine Aussage dazu enthält, warum das Gericht von der von ihm beantragten Zeugenvernehmung Abstand nehmen durfte.
[27] Vgl. Palandt-Bassenge, Vorbem. § 994 Rdnr. 2.
[28] Vgl. die Ausführungen in Fußnote 26.
[29] Vgl. BGHZ 34, 122; Palandt-Bassenge, Vorbem. § 994 Rdnr. 3.

sondern nur aufgrund eines gerichtlichen Urteils herausgegeben hat.[30]

3. Der Beklagte 1) konnte somit in Höhe von 1000 DM aufrechnen und damit die Klageforderung teilweise zum Erlöschen bringen. Deshalb kann der Kläger nur 3000 DM vom Beklagten 1) verlangen. Das Versäumnisurteil war somit gemäß § 343 S. 1 ZPO nur insoweit aufrechtzuerhalten. Im übrigen war das Versäumnisurteil aufzuheben und die Klage abzuweisen (§ 343 S. 2 ZPO). Auf die Frage, ob das Versäumnisurteil am 25. 4. 1993 zu Recht ergangen ist, kommt es im Rahmen der Entscheidung nicht mehr an.[31]

Ebenso muß außer Betracht bleiben, ob dem Beklagten 2) eine Gegenforderung in Höhe von 2000 DM zusteht, mit der er gegen den Anspruch des Klägers aufrechnen konnte. Da sein Einspruch bereits zu verwerfen war, konnte das Gericht in eine sachliche Prüfung des Rechtsstreits nicht mehr eintreten.

| Dr. Gerecht | Mann | Simon |
| Vors. Richter am LG | Richter am LG | Richter am LG |

Hilfsgutachten

I. Das Versäumnisurteil vom 25. 4. 1993 ist zu Unrecht ergangen, da nicht alle Voraussetzungen für den Erlaß eines Versäumnisurteils vorlagen. Zwar ist neben dem Beklagten 2) auch der Beklagte 1) als säumig anzusehen, da sich die Mandatsniederlegung seines Prozeßbevollmächtigten insoweit nicht auswirkt (§ 87 I ZPO). Ob es im vorliegenden Fall standeswidrig war, wenn der Prozeßbevollmächtigte des Klägers gegen die ebenfalls anwaltschaftlich vertretenen Beklagten den Erlaß eines Versäumnisurteils beantragte, kann dahingestellt bleiben. Selbst wenn man dies unterstellen sollte, steht das dem Versäumnisurteil nicht entgegen, da nur die in der ZPO normierten Voraussetzungen für den Erlaß eines Versäumnisurteils maßgeblich sind. Die Klage war jedoch am 25. 4. 1993 nicht zulässig, da dem Landgericht damals noch die sachliche Zuständigkeit für die Klage fehlte (§§ 23, 71 GVG). Im Hinblick darauf, daß das Versäumnisurteil ein Sachurteil ist, darf dieses nicht ergehen, wenn die Klage wie hier im Zeitpunkt des Erlasses des Versäumnisurteils gar nicht zulässig ist.[32]

II. Der vom Beklagten 1) rechtzeitig eingelegte Einspruch gegen das Versäumnisurteil kann dem Beklagten 2) nicht nach § 62 ZPO

---

[30] Vgl. Palandt-Bassenge, § 1002 Rdnr. 1.

[31] Diese Frage wäre gemäß § 344 ZPO nur für die hier erlassene Kostenentscheidung von Bedeutung gewesen. Dieser Gesichtspunkt wurde in der Klausur häufig übersehen.

[32] Vgl. Thomas-Putzo, § 331 Rdnr. 3.

zugute kommen. Die beiden Beklagten sind als Gesamtschuldner nur einfache[33] und nicht notwendige Streitgenossen, so daß für jeden Streitgenossen die Einspruchsfrist gesondert läuft.[34]

III. Ob dem Beklagten 2) gegen den Kläger nach §§ 994 ff. BGB ein Gegenanspruch wegen durchgeführter Renovierungsarbeiten zusteht, kann derzeit nicht abschließend entschieden werden. Insoweit ist der Vortrag des Beklagten 2) nicht substantiiert genug.

---

[33] Vgl. Thomas-Putzo, § 60 Rdnr. 2.
[34] Vgl. Thomas-Putzo, § 61 Rdnr. 15.

9. KLAUSUR: Studienbeginn mit unterhaltsrechtlichen Schwierigkeiten[1]

Sachverhalt

Am 04. 09. 1993 erscheint der ledige 23-jährige Norbert Kneissl bei Rechtsanwalt Bernd Hummel in Augsburg, Herrenstraße 43 und erklärt:[2]

„Ich beauftrage Sie, meinen Vater Rudolf Kneissl, wohnhaft Sollner Straße 34 in München, zu verklagen, mir ab 01. 11. 1993 800.– DM Unterhalt zu bezahlen. Die Ehe meiner Eltern wurde am 20. 01. 1990 nach langem Streit von dem Familiengericht Augsburg geschieden. Meine beiden noch minderjährigen Geschwister Erika und Werner wohnen ebenso wie ich seit der Trennung unserer Eltern 1988 bei unserer Mutter in der Landsberger Straße 24 in Augsburg. Ich habe nach meinem Abitur zuerst eine Banklehre absolviert. Dann mußte ich zur Bundeswehr, von der ich Ende September entlassen werde. Ab 01. 11. 1993 beginne ich in Augsburg, Betriebswirtschaft zu studieren. Ich bin sehr froh, in Augsburg einen Studienplatz gefunden zu haben. Aus finanziellen Gründen kann ich dann weiter wie bisher bei meiner Mutter wohnen. Trotzdem benötige ich natürlich für das Studium Geld. Wegen des guten Einkommens meines Vaters bekomme ich nach Auskunft der zuständigen Stelle kein BAföG. Meine Mutter kann mir nichts geben, da sie wegen der Betreuung meiner beiden Geschwister, die noch zur Schule gehen, bisher nicht berufstätig ist und allein vom Unterhalt meines Vaters lebt. Er zahlt für sie und meine beiden Geschwister insgesamt 2360.– DM, allerdings auch nicht freiwillig, sondern weil ihn das Familiengericht im Scheidungsverfahren hierzu durch eine einstweilige Anordnung vom 16. 05. 1988 verurteilt hat.

---

[1] Familienrecht ist in den letzten Jahren in Bayern regelmäßiger Examensbestandteil, da insbesondere die Anwaltschaft auf dieses Prüfungsgebiet wegen der praktischen Bedeutung großen Wert legt.

[2] Anwaltsklausuren erfordern zunächst ein Hineinversetzen in die Rolle des Rechtsanwalts. Der Parteivortrag ist umfassend zu würdigen und alle rechtlich relevanten Fragen zu prüfen, auch soweit sie im Text nicht angesprochen wurden. Insoweit unterscheidet sich die Anwaltsklausur von den üblichen zivilrechtlichen Klausuren, vgl. dazu im einzelnen Mürbe/Geiger/Wenz: Die Anwaltsklausur in der Assessorprüfung, München 1993. Zu beachten ist ferner, daß bei strittigen Fragen die Interessen des Mandanten zu vertreten sind und nicht die Gegenmeinung, wie häufig bei Klausurenkorrekturen festzustellen ist.

Ich habe diese einstweilige Anordnung für sie mitgebracht. Nach der einstweiligen Anordnung müßte mein Vater für mich 610.– DM bezahlen. Während meiner Lehre hat er diesen Betrag aber bereits um 300.– DM monatlich gekürzt und seit Beginn meines Wehrdienstes zahlt er für mich nichts mehr.

Obwohl ich meinen Vater über meine Ausbildungspläne immer informiert habe und er es sehr vernünftig fand, daß ich zuerst bei einer Bank in die Lehre gehe und anschließend Betriebswirtschaft studiere, weigert er sich jetzt, mein Studium zu finanzieren. Ich hatte ihn bereits mehrfach darauf angesprochen und nachdem er immer ausweichend antwortete, am 02. 08. 1993 angeschrieben und aufgefordert, mir ab 01. 11. 1993 800.– DM zu bezahlen. Wie ich bei einer Rechtsberatung erfahren hatte, ergibt sich dieser Betrag aus der Unterhaltstabelle für einen Studenten, der noch zu Hause wohnt. Über seinen Rechtsanwalt hat er die Zahlung aber unverständlicherweise abgelehnt. Er will mich statt dessen zwingen, bei ihm in München zu wohnen und dort zu studieren. Dann würde er für alles aufkommen. Dies kommt für mich aber nicht in Frage. Ich bin volljährig, sodaß mein Vater kein Bestimmungsrecht über mich haben kann. Außerdem habe ich in Augsburg einen Studienplatz gefunden und kann wie bisher weiterhin bei meiner Mutter wohnen. Dies will auch meine Mutter. Ich verstehe mich im übrigen nicht mit der Freundin meines Vaters, Fräulein Röder. Sie war der Scheidungsgrund und lebt seit der Trennung mit meinem Vater zusammen in München.

Mein Studium ist keine Zweitausbildung, wie der Rechtsanwalt meines Vaters geschrieben hat. Die Banklehre habe ich nur vorgeschaltet, um nach dem BWL-Studium bessere berufliche Chancen zu haben. Das weiß mein Vater auch. Während meiner Lehre hat er im übrigen weniger Unterhalt zahlen müssen, weil ich bereits selbst verdient hatte. Ab Beginn meines Wehrdienstes war ich sogar einverstanden, daß er in dieser Zeit überhaupt nichts zahlt. Ich habe dabei allerdings nicht auf Unterhalt verzichtet, sondern nach einem Schreiben seines Rechtsanwalts Dr. Klein wegen des Wehrsoldes und der kostenlosen Verpflegung nichts verlangt; dies ist aber meines Erachtens ein Unterschied. Unglaublich finde ich, daß meine Mutter plötzlich auch etwas zahlen soll. Sie kann mich mit ihrem wenigen Geld nicht unterhalten. Außerdem wohne ich umsonst bei ihr. Sie bekommt zwar von meinem Vater noch monatlich 2360.– DM, davon ist aber für sie nur 1320.– DM, der Rest ist für meine beiden Geschwister. Ihr Einkommen liegt damit nach der mir erteilten Auskunft unter dem Selbstbehalt von 1450.– DM. Mein Vater hat dagegen genügend Geld. Er verdient jetzt 6000.– DM netto, erhält außerdem noch das Kindergeld für uns und muß nur 600.– DM Miete für eine Firmenwohnung bezahlen. Seine neue Verdienstbescheinigung habe ich von meiner Mutter bekommen. Sie hatte sie wegen einer möglichen Erhöhung des Unterhalts für meine Geschwister angefordert. Meine Mutter hat mir auch gesagt, *daß außer der einstweiligen Anordnung vom 16. 05. 1988 kein weiterer Unterhaltstitel besteht.*

Ich bitte Sie, die Klage sofort einzureichen, damit bis zum 01. 11. 1993 darüber entschieden ist oder ist dies wegen der Gerichtsferien noch nicht möglich? Ich gehe davon aus, daß mein Vater in Augsburg verklagt werden kann, nachdem hier die Scheidung war. Ansonsten bitte ich Sie, soweit Sie dies können, mich auch in München zu vertreten. "

Norbert Kneissl unterschreibt die ihm von Rechtsanwalt Hummel vorgelegte Prozeßvollmacht und übergibt ihm die Gehaltsbescheinigung seines Vaters, die einstweilige Anordnung vom 16. 05. 1988 (Anlage 1), sein Schreiben vom 02. 08. 1993 (Anlage 2) und das Schreiben von Rechtsanwalt Dr. Klein vom 24. 08. 1993 (Anlage 3).

Anlage 1

Amtsgericht Augsburg
– Familiengericht –

Augsburg, den 16. 05. 1988

80 F 93/88

In Sachen
K n e i s s l Margot, Landsberger Straße 24, 8900 Augsburg

Antragstellerin

Prozeßbevollmächtigter:
Rechtsanwältin Margit Schneidt, Bahnhofstraße 4, 8900 Augsburg

gegen

K n e i s s l Rudolf, Sollner Straße 34, 8000 München 71

Antragsgegner

Prozeßbevollmächtigter:
Rechtsanwalt Dr. Ingo Braun, Tuchergasse 4, 8900 Augsburg
wegen Ehescheidung
hier: einstweilige Anordnung Unterhalt[3]
Im Wege der einstweiligen Anordnung erläßt das Amtsgericht Augsburg –
Familiengericht – folgenden

---

[3] Das Rubrum der einstweiligen Anordnung entspricht dem üblichen Rubrum von Beschlüssen in summarischen Verfahren, vgl. insoweit Böhme-Fleck-Bayerlein, S. 13.

Beschluß:[4]

1. Der Antragsgegner hat ab 01.05. 1988 an die Antragstellerin zu deren Unterhalt und zum Unterhalt der gemeinschaftlichen minderjährigen Kinder Norbert Kneissl, geb. 10.07. 1970, Erika Kneissl, geb. 02.03. 1977 und Werner Kneissl, geb. 16.01. 1979 einen monatlich im voraus zu entrichtenden Betrag von 2970.– DM zu zahlen.
Von diesem Betrag entfallen 1320.– DM auf den Unterhalt der Antragstellerin, 610.– DM auf den Unterhalt des Kindes Norbert sowie jeweils 520.– DM auf den Unterhalt der Kinder Erika und Werner.
Der Unterhalt ist für die rückständigen Beträge sofort nach Zustellung dieses Beschlusses fällig, für die Zukunft jeweils am 01. Werktag eines Monats.

2. Die Kosten der einstweiligen Anordnung gelten als Kosten des Rechtsstreits.

Gründe:[5]

Der Antragsgegner ist gem. §§ 1601 ff. BGB für seine Kinder und gem. § 1361 BGB für seine von ihm getrennt lebende Ehefrau unterhaltsverpflichtet. Bei seinem bereinigten Nettoeinkommen von 4600.– DM beträgt der Kindesunterhalt nach der Düsseldorfer Tabelle unter Berücksichtigung des an den Antragsgegner ausgezahlten Kindergeldes aufgerundet für Norbert 610.– DM, für Erika und Werner je 520.– DM. Die einkommenslose Antragstellerin, die wegen der Kindesbetreuung nicht zur Berufstätigkeit verpflichtet ist, hat einen Unterhaltsanspruch von 3/7 aus dem bereinigten Nettoeinkommen des Antragsgegners nach Abzug des Kindesunterhaltes (Tabellenbetrag), d. h. aus 3085.– DM (4600.– DM – 1515.– DM). Dies ergibt einen Unterhalt von abgerundet 1320.– DM.

Schnell
Richter am Amtsgericht

---

[4] Es handelt sich um eine einstweilige Anordnung nach § 620 S. 1 Ziff. 4, 6 ZPO; zu den formellen Voraussetzungen einer einstweiligen Anordnung vgl. Thomas-Putzo, §§ 620 Rdnr. 7 ff., 620a Rdnr. 8 ff.
[5] Nach heute hM besteht bei einstweiligen Anordnungen, auch wenn sie nicht beschwerdefähig sind (vgl. insoweit § 620c ZPO), eine Begründungspflicht (Zöller-Philippi § 620d Rdnr. 4; Thomas-Putzo § 620d Rdnr. 3).

Anlage 2

Norbert Kneissl Augsburg, den 02. 08. 1993
Landsberger Straße 24

Lieber Vater,

wie ich Dir schon mehrfach mitgeteilt habe, beende ich am 30. 9. 1993 meinen Wehrdienst und beginne ab 01. 11. 1993 in Augsburg mein BWL-Studium. Da ich dann über kein Einkommen mehr verfüge und wegen Deines hohen Einkommens kein BAföG erhalte, benötige ich ab 01. 11. 1993 wieder Unterhalt von Dir. Mutter kann mir nichts geben außer der mietfreien Unterkunft, nachdem ihr einziges Einkommen Dein Unterhalt von 1320.– DM ist und sie damit unter dem Selbstbehalt liegt. Von zuständiger Stelle wurde mir mitgeteilt, daß sich mein Unterhalt als Student nach der Unterhaltstabelle für Augsburg und München auf 800.– DM beläuft, weil ich im Haushalt der Mutter wohnen bleibe.

Ich fordere Dich hiermit auf, mir ab 01. 11. 1993 diese 800.– DM Unterhalt zu zahlen und mir dies bis spätestens 01. 09. 1993 mitzuteilen, da ich ansonsten klagen müßte.

Viele Grüße
Dein Norbert

Anlage 3

Rechtsanwalt München, den 24. 08. 1993
Dr. Klaus Klein
Sonnenstraße 24

Sehr geehrter Herr Kneissl,

unter Vollmachtsvorlage zeige ich an, daß mich ihr Vater mit der Wahrnehmung seiner Interessen beauftragt hat. Er bedauert sehr, daß sich die Unterhaltsfrage so zuspitzt, wobei er befürchtet, daß Sie sich von Ihrer Mutter zu dem ungerechtfertigten Begehren aufhetzen ließen.

Die Zahlung von Barunterhalt wird abgelehnt. Es ist zwar zutreffend, daß nach den einschlägigen Münchner Leitlinien der Unterhaltsbedarf eines Studenten, der noch bei einem Elternteil wohnt, 800.– DM beträgt. Nach dem Gesetz besteht aber nur ein Anspruch auf **eine** Ausbildung, die Sie mit Ihrer Lehre beendet haben (vgl. § 1610 II BGB). Mit der Finanzierung dieser Lehre ist die Ausbildungsverpflichtung Ihres Vaters beendet. Ihr Studium, das sie im übrigen auch nicht sofort an die Lehre anschlossen, ist eine Zweitausbildung, die von den Eltern nicht mehr bezahlt werden muß. Ergänzend ist darauf hinzuweisen, daß ansonsten auch Ihre Mutter anteilig für den Unterhalt haften würde. Es ist zwar richtig, daß ihr Selbstbehalt nach den Münchner Leitlinien gegenüber einem volljährigen Kind 1450.– DM beträgt. Ihre Mutter erhält aber von Ihrem Vater monatlich nicht nur 1320.– DM, sondern 2360.– DM. Ein Teil des Geldes ist zwar nach der einstweiligen Anordnung als Unterhalt für Ihre Geschwister Erika und Werner gedacht, der Unterhaltstitel lautet aber nur auf Ihre Mutter, so daß Ihr alleine der Unterhalt zusteht und Sie auch alleine darüber verfügen kann. Im übrigen haben Sie mit Ableistung des Wehrdienstes auf weiteren Barunterhalt verzichtet, nachdem ich Sie im Auftrag Ihres Vaters daruf hingewiesen hatte, daß Sie als Wehrpflichtiger nach der Rechtsprechung nicht mehr bedürftig sind.

Ein Unterhaltsanspruch entfällt ferner, weil Ihr Vater sein Unterhaltsbestimmungsrecht ausübt und sich verpflichtet, Ihnen Naturalunterhalt zu leisten. Sie können ebensogut in München studieren. Ihr Vater stellt Ihnen hiermit in seiner Wohnung ein Zimmer zur Verfügung, wird Sie verköstigen, die anfallenden Studienkosten begleichen und Ihnen ein angemessenes Taschengeld zahlen. Nachdem seit Ihrer Volljährigkeit die elterliche Sorge Ihrer Mutter beendet ist, kann Ihr Vater sein Unterhaltsbestimmungsrecht wieder ausüben. Er meint, Sie wären bei ihm sowieso besser aufgehoben.

Zuletzt möchte ich nur vorsorglich darauf hinweisen, daß wegen des bestehenden Unterhaltstitels aus der einstweiligen Anordnung vom 16. 05. 1988 nur eine Abänderungsklage für den 610.– DM übersteigenden Betrag in Betracht käme. Wie gesagt, besteht aber überhaupt kein Barunterhaltsanspruch, weshalb auch nichts mehr bezahlt wird.

Für eine Klage bin ich zustellungsbefugt.

Mit freundlichen Grüßen
Dr. Klein

Vermerk für den Bearbeiter

I. In einem Gutachten ist die Rechtslage darzustellen.[6] Sachbericht ist erlassen (Teil 1).

Es ist zutreffend, daß nach den für Augsburg und München geltenden unterhaltsrechtlichen Leitlinien des OLG München (Münchner Leitlinien Stand 01. 07. 1992) der Regelbedarfssatz eines volljährigen Studenten, der bei einem Elternteil wohnt, 800.– DM beträgt, und daß sich der Selbstbehalt des nichterwerbstätigen Verpflichteten gegenüber einem volljährigen Kind in der Regel auf 1450.– DM beläuft.[7]

II. Die Klage ist zu entwerfen (Teil 2).[8]

III. In einem Gutachten ist darzulegen, ob Norbert Kneissl für die Klage Prozeßkostenhilfe oder Prozeßkostenvorschuß beantragen kann und welche Schritte Rechtsanwalt Hummel dann unternehmen müßte (Teil 3).[9]

Ein Formular über die persönlichen und wirtschaftlichen Verhältnisse als Anlage zum Antrag auf Bewilligung einer Prozeßkostenhilfe wurde von Norber Kneissl bereits unterzeichnet. Das Einkommen eines Wehrpflichtigen liegt unter 850.– DM.

Lösungsvorschlag

Teil 1. Gutachten zur Rechtslage
I. Klageart[10]

Als Vorfrage ist zunächst zu prüfen, welche Klageart für das Begehren des Klägers zu wählen ist. In Betracht kommt eine Abänderungs-

---

[6] Im Gutachten ist die Rechtslage umfassend zu prüfen. Im Urteilsstil ist auf alle rechtliche relevanten sowie auf alle im Text angesprochenen Fragen einzugehen, wobei zunächst die Zulässigkeit und dann die Begründetheit abzuhandeln ist.

[7] vgl. Münchner Leitlinien (abgekürzt ML) Ziff. 2.7 b und 4.1 d. Die Münchner Leitlinien sind abgedruckt in FamRZ 1992, 648 ff. = NJW 1992, 1741 ff.

[8] Der Bearbeitervermerk: „Die Klage ist zu entwerfen" verlangt eine vollständige Klageschrift mit Rubrum, Antrag, Begründung (Tatsachenvortrag und rechtliche Ausführungen) und Unterschrift.

[9] Es handelt sich bei dieser Frage um die Prüfung eines wichtigen Teilaspektes der anwaltschaftlichen Tätigkeit, inwieweit bei erkennbar einkommensschwachen Mandanten die Kosten der Prozeßführung von der Staatskasse (vgl. § 122 ZPO) oder der Gegenpartei zu verauslagen sind. Gefordert ist ein Gutachten zu den Voraussetzungen von Prozeßkostenhilfe und Prozeßkostenvorschuß und die von Rechtsanwalt Hummel insoweit zu stellenden Anträge bzw. anzufertigenden Schriftsätze.

[10] Dem üblichen Aufbauschema für Urteile und Gutachten, wonach zunächst die Zulässigkeit und sodann die Begründetheit zu prüfen ist, sind häufig Vorfragen voranzustellen. Hierzu zählt bei einer Anwaltsklausur insbesondere die Klageart. Diese Frage ist bei normalen Zivilrechtsfällen meistens problemlos, bei Unterhaltsklagen

klage nach § 323 ZPO oder eine allgemeine Leistungsklage nach §§ 253, 258 ZPO.

Die Abänderungsklage verlangt als besondere Prozeßvoraussetzung[11] einen Unterhaltstitel nach §§ 323 I ZPO (Urteil) oder § 323 IV ZPO (Vergleich, vollstreckbare Urkunde, Titel im vereinfachten Verfahren oder beim Regelunterhalt nichtehelicher Kinder). Die einstweilige Anordnung auf Kindesunterhalt nach § 620 S. 1 Nr. 4 ZPO, bei der es sich um einen Titel nach § 794 I Nr. 3 ZPO handelt, gehört nicht zu den mit einer Abänderungsklage angreifbaren Titeln. Der Kläger kann daher sein Klagebegehren nur mit einer allgemeinen Leistungsklage nach §§ 253, 258 ZPO geltend machen.

II. Zulässigkeit der Klage

1. Zuständigkeit

Die sachliche Zuständigkeit richtet sich nach § 23 a Nr. 2 GVG, wobei es sich um eine ausschließliche Zuständigkeit handelt (§ 621 I ZPO),[12] die örtliche Zuständigkeit nach §§ 621 II 2, 12, 13 ZPO. Zuständig ist somit das Amtsgericht München, da der Beklagte dort seinen Wohnsitz hat. Die ausschließliche Zuständigkeit des Amtsgerichts Augsburg galt nach § 621 II 1 ZPO nur für die Dauer des Scheidungsverfahrens.

Innerhalb des Amtsgerichts ist nach § 23 b I Nr. 5 GVG das Familiengericht zuständig.

---

dagegen von erheblicher Bedeutung, soweit bereits ein Unterhaltstitel vorliegt. Es kommen dann verschiedene Klagearten in Betracht, die sich gegenseitig ausschließen. Abgrenzungskriterien sind erstens, wer gegen den Titel vorgeht, zweitens, um welchen Titel es sich handelt, drittens, was gegen den Titel vorgebracht wird. Soweit wie in unserem Fall der Unterhaltsberechtigte Unterhalt begehrt, kommt als Klageart nur die Abänderungsklage nach § 323 ZPO oder die allgemeine Leistungsklage nach §§ 253, 258 ZPO in Betracht. Zu den schwierigen Abgrenzungsfragen, deren Problematik in Klausuren vielfach nicht erkannt wurde, vgl. eingehend von Heintschel-Heinegg/Gerhardt, Materielles Scheidungsrecht, 2. Aufl., § 2 Rdnr. 458 ff.

[11] Zu den neben den allgemeinen Prozeßvoraussetzungen bei einer Abänderungsklage nach § 323 ZPO notwendigen besonderen Prozeßvoraussetzungen (Titel nach § 323 I, IV ZPO, Parteiidentität, Behauptung einer wesentlichen Änderung der Verhältnisse) vgl. Thomas-Putzo, § 323 Rdnr. 16 ff.; Zöller-Vollkommer, § 323 Rdn. 24 ff., von Heintschel-Heinegg/Gerhardt, § 2 Rdnr. 485 ff.

[12] Bei der sachlichen Zuständigkeit von Unterhaltsklagen wird vielfach zu Unrecht § 23 b I Nr. 5, 6 GVG oder § 621 I ZPO zitiert. Dies ist falsch. Die sachliche Zuständigkeit ergibt sich allein aus § 23 a Nr. 2 GVG. Bei § 23 b GVG handelt es sich nur um eine gesetzlich normierte Geschäftsverteilungsregelung (Thomas-Putzo, § 23 b GVG Rdnr. 3), während § 621 ZPO die abschließende Aufzählung aller sonstigen Familiensachen neben den Ehesachen (§ 606 I ZPO) und die Ausschließlichkeit der Zuständigkeiten regelt. Für die sachliche Zuständigkeit besteht dabei immer eine ausschließliche Zuständigkeit (§ 621 I ZPO), für die örtliche Zuständigkeit dagegen nur unter den Voraussetzungen des § 621 II 1 ZPO. Zum Verhältnis der Zuständigkeitsbestimmungen vgl. auch BGH NJW 1978, 1531 ff.

2. Rechtsschutzbedürfnis

Die einstweilige Anordnung vom 16. 05. 1988 beseitigt das Rechtsschutzbedürfnis für die Klage nicht.[13] Der Titel wurde für den damals noch minderjährigen Kläger von seiner Mutter nach § 1629 III 1 BGB im Wege der gesetzlichen Prozeßstandschaft erlangt[14] und wirkt nach § 1629 III 2 BGB damit auch für den Kläger.[15] Die einstweilige Anordnung trat bisher mangels anderer Entscheidung nicht nach § 620 f ZPO außer Kraft,[16] wirkt also über die Scheidung hinaus fort, unabhängig davon, ob der Beklagte daraus derzeit dem Kläger Unterhalt zahlt.[17] Als Titel aus einem summarischen Verfahren beseitigt die einstweilige Anordnung aber nie das Rechtsschutzbedürfnis für einen Titel in einem Hauptsacheverfahren.[18]

3. Ordnungsgemäße Klageerhebung

a) Wie aus § 621 a I ZPO[19] zu entnehmen ist, gelten für Unterhaltsverfahren (§ 621 I Nr. 4, 5 ZPO) die allgemeinen ZPO-Bestimmungen, so daß ein ordnungsgemäßer Klageantrag nach § 253 ZPO zu erheben ist. Es besteht hierbei für isolierte Unterhaltsklagen[20] nach § 78 II Nr. 2 ZPO keine Anwaltspflicht.[21] Gemäß § 78 I ZPO[22] kann

---

[13] Die Frage des Rechtsschutzbedürfnisses wird von Klausurbearbeitern häufig mit der Frage der Erfolgsaussicht oder Notwendigkeit einer Klage verwechselt. Das Rechtsschutzbedürfnis betrifft allein das berechtigte Interesse des Klägers, zur Erreichung der begehrten Forderung das Gericht in Anspruch zu nehmen. Es entfällt ausnahmsweise, wenn das Urteil nicht benötigt wird, weil das angestrebte Ziel einfacher zu erreichen ist (vgl. insgesamt Thomas-Putzo, Vor § 253 Rdnr. 26). Letzteres ist hier zu prüfen, weil in Höhe von 610.– DM bereits ein Unterhaltstitel für den Kläger vorliegt.

[14] Zur Prozeßstandschaft vgl. Thomas-Putzo, § 51 Rdnr. 21 ff.

[15] Palandt-Diederichsen, § 1629 Rdnr. 34.

[16] Die einstweilige Anordnung soll eine lückenlose Regelung ermöglichen und tritt damit nicht mit der Scheidung außer Kraft, sondern nur bei Wirksamwerden einer anderweitigen Regelung, d. h. einer Entscheidung in der Hauptsache, sowie bei Rücknahme, Hauptsacheerledigung oder Klageabweisung.

[17] Die Frage, ob aus einem Unterhaltsanspruch noch zu zahlen ist oder aus einem Unterhaltstitel noch vollstreckt werden kann (vgl. §§ 757, 775, 776 ZPO), wird in Klausuren oft vermengt. § 620 f ZPO regelt, daß der Vollstreckungstitel noch gilt.

[18] Thomas-Putzo, § 620 Rdnr. 5.

[19] Zu den Besonderheiten der Verfahren in Familiensachen gehören die unterschiedlichen Verfahrensordnungen, die heranzuziehen sind (vgl. §§ 608, 621 a, 621 b ZPO). Unterhaltsklagen bleiben reine ZPO-Verfahren.

[20] d. h. Klagen außerhalb des Scheidungsverbundes.

[21] Die Frage der Postulationsfähigkeit wird in Klausuren immer wieder an falscher Stelle behandelt. Sie gehört zur ordnungsgemäßen Klageerhebung, da bei fehlender Postulationsfähigkeit keine wirksame Prozeßhandlung (= Klage) vorliegt (Thomas-Putzo, § 253 Rdnr. 19).

[22] Soweit Anwaltspflicht besteht, kann immer nur der beim betreffenden Gericht zugelassene Anwalt wirksame Prozeßhandlungen vornehmen (§ 78 I ZPO).

somit Rechtsanwalt Hummel auch vor dem Amtsgericht in München auftreten; es muß kein beim Landgericht in München zugelassener Rechtsanwalt eingeschaltet werden.

b) Eine Klage auf künftige wiederkehrende Leistung ist nach § 258 ZPO zulässig.

c) Wegen der weiterhin bestehenden Vollstreckungsmöglichkeit aus der einstweiligen Anordnung (vgl. oben 2) hätte der Kläger zwar die Möglichkeit, nur den Differenzbetrag zwischen dem in der einstweiligen Anordnung festgelegten Betrag von 610.– DM und dem von ihm jetzt begehrten Unterhalt von 800.– DM einzuklagen.[23] Nachdem der Titel aus einstweiliger Anordnung aber immer nur eine vorläufige Vollstreckungsmöglichkeit gibt, im Gegensatz zum Hauptsachetitel also nie das Bestehen eines Unterhaltsanspruchs feststellt,[24] und der Beklagte jegliche Unterhaltzahlung verweigert, ist eine derartige Begrenzung des Klageantrags nicht zu empfehlen, sondern die Hauptsacheklage auf den gesamten begehrten Unterhalt zu richten.[25] Denn nur mit diesem Antrag kann der volle Unterhaltsbedarf des Klägers mit Rechtskraftwirkung geklärt werden.

4. Sonstige prozessuale Fragen

Die Gerichtsferien[26] können nur Fristen hemmen,[27] hindern also nicht die Einreichung einer Klageschrift, § 223 I 1 ZPO. Bei der Unterhaltsklage handelt es sich kraft Gesetzes um eine Feriensache (§ 200 II Nr. 5 a GVG), so daß nach Zustellung der Klage durch das Gericht Ladungs- (§ 217 ZPO) und Einlassungsfristen[28] (§ 277 III ZPO) sofort zu laufen beginnen.

Besteht hingegen keine Anwaltspflicht, kann jeder, d. h. auch ein auswärtiger Anwalt tätig werden.

[23] Klageantrag: Der Beklagte wird verurteilt, über den durch einstweilige Anordnung des Amtsgerichts Augsburg, Familiengericht – Az.: 80 F 93/88 – vom 16. 05. 1988 festgelegten Unterhalt von 610.– DM hinaus weitere 190.– DM ab 01. 11. 1993 zu zahlen.

[24] BGH FamRZ 1984, 767 ff. = NJW 1984, 2095 ff.; Thomas-Putzo, § 620 Rdnr. 3; Palandt-Thomas, § 812 Rdnr. 69; eingehend von Heintschel-Heinegg/ Gerhardt, § 2 Rdnr. 418 ff.

[25] Anders wäre die Frage zu beurteilen, wenn der Beklagte weiterhin in Höhe von 610.– DM Unterhalt leisten und den Unterhaltsanspruch in dieser Höhe auch nicht in Frage stellen würde, da dann bei Erhebung der Klage auf den vollen Unterhaltsbetrag von 800.– DM die Gefahr eines Teilanerkenntnisses mit der Kostenfolge des § 93 ZPO droht (vgl. Thomas-Putzo, § 93 Rdnr. 7)

[26] vom 15. 7. bis 15. 09., vgl. § 199 GVG.

[27] Viele Bearbeiter verwenden in Klausuren häufig falsche Rechtsbegriffe und verwechseln Hemmung und Unterbrechung einer Frist. Bei Hemmung läuft die Frist mit Beseitigung des Hindernisses weiter (vgl. § 223 I 2 ZPO, § 205 BGB), bei Unterbrechung beginnt die Frist neu (vgl. § 217 BGB).

[28] In Klausuren wird vielfach nicht zwischen Ladungs- und Einlassungsfrist unterschieden und dadurch bei der Frage, ob das Verfahren entscheidungsreif ist,

III. Begründetheit der Klage[29]

1. Unterhaltstatbestand

Aufgrund des Verwandtschaftsverhältnisses der Parteien besteht nach § 1601 BGB ein Unterhaltstatbestand.[30]

2. Bedürftigkeit

Die Bedürftigkeit des Klägers als Volljähriger in Ausbildung richtet sich nach §§ 1602 I, 1610 II BGB.[31] Nach § 1610 II BGB hat jedes Kind gegen seine Eltern einen Anspruch auf eine angemessene Ausbildung nach der Begabung und den Fähigkeiten, dem Leistungswillen und den beachtenswerten Neigungen, wobei sich die Finanzierung in den Grenzen der wirtschaftlichen Leistungsfähigkeit halten muß.[32] Es besteht hierbei jedoch nur Anspruch auf eine und nicht auf zwei Ausbildungen. Ersteres ist bei dem Studium des Klägers aber gegeben; denn es handelt sich um eine Weiterbildung und nicht um eine Zweitausbildung. Der Begriff „eine Ausbildung" bezieht sich auf den gesamten Ausbildungsweg, auch wenn er mehrere Ausbildungsabschnitte umfaßt. Nach dem BGH[33] liegt eine Weiterbildung auf-

---

Fehler gemacht. Die Ladungsfrist nach § 217 ZPO betrifft nur die Frage, ob die Partei rechtzeitig zum Termin geladen wurde (Dauer bei Anwaltsprozessen: 1 Woche); die Einlassungsfrist nach § 277 III ZPO regelt die dem Beklagten gewährte Frist zur Klageerwiderung (Dauer: mindestens 2 Wochen).

[29] Der genaue Aufbau eines Unterhaltsanspruchs bereitet Schwierigkeiten, weil die einzelnen Bestandteile des Anspruchs teilweise in mehreren Paragraphen geregelt sind. Zu prüfen sind beim Unterhaltsanspruch immer der Tatbestand als Anspruchsvoraussetzung, die Bedürftigkeit, die Höhe und die Leistungsfähigkeit sowie im Einzelfall unter Umständen Zusatzfragen (z. B. Verzug beim Unterhalt für die Vergangenheit). Diese verschiedenen Prüfungskriterien untergliedern sich wieder in weitere Einzelfragen, z. B. die Unterhaltshöhe beim Kindesunterhalt in die Unterhaltsart, das Unterhaltsbestimmungsrecht, die Unterhaltsbemessung und die Elternhaftung. Nur wenn der Unterhaltsanspruch genau aufgebaut wird, können die oft sehr schwierigen Einzelfragen richtig erkannt, eingeordnet und gelöst werden; vgl. hierzu eingehend von Heintschel-Heinegg/Gerhardt, § 2 Rdnr. 5 ff. (allgemein) und Rdn. 61 (Kindesunterhalt).

[30] Der Unterhaltstatbestand besteht lebenslang (BGH FamRZ 1984, 682 f.). Das Regulativ des Anspruchs ergibt sich aus der Bedürftigkeit und der Leistungsfähigkeit. Fehlerhaft ist es daher, die Frage des Ausbildungsanspruchs beim Tatbestand abzuhandeln.

[31] Im Gegensatz zum Minderjährigen ist der Volljährige grundsätzlich für sich selbst verantwortlich, so daß ein Unterhaltsbedarf nur im Ausnahmefall besteht, z. B. weil die Ausbildung noch nicht abgeschlossen ist (s. näher von Heintschel-Heinegg/Gerhardt, § 2 Rdnr. 68 ff.). Das Problem, ob der Kläger noch einen Ausbildungsanspruch für sein geplantes BWL-Studium hat, war daher hier zu prüfen.

[32] BGH FamRZ 1977, 629 ff. = NJW 1977, 1774 ff.

[33] BGH FamRZ 1989, 853 ff.; allgemein zum Ausbildungsanspruch Palandt-Diederichsen, § 1610 Rdnr. 37 ff.; von Heintschel-Heinegg/Gerhardt, § 2 Rdnr. 74 ff; Seidl, Familienrecht, 3. Aufl., S. 89 ff.

grund des geänderten Ausbildungsverhaltens junger Leute vor, wenn der Ausbildungsweg Schule – Lehre – Studium eingeschlagen wird, wobei zwischen Lehre und Studium ein enger sachlicher und zeitlicher Zusammenhang bestehen muß. Beides ist beim Kläger gegeben. Banklehre und BWL-Studium gehen in die gleiche Ausbildungsrichtung. Die Unterbrechung zwischen Lehre und Studium aufgrund Ableistung des Wehrdienstes beseitigt den zeitlichen Zusammenhang dieser Ausbildungsabschnitte nicht, da der Kläger insoweit nur seiner staatsbürgerlichen Pflicht nachkam.

3. Höhe[34]

a) Der Kindesunterhalt kann nach § 1612 I BGB entweder durch eine Geldrente oder durch Naturalleistung erbracht werden.

Bei der Unterhaltshöhe ist deshalb zunächst zu prüfen, ob der Beklagte wie von ihm angeboten den Unterhalt durch Naturalleistung erfüllen kann. Dies richtet sich nach dem Unterhaltsbestimmungsrecht gemäß § 1612 II BGB.[35] Das Unterhaltsbestimmungsrecht steht den Eltern auch gegenüber unverheirateten volljährigen Kindern zu, wenn sie auf Unterhalt in Anspruch genommen werden (§ 1612 II 1 BGB). Nachdem mit der Volljährigkeit des Klägers die elterliche Sorge seiner Mutter erlosch, kann damit grundsätzlich der Beklagte das Unterhaltsbestimmungsrecht wieder ausüben. Die Bestimmung ist dabei nicht deshalb unwirksam, weil sie aus tatsächlichen oder rechtlichen Gründen nicht durchführbar ist;[36] denn es ist davon auszugehen, daß der Kläger auch in München Betriebswirtschaft studieren könnte; nach dem Vortrag des Beklagten würde er ihm auch ausreichenden Wohnraum und Verpflegung zu Verfügung stellen, seine Studienkosten tragen und ein Taschengeld geben. Unverträglichkeiten im Zusammenleben des Klägers mit dem Beklagten, insbesondere wegen dessen Freundin Fräulein Röder, beseitigen die Wirksamkeit des Unterhaltsbestimmungsrechts zunächst nicht, sondern eröffnen dem Kläger lediglich die Möglichkeit, beim Vormundschaftsgericht eine Abänderung der Unterhaltsbestimmung seines Vaters zu beantragen, § 1612 II 2 BGB.[37] Die Unterhaltsbestimmung des Beklagten ist hier aber deswegen unwirksam, weil sie schutzwürdige Belange des anderen Elternteils (Mutter

---

[34] Bei der Unterhaltshöhe sind die vom Beklagten vorprozessual angeschnittenen Fragen Leistung durch Naturalunterhalt, Unterhaltsbestimmungsrecht und Mithaftung der Mutter des Klägers einzuordnen.

[35] Soweit eine wirksame Unterhaltsbestimmung durch Naturalleistung angeboten und vom Kind nicht angenommen wird, erlischt der Unterhaltsanspruch; vgl. Palandt-Diederichsen, § 1612 Rdnr. 13.

[36] Palandt-Diederichsen, § 1612 Rdnr. 13.

[37] Palandt-Diederichsen, § 1612 Rdnr. 16.

des Klägers) berührt.[38] Zwar steht mit Erreichen der Volljährigkeit das Unterhaltsbestimmungsrecht wieder beiden Elternteilen zu, während es beim minderjährigen Kind ab Scheidung nach § 1631 I BGB nur der Sorgeberechtigte hat; der Sorgeberechtigte übt dabei seine Unterhaltsbestimmung in der Regel immer durch Gewährung von Naturalunterhalt aus, während der andere Elternteil den Barunterhalt erbringen muß (vgl. § 1606 III 2 BGB). Bleibt das Kind bei dem Elternteil, der die elterliche Sorge hatte, über die Volljährigkeit hinaus wohnen, weil es auch dort seiner Ausbildung nachgehen kann, würden schutzwürdige Belange dieses Elternteils berührt; denn statt wie bisher Naturalunterhalt, den jetzt der andere Elternteil leistet, müßte er plötzlich Barunterhalt zahlen, obwohl sich an den tatsächlichen Verhältnissen durch die Volljährigkeit nichts änderte. Nachdem der Kläger weiterhin bei seiner Mutter wohnen kann, die Mutter dies auch will und er in Augsburg einen Studienplatz hat, ist der Beklagte daher wie bisher zur Zahlung von Barunterhalt verpflichtet, während die Mutter den Naturalunterhalt (mietfreies Wohnen) leistet.

b) Die Unterhaltshöhe beläuft sich auf 800.– DM, § 1610 I BGB. Denn nach dem Sachvortrag der Parteien ist dies der Bedarf eines Studenten, der noch bei einem Elternteil wohnt.

c) Eine anteilige Haftung der Mutter des Klägers an diesem Unterhaltsbetrag entfällt. Nach § 1606 III 1 BGB haften die Eltern zwar bei Volljährigen anteilig für den Unterhalt entsprechend ihrem Einkommen.[39] Die Mutter des Klägers ist aber nicht leistungsfähig,[40] da ihr Einkommen unter dem Selbstbehalt[41] von 1450.– DM liegt.[42] Denn sie erhält aus der einstweiligen Anordnung vom 16. 05. 1988 für sich nur einen Unterhalt von 1320.– DM. Der für die beiden weiteren Kinder Erika und Werner vom Beklagten gezahlte Unterhalt von 1040.– DM ist Kindes- und kein Ehegattenunterhalt, also nicht dem

---

[38] BGH FamRZ 1988, 831 ff. = NJW 1988, 1974 ff.; Palandt-Diederichsen, § 1612 Rdnr. 8; eingehend v. Heintschel-Heinegg/Gerhardt, § 2 Rdnr. 86 ff.

[39] Ein schwerer Fehler liegt vor, wenn statt anteiliger Haftung eine Gesamtschuld angenommen wird. Beim **minderjährigen** Kind ist dabei nach § 1606 III 2 BGB bei Trennung und Scheidung der Eltern in der Regel von der Gleichwertigkeit von Bar- und Naturalunterhalt auszugehen, während beim **volljährigen** Kind nach § 1606 III 1 BGB stets die Haftungsanteile zu berechnen sind.

[40] § 1603 I BGB

[41] Der Selbstbehalt ist der eigene Unterhaltsbedarf des Verpflichteten. Hierbei wird wegen § 1603 II BGB beim Kindesunterhalt unterschieden zwischen dem angemessenen Selbstbehalt gegenüber dem Volljährigen und dem notwendigen Selbstbehalt gegenüber dem Minderjährigen; vgl. Palandt-Diederichsen, § 1603 Rdnr. 8; von Heintschel-Heinegg/Gerhardt, § 2 Rdnr. 120; Seidl, s. 109.

[42] Zur Berechnung der anteiligen Haftung, falls das Einkommen der Mutter des Klägers über dem Selbstbehalt liegt, BGH FamRZ 1988, 1039 ff.; ML 2.7 f; ausführlich von Heintschel-Heinegg/Gerhardt, § 2 Rdnr. 113 ff.

Einkommen der Mutter zuzurechnen. Dem steht nicht entgegen, daß der Titel aus der einstweiligen Anordnung nur auf die Mutter lautete. Denn für die Kinder Werner und Erika wurde dieser Titel (ebenso wie für den Kläger) von der Mutter nur im Wege der gesetzlichen Prozeßstandschaft, die nach § 1629 III 1 BGB für den Kindesunterhalt Minderjähriger während des Getrenntlebens besteht, erlangt, d. h. es wurde von der Mutter des Klägers nur ein fremdes Recht im eigenen Namen geltend gemacht.

4. Leistungsfähigkeit

Auch unter Berücksichtigung des vom Beklagten an seine geschiedene Frau und seine beiden minderjährigen Kinder Erika und Werner geleisteten Unterhalts bleibt der Beklagte bei einem Einkommen von 6000.– DM netto für den Unterhalt des Klägers nach § 1603 I BGB leistungsfähig. Daß die Mutter des Klägers und seine beiden minderjährigen Geschwister nach § 1609 I, II BGB vorrangig sind, spielt dabei keine Rolle, da Rangfragen nur zu prüfen sind, wenn der Unterhaltsverpflichtete nicht in vollem Umfang leistungsfähig ist, § 1609 I 1 BGB.[43]

5. Zusatzfragen:

Nach dem Sachvortrag des Klägers kam es zu keinem Unterhaltsverzicht während seiner Bundeswehrzeit.[44] Beweispflichtig hierfür wäre der Beklagte.[45] Die Frage kann aber letztlich offen bleiben, da auf künftigen Kindesunterhalt nach § 1614 I BGB nicht verzichtet werden kann, sodaß ein eventueller Verzicht nach § 134 BGB nichtig wäre.

Der Unterhalt ist nach § 1612 III 1 BGB monatlich im voraus zu zahlen.

IV. Ergebnis:[46]

Es ist eine Klage beim Amtsgericht München, Familiengericht, auf einen monatlichen Unterhalt von 800.– DM ab 01. 11. 1993 zu erheben.

---

[43] Sogenannter Mangelfall.

[44] Nach dem vorprozessualem Schriftverkehr ist dies der einzige streitige Sachverhalt.

[45] Auf Beweislastfragen ist bei Anwaltsfällen immer genau zu achten, was in Klausuren häufig übersehen wird. Ein Beweisangebot erübrigt sich wie in unserem Fall nur, wenn die Frage rechtlich nicht relevant ist.

[46] Im Gegensatz zu einem Gutachten für eine gerichtliche Entscheidung, in dem auch ohne näheren Hinweis im Bearbeitervermerk stets ein Entscheidungsvorschlag zu erstellen ist, verlangt ein Gutachten zur Vorbereitung der Tätigkeit des Anwalts nur eine Zusammenfassung des Ergebnisses ohne Klageentwurf oder Klageantrag.

Teil 2. Klageschrift

Bernd Hummel   Augsburg, den . . .
Rechtsanwalt
Herrenstraße 43

An das
Amtsgericht München
– Familiengericht –

Klage

In Sachen
Norbert Kneissl, Landsberger Straße 24, 90123 Augsburg   – Kläger –
Prozeßbevollmächtigter:
Rechtsanwalt Bernd Hummel, 90215 Herrenstraße 43, Augsburg

gegen

Rudolf Kneissl, Sollner Straße 34, 81825 München   – Beklagter –
Prozeßbevollmächtigter:
Rechtsanwalt Dr. Klaus Klein, Sonnenstraße 24, 80574 München
wegen Unterhalt
Streitwert: 9600.– DM[47]

Namens und im Auftrag des Klägers erheben wir hiermit Klage zum
Amtsgericht München, Familiengericht, mit dem

Antrag:

I.   Der Beklagte wird verurteilt, an den Kläger ab 01. 11. 1993 einen
     monatlich im voraus fälligen Unterhalt von 800.– DM zu bezah-
     len.[48]
II. Der Beklagte trägt die Kosten des Rechtsstreits.
III. Das Urteil ist vorläufig vollstreckbar.[49]

Für den Fall schriftlichen Vorverfahrens wird bereits jetzt Antrag
auf Erlaß eines Versäumnisurteils beantragt, wenn der Beklagte nicht
rechtzeitig anzeigt, daß er sich verteidigen will.[50]

---

[47] Zum Rubrum vgl. Böhme-Fleck-Bayerlein, S. 22 sowie allgemein Klausur 1
Anm. 14. Das Rubrum ist sorgfältig zu erstellen, da sonst keine wirksame Klage vorliegt, vgl. § 253 II ZPO. Das anzugehende Gericht ist richtig zu bezeichnen sowie
die sich aus dem Text ergebenden Personalien und Adressen der Parteien und Prozeßbevollmächtigten genau anzuführen; der Prozeßbevollmächtigte des Beklagten
ist im Rubrum der Klage anzugeben, da er bereits seine Klagevollmacht mitgeteilt
hat und die Klage daher an ihn zuzustellen ist (§ 176 ZPO). Der Streitwert ergibt sich
aus § 17 I GKG.

[48] Notwendiger Inhalt der Klageschrift, § 253 II ZPO.

[49] Die Anträge zu den Kosten und zur vorläufigen Vollstreckbarkeit sind an sich
entbehrlich, da das Gericht hierüber von Amts wegen zu entscheiden hat (§§ 308 II,
708, 709 ZPO), aber in der Praxis üblich.

[50] Da allein das Gericht die Wahl hat, frühen ersten Termin anzuordnen oder

Begründung:[51]

Der am 10. 06. 1970 geborene Kläger ist der Sohn des Beklagten. Die Ehe des Beklagten mit der Mutter des Klägers wurde vom Familiengericht Augsburg am 20. 01. 1990 geschieden. Im Rahmen des Scheidungsverfahrens erließ das Familiengericht Augsburg am 16. 05. 1988 eine einstweilige Anordnung, in der der Beklagte verurteilt wurde, an den Kläger einen Unterhalt von 610.– DM, an die Mutter des Klägers von 1320.– DM sowie an die beiden noch minderjährigen Geschwister des Klägers Erika und Werner von jeweils 520.– DM zu bezahlen.

Beweis: einstweilige Anordnung vom 16. 05. 1988 (Anlage 1)[52]

Sonstige Unterhaltstitel bestehen nicht. Der Kläger absolvierte nach seinem Abitur zunächst eine Banklehre und leistete sodann seinen Wehrdienst ab, aus dem er Ende September entlassen wird. Seit Beginn des Wehrdienstes zahlt der Beklagte für ihn keinen Unterhalt mehr. Ab 01. 11. 1993 beginnt er in Augsburg Betriebswirtschaft zu studieren, wobei er bereits einen Studienplatz gefunden hat und aus finanziellen Gründen weiterhin bei seiner Mutter in Augsburg wohnt. Das Studium der Betriebswirtschaft ist eine Fortsetzung der vom Kläger von Anfang an geplanten beruflichen Ausbildung, über die der Beklagte immer informiert war und die er auch gut geheißen hat. Ab Beginn des Studiums verfügt der Kläger über keinerlei Einkommen; er kann auch kein BAföG erhalten wegen des guten Einkommens des Beklagten. Der Beklagte hat ein Nettoeinkommen von 6000.– DM, erhält zusätzlich das Kindergeld und ist neben dem Kläger nur noch seiner geschiedenen Frau mit derzeitlich monatlich 1320.– DM sowie seinen beiden minderjährigen Kindern Erika und Werner mit monatlich zusammen 1040.– DM unterhaltsverpflichtet. Die Mutter des Klägers verfügt außer dem vom Beklagten gezahlten Unterhalt von 1320.– DM über kein weiteres Einkommen. Sie möchte, daß der Kläger weiterhin wie bisher bei ihr wohnen bleibt. Trotz Aufforderung des Klägers mit Schreiben vom 02. 08. 1993 lehnte der Beklagte mit anwaltschaftlichen Schreiben vom 24. 08. 1993 jegliche Leistung von Barunterhalt ab.[53]

---

schriftliches Vorverfahren zu bestimmen (§ 272 II ZPO) und ein Versäumnisurteil nur auf Antrag ergeben kann, ist vorsorglich für den Fall des schriftlichen Vorverfahrens Antrag auf Erlaß eines Versäumnisurteils zu stellen, vgl. §§ 276 I 1, 331 III ZPO.

[51] Die Begründung unterteilt sich in den Tatsachenvortrag und die rechtlichen Ausführungen. Zum notwendigen Inhalt gehört dabei nur der Tatsachenvortrag, vgl. § 253 IV, 130 Nr. 3, 4 ZPO.

[52] Die Vorlage des Unterhaltstitels und des bisherigen Schriftwechsels ist nach § 131 ZPO vorgeschrieben. Urkundsbeweis wird im übrigen nur durch Vorlage der Urkunde angetreten (§ 420 ZPO).

[53] Tatsachen, die zur Begründung des Antrags dienen und tatsächliche Behaup-

Beweis: Schreiben vom 02. 08. 1993 (Anlage 2)
Schreiben vom 24. 08. 1993 (Anlage 3)[52]

Der Beklagte ist für den Kläger nach wie vor unterhaltsverpflichtet, da es sich bei dem Studium nach der Rechtsprechung um eine Weiterbildung und nicht um eine Zweitausbildung handelt (BGH FamRZ 1989 S. 853 ff.). Nach den Münchner Leitlinien besteht für einen volljährigen Studenten, der im Haushalt eines Elternteils wohnt, ein Unterhaltsbedarf von 800.– DM. Diesen Unterhalt muß der Beklagte auch durch eine Geldrente leisten, da seine Unterhaltsbestimmung auf Naturalunterhalt unwirksam ist. Nachdem der Kläger bisher seit Trennung der Parteien immer bei der Mutter lebte, dort weiterhin wohnt und in Augsburg einen Studienplatz bekam, würde eine Abänderung der bisherigen Unterhaltsbestimmung schutzwürdige Interessen der Mutter des Klägers verletzen und ist damit unwirksam (BGH FamRZ 1988 S. 831 ff.). Eine anteilige Haftung der Mutter des Klägers am Unterhaltsbedarf von 800.– DM nach § 1606 III 1 BGB besteht nicht, da die Mutter lediglich ein Einkommen von 1320.– DM, also unter dem Selbstbehalt von 1450.– DM hat und damit nicht leistungsfähig ist. Außerdem wohnt der Kläger bei ihr mietfrei. Der Kläger hat entgegen den Behauptungen des Beklagten auch nie auf Unterhalt verzichtet, sondern lediglich während seines Wehrdienstes auf Verlangen des Beklagtenvertreters seinen Unterhaltsanspruch nicht geltend gemacht; ein Verzicht wäre im übrigen nach §§ 1614, 134 BGB nichtig.[54]

Nachdem das Studium des Klägers bereits am 01. 11. 1993 beginnt, wird um Anberaumung eines nahen Termins gebeten.

Bernd Hummel[55]
(Rechtsanwalt)

---

tungen des Gegners sind im vorliegenden Fall zur Klageart und zur Zulässigkeit (Rechtsschutzbedürfnis) die Angabe des bestehenden Unterhaltstitels (die einstweilige Anordnung vom 16. 05. 1988), zur Begründetheit Angaben zum Unterhaltstatbestand (Klage Sohn–Vater), zur Bedürftigkeit (Alter des Klägers; bisheriger Ausbildungsweg und geplantes Ausbildungsziel; Angaben zum eigenen Einkommen), zur Höhe (Angaben zum bisherigen Aufenthaltsort und zum Willen der Mutter, daß der Kläger weiterhin bei ihr wohnt, für Unterhaltsart und Unterhaltsbestimmungsrecht; Einkommensverhältnisse Beklagter und Mutter des Klägers für die Berechnung des Haftungsanteils) und zur Leistungsfähigkeit (Einkommensverhältnisse des Beklagten).

[54] Rechtliche Ausführungen sind zweckmäßig und üblich, nach dem Gesetz aber nicht zwingend erforderlich (vgl. § 130 ZPO). Es empfiehlt sich aber, alle wichtigen Fragen zur Begründetheit kurz anzusprechen.

[55] Die Klage muß die eigenhändige Unterschrift des Rechtsanwalt enthalten, da es sich um einen bestimmenden Schriftsatz handelt (Thomas-Putzo, § 253 Rdnr. 14.)

Teil 3. Gutachten zur Prozeßkostenhilfe und zum Prozeßkosten-vorschuß

I. Prozeßkostenhilfe

Sachliche Voraussetzung[56] der Gewährung einer Prozeßkostenhilfe ist nach § 114 ZPO, daß der Kläger bedürftig ist und die beabsichtigte Rechtsverfolgung eine Erfolgsaussicht bietet und nicht mutwillig erscheint.

Erfolgsaussicht ist gegeben, da der Kläger einen Unterhaltsanspruch in Höhe von 800.– DM gegen den Beklagten hat (vgl. Teil 1).

Die Klage ist auch nicht mutwillig; zwar könnte man davon ausgehen, daß wegen des nach wie vor bestehenden Unterhaltstitels aus der einstweiligen Anordnung nur ein Titel für den Differenzbetrag zwischen einstweiliger Anordnung über 610.– DM und neuen Bedarf von 800.– DM erforderlich ist. Nachdem der Kläger aber jegliche Unterhaltsverpflichtung bestreitet, und die einstweilige Anordnung nur eine vorläufige Vollstreckungsmöglichkeit bietet, ohne einen Rechtsgrund für den darin festgelegten Unterhalt zu bilden, ist für den Kläger zur Wahrung der Rechtssicherheit ein Hauptsachetitel für den gesamten Unterhalt erforderlich (vgl. Teil 1).

Der Kläger hat als Wehrpflichtiger nur ein Einkommen unter 850.– DM (vgl. Tabelle zu § 114 ZPO Gruppe 0), nach Beendigung des Wehrdienstes verfügt er über kein Einkommen mehr. Trotzdem kann eine Bedürftigkeit entfallen, wenn der Kläger gegen den Beklagten einen Anspruch auf Prozeßkostenvorschuß hat; denn dieser Unterhaltsanspruch geht der staatlichen Hilfe als Vermögen i. S. des § 115 II ZPO vor.[57] Es ist daher zunächst zu prüfen, inwieweit ein Anspruch des Klägers auf Prozeßkostenvorschuß besteht.

II. Prozeßkostenvorschuß

Der Prozeßkostenvorschuß ist im Gesetz nur beim Ehegattenunterhalt und dort nur beim Familienunterhalt in § 1360a IV BGB geregelt, wobei er nach § 1361 IV 4 BGB auch beim Trennungsunterhalt verlangt werden kann, beim nachehelichen Unterhalt dagegen mangels gesetzlicher Bestimmung nicht. Beim Kindesunterhalt findet sich keine Regelung des Prozeßkostenvorschusses. Wegen der Sonderbestimmung des § 1360a IV BGB und weil es sich um keinen außergewöhnlichen unregelmäßigen Bedarf handelt, kann eine Verpflichtung

---

[56] Zu den formellen Voraussetzungen der Prozeßkostenhilfe, die nicht zu prüfen waren, vgl. § 117 ZPO.

[57] Thomas-Putzo, § 115 Rdnr. 17; Palandt-Diederichsen, § 1360a Rdnr. 11; Seidl, S. 93; von Heintschel-Heinegg/Gerhardt, § 2 Rdnr. 242.

zum Prozeßkostenvorschuß auch nicht aus der Bestimmung über den Sonderbedarf (§ 1613 II 1 BGB) hergeleitet werden.[58] Es ist daher zu prüfen, ob eine analoge Anwendung des § 1360 a IV BGB in Betracht kommt. Während nach der Rechtsprechung und Literatur beim Unterhalt minderjähriger Kinder eine analoge Anwendung des § 1360 a IV BGB bejaht wird, da insoweit eine vergleichbare Verantwortung des Leistungsverpflichteten wie beim Familien- und Trennungsunterhalt besteht,[59] ist es beim Unterhalt volljähriger Kinder sehr umstritten, ob § 1360 a IV BGB entsprechend herangezogen werden kann. Eine analoge Anwendung käme in Betracht, wenn der Prozeßkostenvorschuß nach § 1610 II BGB zum Lebensbedarf eines Volljährigen gehört.[60] Dagegen spricht, daß das volljährige Kind grundsätzlich im Gegensatz zum minderjährigen Kind eigenverantwortlich ist und damit auch regelmäßig eine eigene Lebensstellung hat.[61] Eine derartige eigene Lebensstellung fehlt aber auf jeden Fall noch bei Volljährigen wie beim Kläger, die sich in Ausbildung befinden. Solange der Kläger in Ausbildung ist, leitet er mangels eigenen Einkommens seine Lebensstellung weiterhin vom Unterhaltsverpflichteten ab. Er kann damit im Fall der Ausbildung nicht anders angesehen werden wie ein Minderjähriger, dessen Lebensstellung sich ebenfalls von den Eltern ableitet. Bei einem Volljährigen wie dem Kläger, der sich noch in Ausbildung befindet, ist daher eine analoge Anwendung des § 1360 a IV BGB zu bejahen.[62]

Es ist daher zu prüfen, ob die Voraussetzungen für einen Anspruch auf Prozeßkostenvorschuß gegeben sind.[63] Der Kläger ist bedürftig. Ein Unterhaltsanspruch ist ein Rechtsstreit in einer persönlichen Angelegenheit. Die beabsichtigte Rechtsverfolgung hat Aussicht auf Erfolg.

Nachdem es sich bei dem Prozeßkostenvorschuß gemäß § 1360 a IV BGB um eine Billigkeitsregelung handelt, ist an die Leistungsfähigkeit ein anderer Maßstab wie beim regelmäßigen Unterhalt zu setzen. Eine Leistungsfähigkeit für den Prozeßkostenvorschuß ist nur zu bejahen, wenn der Beklagte über ein Einkommen verfügt, bei dem er nicht selbst Prozeßkostenhilfe beantragen könnte.[64] Es ist daher zunächst das Prozeßkostenhilfeeinkommen des Beklagten fest-

---

[58] BGH FamRZ 1984, 148 f.; a. A. Palandt-Diederichsen, § 1610 Rdnr. 33.

[59] BGH a. a. O.

[60] so OLG Köln FamRZ 1986, 1031 f.

[61] so OLG Stuttgart FamRZ 1988, 758

[62] so OLG Karlsruhe FamRZ 1989, 534 ff; ebenso von Heintschel-Heinegg, § 2 Rdnr. 147; Seidl, S. 94.

[63] Zu den Prüfungskriterien vgl. Palandt-Diederichsen, § 1610 Rdnr. 34 ff., § 1360 a Rdnr. 16 ff.; eingehend von Heintschel-Heinegg/Gerhardt, § 2 Rdnr. 240.

[64] OLG München FamRZ 1993, 714; Palandt-Diederichsen, § 1360 a Rdnr. 15.

zustellen. Vom Einkommen des Beklagten einschließlich Kindergeld sind nach § 115 ZPO besondere Belastungen abzuziehen. Hierunter fallen in erster Linie die von ihm erbrachten Unterhaltsleistungen in Höhe von 2360.– DM (§ 115 III ZPO).[65] Seine Mietzahlung stellt dann eine besondere Belastung dar, wenn sie über 20% seines Einkommens liegt,[66] was beim Beklagten jedoch nicht der Fall ist. Weitere besondere Belastungen des Beklagten sind nicht vorgetragen. Nach § 115 III ZPO ist der Beklagte bei der Tabelle zu § 114 ZPO in Gruppe 0 einzustufen. Auch nach Abzug der angeführten besonderen Belastungen liegt sein Einkommen über 2400.– DM,[67] so daß er selbst keine Prozeßkostenhilfe bekommen kann.

Der Beklagte ist daher für den Prozeßkostenvorschuß leistungsfähig, so daß der Anspruch gegeben ist. Eine anteilige Haftung der Mutter des Klägers nach § 1606 III 1 BGB entfällt, nachdem diese bereits für den normalen Unterhalt nicht leistungsfähig ist. Die Höhe richtet sich nach den anfallenden Gebühren. Der Streitwert zur Gebührenberechnung beträgt bei einer Unterhaltsklage das 12-fache des Unterhaltsbetrages (§ 17 GKG),[68] d. h. 9600.– DM. Nach § 31 I Nr. 1, 2 BRAGO fallen zwei Anwaltsgebühren von je 539.– DM an, ferner Auslagen (§ 26 BRAGO) und 15% MWSt (§ 25 BRAGO). Hinzu kommt noch eine Gerichtsgebühr als Kostenvorschuß nach § 65 GKG.

Dies ergibt folgende Gebührenberechnung:

2 Gebühren nach § 31 I Nr. 1, 2 BRAGO[69]	1078.– DM
Auslagenpauschale nach § 26 BRAGO	40.– DM
MWSt nach § 25 BRAGO	168.– DM
1 Gerichtsgebühr	222.– DM
insgesamt	1508.– DM

Der Prozeßkostenvorschuß beläuft sich damit insgesamt auf 1508.– DM.

3) Weitere Schritte des Rechtsanwalts

Der Rechtsanwalt wird zunächst, nachdem vom Beklagten bisher kein Prozeßkostenvorschuß verlangt wurde, einen Prozeßkostenvorschuß in Höhe von 1508.– DM für das Unterhaltsverfahren vom

---

[65] Thomas-Putzo, § 115 Rdnr. 11.
[66] Thomas-Putzo, § 115 Rdnr. 8.
[67] Möglicher Höchstbetrag für PKH mit Raten nach der Tabelle zu § 114 ZPO, Stufe 0.
[68] Maßgebend sind auch für die Anwaltsgebühren die Wertvorschriften des GKG, vgl. § 8 BRAGO.
[69] Auszugehen ist von einer Prozeß- und einer Verhandlungsgebühr. Eine mögliche Erörterungsgebühr fällt neben der Verhandlungsgebühr nicht an, § 31 I Nr. 4, II BRAGO

Beklagten unter Fristsetzung begehren.[70] Soweit der Beklagte daraufhin nicht freiwillig zahlt, wird er im Unterhaltsverfahren nach § 127 a ZPO eine einstweilige Anordnung über diesen Prozeßkostenvorschuß beantragen.[71] Eine einstweilige Anordnung nach § 620 S. 1 Nr. 9 ZPO wäre hingegen nicht möglich, da keine Ehesache anhängig ist (§ 620 a II 1 ZPO).

---

[70] vgl. § 93 ZPO.

[71] Soweit eine einstweilige Anordnung beantragt wird, ist der Vorschuß um diese Gebühren (§ 41 BRAGO) zu erhöhen.

10. KLAUSUR: Nachtarocken

Aktenauszug

Dr. Ludwig Graf   München, den 18. Juni 1993
Rechtsanwalt   Kaiserstr. 4

An das
Amtsgericht München
– Familiengericht –

> Amtsgericht München
> Eingang: 21. Juni 1993

In Sachen
Wunder Siegfried, Lehrer, Jahnstr. 14, Traunstein

gegen

Wunder Inge, Journalistin, Leopoldstr. 542, München

wegen Unterhalt
zeige ich unter Vorlage einer Vollmacht an, daß ich den Kläger
anwaltschaftlich vertrete. Ich bitte um baldige Anberaumung eines
Termins zur mündlichen Verhandlung, in dem ich folgenden Antrag
stellen werde:
1. Es wird festgestellt, daß die Klägerin dem Beklagten seit 1. Mai
   1993 keinen Unterhalt mehr schuldet.
2. Die Beklagte hat die Kosten des Verfahrens zu tragen.
3. Das Urteil ist vorläufig vollstreckbar.

Begründung:

Die Parteien haben am 23. Oktober 1987 miteinander die Ehe
geschlossen. Bereits nach 1½ Jahren trennten sie sich, nachdem die
Beklagte ein Verhältnis mit einem Studienkollegen begann. Der Kläger
reichte daraufhin die Scheidung ein, die der Beklagten am 12. Juli 1989
zugestellt wurde. Mit Urteil vom 7. Juni 1990, rechtskräftig seit 14. Juli
1990, hat das Familiengericht Traunstein im Verfahren 3 F 387/89
rechtskräftig die kinderlos gebliebene Ehe der Parteien geschieden.

Im Rahmen des Scheidungsverfahrens erging am 20. September
1989 auf Antrag der jetzigen Beklagten eine einstweilige Anordnung
nach § 620 Nr. 6 ZPO, wonach der Kläger an die Beklagte ab September 1989 einen monatlichen Unterhalt von 1000,– DM zu zahlen
hatte. Die Beklagte machte damals gerade ihr Examen. Noch vor der
Scheidung begann sie wie von den Eheleuten geplant am 01. 04. 1990
ihre Berufstätigkeit als freischaffende Journalistin. Sie verdiente dabei

mit ca. 4000,– DM ebensoviel wie der Kläger, so daß er an sie mangels Bedürftigkeit seit diesem Zeitpunkt keinen Unterhalt mehr zahlte. Vor zwei Monaten hat die Beklagte einen selbstverschuldeten Verkehrsunfall erlitten und ist seither erwerbsunfähig. Wann sie gesundheitlich wieder hergestellt ist, ist wegen ihrer schweren Verletzungen derzeit nicht absehbar. Nachdem sie als Freiberuflerin keine Lohnfortzahlung erhält, forderte ihr Anwalt mit Schreiben vom 15. 06. 1993 den Kläger auf, ab 01. 05. 1993 wieder die 1000,– DM Unterhalt zu zahlen, ansonsten werde er aus der einstweiligen Anordnung vollstrecken.

Dieser in der einstweiligen Anordnung titulierte Unterhaltsanspruch der Beklagten ist wegen der Nichtidentität von Trennungs- und nachehelichen Unterhalt mit Rechtskraft der Scheidung längst erloschen. Die Beklagte kann daher aus der einstweiligen Anordnung für die Zeit nach der Scheidung keine Rechte mehr herleiten. Ein nachehelicher Unterhaltanspruch steht ihr im übrigen nicht zu. Ihre Bedürfnislage ist nicht ehebedingt. Der Kläger haftet nicht für eine von der Beklagten durch einen Unfall selbst verschuldete Erwerbsunfähigkeit, insbesondere nicht bei einer so kurzen kinderlosen Ehe.

Anlage: Prozeßvollmacht   Dr. Graf
                                           Rechtsanwalt

. . .
66 F 721/93

Die Klageschrift wurde der Beklagten persönlich am 29. 06. 1993 unter gleichzeitiger Aufforderung zur Verteidigungsanzeige innerhalb von zwei Wochen und zur Klageerwiderung innerhalb von zwei weiteren Wochen gem. § 276 I ZPO sowie mit der Belehrung über die Folgen der Fristversäumung (§§ 276 II, 277 II ZPO) zugestellt.

Dagmar Schneid   München, den 6. Juli 1993
Rechtsanwältin   Sonnenstr. 37

An das
Amtsgericht München
– Familiengericht –

| Amtsgericht München |
| Eingang: 07. Juli 1993 |

zu 66 F 721/93

Klageerwiderung und Widerklage

In Sachen
Wunder Siegfried,

gegen

Wunder Inge
zeige ich an, daß die Beklagte von mir vertreten wird.

I.

Zur Klage beantrage ich
Klageabweisung

Begründung:

Der Kläger hat mit der negativen Feststellungsklage schon die falsche Klage ausgewählt. Eine im summarischen Verfahren nach §§ 620 ff. ZPO ergangene einstweilige Anordnung kann nur auf dem für derartige Entscheidungen vorgesehenen speziellen Weg gem. § 620 b ZPO aufgehoben werden. Denkbar wäre daneben bei Änderung der Verhältnisse nur noch eine Abänderungsklage, bei rechtsvernichtenden Einwendungen eine Vollstreckungsabwehrklage. Für eine negative Feststellungsklage fehlt deshalb das Feststellungsinteresse.

Selbst wenn das Gericht diese Meinung nicht teilen sollte, kann die Klage auf keinen Fall Erfolg haben. Der Beklagten steht auch für die Zeit nach der Scheidung ab 01. 05. 1993 wegen des Unfalls ein Unterhaltanspruch zu.

Die jetzt 29 Jahre alte Beklagte ist zur Zeit ohne Einkommen oder Vermögen. Sie hat am 20. 04. 1993 ohne Fremdverschulden einen schweren Verkehrsunfall erlitten, als sie auf regennasser Fahrbahn mit ihrem PKW ins Schleudern geriet und gegen einen Baum prallte. Sie erlitt lebensgefährliche Verletzungen und wird mindestens zwei Jahre erwerbsunfähig sein. Ob sie jemals wieder voll hergestellt wird, ist noch fraglich. Nachdem die Beklagte freiberuflich tätig war und sie aus ihrer Kranken- und Unfallversicherung neben den Krankheitskosten nur 1200,– DM monatlich erhält, ist sie auf nachehelichen Unterhalt angewiesen. Entgegen dem Vorbringen des Klägers kommt es bei einer Unterhaltsbedürftigkeit wegen Erkrankung nicht darauf an, ob die Erwerbsunfähigkeit verschuldet ist. Im übrigen traf die Beklagte bei dem Unfall allenfalls eine leichte Fahrlässigkeit. Auch wenn für den nachehelichen Unterhalt der Grundsatz der Eigenverantwortung besteht, gilt für derartige Fälle zumindest aus Billigskeitsgründen noch eine wirtschaftliche Mitverantwortung des Einkommensstärkeren. Bestritten wird, daß die Ehe der Parteien scheiterte, weil die Beklagte eine Beziehung zu einem Komilitonen aufgenommen haben soll. Es handelte sich nur um eine ganz normale Freundschaft. Die Beklagte trennte sich vom Kläger, weil sie dessen grundlose Eifersuchtszenen nicht mehr ertragen konnte. Richtig ist zwar, daß die Ehe der Parteien formell nicht lange dauerte. Die Parteien kannten sich vor der Eheschließung aber schon 4 Jahre und lebten bereits 2 Jahre zusammen, so daß keine kurze Ehe vorliegt. Die Beklagte will den Kläger finanziell nicht überbelasten, weshalb sie trotz seines guten Einkommens nur die bereits titulierten 1000,– DM gemäß der einstweiligen Anordnung begehrt. Sie benötigt diesen Betrag dringend, da sie ansonsten ihre laufenden Unkosten, insbesondere ihre Wohnung, Krankenversicherung, Altersvorsorge von monatlich 2200,– DM nicht mehr bezahlen kann.

II.

Namens der Beklagten erhebe ich gegen den Kläger

Widerklage

mit folgendem Antrag:
1. Der Kläger wird verurteilt, an die Beklagte 5000,– DM zu zahlen.
2. Der Kläger trägt die Kosten der Widerklage.
3. Das Urteil ist vorläufig vollstreckbar.

Die Beklagte macht mit der Widerklage den ihr nach der Scheidung zustehenden Zugewinnausgleichsanspruch geltend. Die Eheleute lebten im gesetzlichen Güterstand. Kläger und Beklagte hatten bei Eingehung der Ehe kein Vermögen. Während die Beklagte auch kein dem Zugewinnausgleich unterliegendes Endvermögen besaß, hatte der Kläger am maßgeblichen Stichtag, dem 12. Juli 1989, bei der Kreissparkasse Traunstein als Endvermögen ein Sparguthaben von 10 000,– DM. Davon steht der Beklagten die Hälfte als Ausgleichsforderung zu. Die Beklagte wollte diesen Betrag an sich vom Kläger nicht verlangen, ist dazu aber jetzt aufgrund ihrer prekären finanziellen Situation gezwungen.

Anlage: Vollmacht

Schneid
Rechtsanwältin

---

66 F 721/93

Aufgrund richterlicher Verfügung wurde der Schriftsatz der Beklagten vom 06. Juli 1993 dem Prozeßbevollmächtigten der Klägerin am 20. Juli 1993 zur

Stellungnahme binnen zwei Wochen zugestellt. Gleichzeitig bestimmte der Richter Termin zur mündlichen Verhandlung auf
Mittwoch, den 06. Oktober 1993, 9.00 Uhr

Dr. Ludwig Graf   München, den 16. September 1993
Rechtsanwalt   Kaiserstr. 4

An das
Amtsgericht München

– Familiengericht –

> Amtsgericht München
> Eingang: 17. September 1993

zu 66 F 721/93

In Sachen

Wunder Siegfried

gegen

Wunder Inge
erwidere ich auf den Schriftsatz der Beklagten vom 6. Juli 1993 wie folgt:

I.

Der Kläger bedauert zwar den schweren Schicksalsschlag der Beklagten durch den Verkehrsunfall. Er bestreitet auch nicht, daß sie dadurch derzeit erwerbsunfähig und auf Unterstützung angewiesen ist, nachdem sie nur die sehr geringe Unfallrente von 1200,– DM erhält. Dies führt jedoch nicht zu einer Unterhaltsverpflichtung des Klägers, auch nicht aus Billigkeitsgründen. Die Beklagte hat vermögende Eltern, die sie jederzeit unterstützen können und nach der Scheidung vorrangig haften.

II.

Zur Widerklage stelle ich den Antrag
diese kostenpflichtig abzuweisen.
Die Widerklage ist bereits unzulässig, weil sie einen anderen Streitgegenstand als die Klage betrifft, mit dieser also in keinem Zusammenhang steht.
Sie ist außerdem in mehrfacher Hinsicht unbegründet.
Ein Zugewinnausgleichsanspruch entfällt bereits, weil die Parteien mit schriftlicher Vereinbarung vom 01. 08. 1989 darauf verzichteten.

Beweis: Vereinbarung vom 01. 08. 1989.

Ein Anspruch auf Zugewinnausgleich ist im übrigen verjährt, da die Parteien bereits seit 14. 07. 1990 rechtskräftig geschieden sind. Ferner fällt das bei dem Kläger am Stichtag vorhandene Sparguthaben von 10 000,– DM nicht unter das auszugleichende Vermögen. Es handelt sich um Schmerzensgeld für einen am 01. 02. 1989 erlittenen Schulwegunfall. Da Schmerzensgeld der Wiedergutmachung für immateriellen Schaden dient, handelt es sich um kein Vermögen nach § 1375 BGB.

Im übrigen war auch die Beklagte entgegen ihrem Sachvortrag am Ende der Ehezeit nicht vermögenslos. Sie besaß zum einen eine Kapitallebensversicherung mit einem Rückkaufswert von 5000,– DM, zum anderen einen alten Bauernschrank im gleichen Wert. Diesen Schrank hatte sie im Sommer 1988 aus Einnahmen ihrer Nebentätigkeit während des Studiums, bei der sie zum Teil schon gut verdient hatte, für unser Wohnzimmer gekauft und nahm ihn bei der Trennung mit. Von der Hausratsauseinandersetzung gemäß Vereinbarung vom 01. 08. 1989 wurde nur das gemeinsam angeschaffte Mobiliar erfaßt.

Beweis: Vereinbarung vom 01. 08. 1989

Dr. Graf
Rechtsanwalt

Anlage:

Vereinbarung

1. Wir verzichten auf Zugewinnausgleich.
2. Unseren gemeinsamen Hausrat verteilen wir wie folgt:
   Siegfried Wunder erhält den Wohnzimmertisch mit vier Stühlen, den Schlafzimmerschrank und die Betten sowie die Hälfte des Geschirrs und der Gläser.
   Inge Wunder erhält das Wohnzimmersofa, den Kühlschrank, den Fernseher, die Garderobe sowie die Hälfte des Geschirrs und der Gläser.

Traunstein, 01. 08. 1989
Siegfried Wunder   Inge Wunder

66 F 721/93

Protokoll

aufgenommen in der öffentlichen Sitzung des Amtsgerichts – Familiengerichts – München vom Mittwoch, den 06. Oktober 1993.

Gegenwärtig:
Richter am Amtsgericht Schluderer
Justizangestellte Giehrl
als Urkundungsbeamtin der Geschäftsstelle

In dem Rechtsstreit

Wunder Siegfried,

gegen

Wunder Inge
wegen Unterhalt u. a.

erschienen nach Aufruf der Sache:
der Kläger persönlich mit Rechtsanwalt Dr. Graf,
die Beklagte persönlich mit Rechtsanwältin Schneid.
Klägervertreter stellt Antrag aus der Klageschrift vom 18. 06. 1993.
Beklagtenvertreterin beantragt Klageabweisung und stellt Widerklageantrag aus Schriftsatz vom 06. Juli 1993.
Zur Widerklage stellt Klägervertreter Antrag aus Schriftsatz vom 16. September 1993.
Die Parteivertreter verhandeln unter Bezugnahme auf die eingereichten Schriftsätze.
Beklagtenvertreterin erklärt:
Das tatsächliche Vorbringen des Klägers im Schriftsatz vom 16. September 1993 wird zwar zugestanden. Die rechtlichen Ausführungen gehen dagegen fehl. Der Anspruch auf Zugewinn ist weder verjährt noch wurde darauf wirksam verzichtet. Die Beklagte hat kein Endvermögen, da die Kapitallebensversicherung in den Versorgungsausgleich fällt und der Bauernschrank zum Hausrat gehört, sodaß beides nicht dem Zugewinnausgleich unterliegt.
Sodann schließt der Richter die mündliche Verhandlung und verkündet

Beschluß:

Termin zur Verkündung einer Entscheidung wird bestimmt auf
Mittwoch, den 20. Oktober 1993, 9.00 Uhr

Schluderer   Giehrl
Richter am Amtsgericht   Justizangestellte

Vermerk für den Bearbeiter:

Die Entscheidung des Gerichts ist zu entwerfen.
Rubrum und Tatbestand sind erlassen.[1]
Ladungen, Zustellungen, Vollmachten und sonstige Fömlichkeiten
sind in Ordnung. § 278 Abs. 3 ZPO wurde beachtet. Wenn das
Ergebnis der mündlichen Verhandlung nach Ansicht des Bearbeiters
für die Entscheidung nicht ausreicht, ist zu unterstellen, daß trotz
Wahrnehmung der richterlichen Aufklärungspflicht keine weitere
Aufklärung zu erzielen war.

Soweit die Entscheidung keiner Begründung bedarf oder in den
Gründen ein Eingehen auf alle berührten Rechtsfragen nicht erforderlich erscheint, sind diese in einem Hilfsgutachten zu erörtern.

Entscheidungsentwurf

Endurteil:

I. Es wird festgestellt, daß der Kläger der Beklagten ab 01. 05. 1993
keinen Unterhalt mehr schuldet.[2]
II. Die Widerklage wird abgewiesen.
III. Die Beklagte trägt die Kosten des Rechtsstreits.
IV. Das Urteil ist für den Kläger gegen Sicherheitsleistung in Höhe
von 2150,– DM vorläufig vollstreckbar.

Entscheidungsgründe:

I. Die Klage ist zulässig.

1. Das Amtsgericht München ist sachlich (§ 23 a Nr. 2 GVG) und
örtlich (§§ 621 II 2, 12, 13 ZPO) zuständig, wobei es sich auch bei
Feststellung des Nichtbestehens eines Unterhaltsanspruchs um eine
Familiensache nach § 23 b I Nr. 6 GVG, § 621 I Nr. 5 ZPO handelt.[3]

---

[1] In der Mehrzahl der bisher im 2. Staatsexamen in Bayern gestellten Familien-
rechtsklausuren wurden Entscheidungsentwürfe für Urteile verlangt, häufig wie
hier ohne Rubrum und ohne Tatbestand. In letzter Zeit werden jedoch vermehrt
auch Kautelarklausuren gestellt.
[2] Die Rechtsfolge des § 620 f ZPO tritt kraft Gesetzes ein, so daß im Tenor kein
Ausspruch über das Außerkrafttreten der einstweiligen Anordnung vom 20. 09.
1989 aufgenommen wird.
[3] Sog. Familiensache kraft Sachzusammenhang als Umkehr- oder Spiegelbild-
verfahren einer Unterhaltsforderung, vgl. Thomas-Putzo § 621 Rdnr. 28.

Für die Klage besteht auch ein Feststellungsinteresse. Nur mit einer negativen Feststellungsklage kann der Kläger eine anderweitige Regelung im Sinne des § 620 f ZPO erreichen, durch die die einstweilige Anordnung außer Kraft tritt, nachdem die Parteien bisher weder bei der Scheidung noch später den nachehelichen Unterhalt regelten.[4] Das Feststellungsinteresse entfällt nicht durch die bei einstweiligen Anordnungen bestehenden Möglichkeiten einer Abänderung nach § 620 b I ZPO.[5] Zum einen ist ein Verfahren nach § 620 b ZPO nur bis zur Rechtskraft der Scheidung möglich, da es ein anhängiges und kein abgeschlossenes Verfahren voraussetzt (vgl. § 620 a II 1 ZPO).[6] Zum anderen beseitigt ein Titel aus einem summarischen Verfahren wie einer einstweiligen Anordnung nie das Rechtsschutzbedürfnis einer Hauptsacheklage.[7] Eine Abänderungsklage ist nach § 323 I, IV ZPO bei einer einstweiligen Anordnung nicht statthaft.[8] Ebensowenig entfällt das Feststellungsinteresse, weil der Kläger nur durch eine Vollstreckungsgegenklage nach § 767 ZPO sein Klageziel, die Beseitigung der Vollstreckungswirkung der einstweiligen Anordnung, erreichen könnte. Eine Vollstreckungsklage ist zwar bei einer einstweiligen Anordnung generell möglich (vgl. §§ 795, 794 I Nr. 3 a ZPO), soweit eine rechtsvernichtende Einwendung vorgetragen wird.[9] Nachdem es sich bei Trennungs- und nachehelichen Unterhalt

---

[4] Die Abgrenzung der verschiedenen Klagemöglichkeiten, um einen Unterhaltstitel zu ändern oder zu beseitigen, ist eine in Klausuren immer wieder gestellte Problematik; vgl. insoweit eingehend von Heintschel-Heinegg/Gerhardt, Materielles Scheidungsrecht, 2. Auflage, § 2 Rdnr. 458 ff. Die Frage ist dabei bei einem Urteilsentwurf für eine negative Feststellungsklage beim Feststellungsinteresse abzuhandeln.

[5] Bei einstweiligen Anordnungen zum Unterhalt haben die Parteien keine Beschwerdemöglichkeit, vgl. § 620 c ZPO. Sie können im Rahmen des summarischen Verfahrens nur Anträge nach §§ 620 b I, II ZPO stellen.

[6] BGH NJW 1983, 1330; Thomas-Putzo § 620 b Rdnr. 4.

[7] Thomas-Putzo § 620 Rdnr. 5, § 620 b Rdnr. 5. Der Unterhaltsverpflichtete hat somit, wenn er mit einer erlassenen einstweiligen Anordnung nicht einverstanden ist, die Möglichkeit, sofort negative Feststellungsklage zu erheben, während umgekehrt der Unterhaltsbedürftige eine allg. Leistungsklage nach §§ 253, 258 ZPO einreichen müßte, vgl. von Heintschel-Heinegg/Gerhardt § 2 Rdnr. 481. Durch das Urteil in diesem Verfahren tritt die einstweilige Anordnung nach § 620 f ZPO außer Kraft, bei negativen Feststellungsklagen und klageabweisenden Leistungsklagen erst ab Rechtskraft des Urteils (vgl. BGH FamRZ 1991, 180 ff.; Thomas-Putzo § 620 f Rdnr. 5), bei Leistungsurteilen bereits ab vorläufiger Vollstreckbarkeit (hM, vgl. Thomas-Putzo § 620 f Rdnr. 5).

[8] § 323 IV ZPO verweist nur auf § 794 I Nr. 1 (Vergleich) und Nr. 5 (vollstreckbare Urkunde), nicht aber auf Nr. 3 a (einstweilige Anordnung).

[9] Z. B. Erfüllung, Verzicht bei nachehelichen Unterhalt (vgl. § 1585 c BGB), Wiederverheiratung (§ 1586 BGB). In der Regel geht es bei Klagen gegen einstweilige Anordnungen aber immer um das Bestehen, bzw. Nichtbestehen eines Unterhaltsanspruchs durch Änderung der wirtschaftlichen Verhältnisse.

um verschiedene Streitgegenstände handelt,[10] läge an sich durch die Rechtskraft der Scheidung der Parteien eine rechtsvernichtende Einwendung vor.[11] Bei Unterhaltstiteln aus einer einstweiligen Anordnung nach § 620 Nr. 6 ZPO, also einem summarischen Verfahren, das immer nur eine vorläufige Vollstreckungsmöglichkeit beinhaltet,[12] gibt es aber wegen § 620 f ZPO diese rechtsvernichtende Einwendung nicht, da die einstweilige Anordnung kraft Gesetzes über die Scheidung hinaus bis zur anderweitigen Regelung fortgilt.[13]

2. Die Klage ist auch begründet, da der Beklagten ab 01. 05. 1993 kein Anspruch auf nachehelichen Unterhalt zusteht.

Entgegen der Auffassung des Klägers entfällt der Anspruch zwar nicht wegen einer Haftung der Eltern der Beklagten, da der Ehemann, auch nach der Scheidung, gegenüber den Eltern vorrangig haftet, § 1584 BGB.[14] Die Beklagte hat aber weder einen Unterhaltsanspruch[15] nach § 1572 BGB noch nach § 1573 II BGB noch nach § 1576 BGB.[16]

Ein Anspruch nach § 1572 BGB entfällt, da bei Eintritt ihrer Erwerbsunfähigkeit keine der im § 1572 BGB aufgezählten Einsatzzeiten vorlag.[17] Denn die Beklagte war weder bei der Scheidung

---

[10] BGH NJW 1981, 978 f.; Palandt-Diederichsen vor § 1569 Rdnr. 10.

[11] Die Problematik, daß gegen einen Hauptsachetitel Trennungsunterhalt (Urteil, Prozeßvergleich, vollstreckbare Urkunde) nach der Scheidung mit der falschen Klageart (§ 323 ZPO statt § 767 ZPO) vorgegangen wird, ist bereits mehrfach Gegenstand von Klausuren gewesen, vgl. insoweit eingehend von Heintschel-Heinegg/Gerhardt § 2 Rdnr. 471, 476.

[12] BGH NJW 1984, 2095 ff.; Thomas-Putzo § 620 Rdnr. 3.

[13] BGH NJW 1983, 1330 f.; 1985, 428; von Heintschel-Heinegg/Gerhardt § 2 Rdnr. 484. Von vielen Bearbeitern wurde zwar erkannt, daß es sich bei der Änderung des Streitgegenstandes um eine rechtsvernichtende Einwendung handelt, aber übersehen, daß es diese Einwendung bei der einstweiligen Anordnung wegen der Wirkung des § 620 f ZPO nicht gibt.

[14] Bei Rangfragen ist zu unterscheiden zwischen der Reihenfolge der Unterhaltpflichtigen und der Unterhaltsbedürftigen, vgl. insoweit von Heintschel-Heinegg/Gerhardt § 2 Rdnr. 355; während die vorrangige Unterhaltsverpflichtung einen Anspruch gegen den Nachrangigen von vornherein entfallen läßt, es sei denn, es wird nachgewiesen, daß der Verpflichtete leistungsunfähig ist, ist bei mehreren Unterhaltsberechtigten die Rangfrage nur im sog. Mangelfall zu prüfen, vgl. §§ 1609, 1582 BGB.

[15] Zum Aufbau eines Anspruchs auf nachehelichen Unterhalt vgl. von Heintschel-Heinegg/Gerhardt § 2 Rdnr. 254.

[16] Soweit es um das Nichtbestehen eines Anspruchs geht wie bei einer negativen Feststellungsklage, werden von Klausurbearbeitern häufig nicht alle denkbaren Anspruchsgrundlagen abgehandelt. Da eine Entscheidung für die Praxis verlangt wird, sind aber nur die in Betracht kommenden Unterhaltsansprüche zu bearbeiten, daher z. B. nicht §§ 1570, 1571 BGB.

[17] Von den Bearbeitern war zu erkennen, daß die einzelnen Unterhaltstatbestände mit Ausnahme der §§ 1570, 1576 BGB Einsatzzeiten erfordern, die in allen Fällen genau zu prüfen sind, wenn nachehelicher Unterhalt nicht im Verbund mit

erwerbsunfähig noch hatte sie zum Zeitpunkt des Unfalls einen Unterhaltsanspruch nach §§ 1570, 1573, 1575 BGB, nachdem die Ehe kinderlos war und beide Parteien durch den Abschluß der Ausbildung der Beklagten bei der Scheidung unstreitig ein gleichhohes Einkommen[18] hatten.

Ebensowenig greift ein Anspruch nach § 1573 Abs. 2 BGB ein, weil die Beklagte mit ihrer Versicherungsrente von 1200,– DM ihren Bedarf nach den ehelichen Lebensverhältnissen nicht decken kann, da § 1573 BGB die gleichen Einsatzzeiten verlangt (§ 1573 III BGB).[19]

In Betracht käme daher nur ein Unterhaltsanspruch aus Billigkeit nach § 1576 BGB,[20] der tatbestandsmäßig keine Einsatzzeiten hat, dessen Voraussetzung aber ebenfalls nicht vorliegen. Die positive Billigkeitsklausel des § 1576 BGB soll nur sicherstellen, daß jede ehebedingte Bedürftigkeit erfaßt wird und es durch die enumerative Aufzählung der Unterhaltsansprüche in §§ 1570–1575 BGB zu keinen Ungerechtigkeiten kommt. Bei einer Erwerbsunfähigkeit durch einen Unfall nach der Scheidung handelt es sich aber um keine ehebedingte Bedürftigkeit mehr.[21] Im übrigen verlangt § 1576 BGB eine Billigkeitsabwägung zwischen den Interessen der Bedürftigen und des Verpflichteten.[22] Insoweit sind alle unter § 1579 BGB fallenden Aus-

---

der Scheidung, sondern erst zu einem späteren Zeitpunkt gefordert wird; zur sog. Unterhaltskette vgl. näher von Heintschel-Heinegg/Gerhardt § 2 Rdnr. 249.

[18] Ein Anspruch auf Aufstockungsunterhalt nach § 1573 II BGB entfällt, wenn der Berechtigte den sich aus den ehelichen Lebensverhältnissen ergebenden Bedarf durch Eigeneinkommen selbst deckt, §§ 1578 I, 1577 I BGB. Das ist bei gleich hohem Einkommen immer gegeben, so daß insoweit im Urteil nicht näher darauf eingegangen werden mußte. Anhaltspunkte für den Ausnahmefall des § 1573 IV BGB lagen nicht vor, waren daher auch nicht abzuhandeln.

[19] Durch die nach dem Wortlaut gegenüber §§ 1571, 1572 BGB abweichende Formulierung in § 1573 BGB wird oft übersehen, daß auch die Tatbestände des §§ 1573 I und II BGB eine Einsatzzeit verlangen.

[20] § 1576 BGB ist gegenüber den übrigen Unterhaltstatbeständen subsidiär, vgl. Palandt-Diederichsen, § 1576 Rdnr. 1, durfte von den Bearbeitern aufbaumäßig damit erst nach §§ 1572, 1573 II BGB geprüft werden.

[21] Die positive Billigkeitsklausel des § 1576 BGB dient nicht dazu, Lücken zu schließen, die durch die Einsatzzeiten in §§ 1571, 1572, 1573 I, II BGB entstehen, da das Gesetz insoweit eine abschließende Regelung enthält, sondern soll nur eine von §§ 1570–1575 BGB nicht aufgeführte ehebedingte Bedürftigkeit erfassen, vgl. Palandt-Diederichsen § 1576 Rdnr. 1. Es handelt sich damit um eine seltene Ausnahmevorschrift. Hauptanwendungfall ist die Betreuung eines nicht gemeinschaftlichen Kindes (vgl. § 1570 BGB „gemeinschaftliches Kind"), das schon während der Ehe im Haushalt der Eheleute lebte, vgl. von Heintschel-Heinegg/Gerhardt § 2 Rdnr. 286; Seidl, Familienrecht, 3. Auflage S. 87 f.

[22] Vom Bearbeiter wurde hier verlangt, alle Tatbestandsvoraussetzungen des § 1576 BGB zu prüfen, vgl. insoweit Palandt-Diederichsen § 1576 Rdnr. 2, 5. Aufbaumäßig wäre es nicht falsch, die Frage der groben Unbilligkeit nur noch im Hilfsgutachten abzuhandeln, aus Zeitgründen ist jedoch zu empfehlen, dieses Tatbe-

schlußgründe zu berücksichtigen,[23] wobei bei der kurzen Dauer der Ehe zwischen Eheschließung am 23. 10. 1987 und Rechtshängigkeit des Scheidungsverfahrens am 12. 07. 1989, das heißt von weniger als zwei Jahren, die Voraussetzungen des § 1579 Nr. 1 BGB vorliegen würden, die die Anwendbarkeit des § 1576 BGB ebenfalls ausschließen.[24] Bei der zu berücksichtigenden Ehedauer kommt es dabei allein auf die Zeit zwischen Eheschließung und Rechtshängigkeit des Scheidungsverfahrens an.[25]

Nachdem die einstweilige Anordnung keinen Rechtsgrund schuf, sondern nur eine vorläufige Vollstreckungsmöglichkeit gab, kann die Feststellung des Nichtbestehens eines Unterhaltsanspruchs jederzeit rückwirkend getroffen werden.[26] Die Klage war daher ab 01. 05. 1993 im vollen Umfang begründet.

II. Die Widerklage ist zulässig.

Das Amtsgericht München ist für die Widerklage sachlich (§ 23 a Nr. 2 GVG) und örtlich (§§ 621 II 2, 33 I ZPO) zuständig. Der in § 33 I ZPO geforderte rechtliche Zusammenhang, der keine eigene Zulässigkeitsvoraussetzung der Widerklage, sondern nur eine besondere Gerichtsstandsregelung ist,[27] liegt vor, da es sich sowohl beim Unterhalt als auch beim Zugewinn um sogenannte sonstige Familiensachen nach § 621 I Nr. 5, Nr. 8 ZPO handelt.

Die Widerklage ist aber unbegründet. Denn der Beklagten steht kein Zugewinnausgleichsanspruch nach §§ 1372, 1378 BGB zu.

Der Anspruch ist zwar nicht durch einen wirksamen Verzicht erloschen. Nach § 1378 III 2 BGB bedarf eine während des Scheidungsverfahrens[28] zwischen den Ehegatten über den Zugewinn geschlossene Vereinbarung für ihre Wirksamkeit der notariellen Form (§ 128 BGB). Der privatschriftliche Vertrag zwischen den Eheleuten vom 01. 08. 1989 genügt dieser Form nicht und ist damit nach § 125 BGB

---

standsmerkmal mit dem Hinweis, daß der Anspruch aus mehreren Gründen scheitert („im übrigen"), im Urteil abzuhandeln.

[23] Palandt-Diederichsen § 1576 Rdnr. 5.

[24] Eine kinderlose Ehe von weniger als 2 Jahren ist immer kurz, Palandt-Diederichsen § 1579 Rdnr. 13; von Heintschel-Heinegg/Gerhardt § 2 Rdnr. 324.

[25] BGH NJW 1981, 754 f., 755; Palandt-Diederichsen § 1579 Rdnr. 13; von Heintschel-Heinegg/Gerhardt § 2 Rdnr. 324.

[26] BGH FamRZ 1989, 850. Die Behandlung einer Frage, ob Unterhalt rückwirkend verlangt oder abgeändert bzw. die Feststellung des Nichtbestehens eines Unterhaltsanspruchs rückwirkend begehrt wird, wird von Bearbeitern häufig übersehen.

[27] So hM, vgl. Thomas-Putzo § 33 Rdnr. 1.

[28] Vor Beginn oder vor Rechtshängigkeit des Scheidungsverfahrens (vgl. § 1384 BGB) bedarf eine Abänderung der gesetzlichen Regelung des § 1378 als Ehevertrag ebenfalls der notariellen Form, vgl. §§ 1408, 1410 BGB.

nichtig. Ebensowenig ist der Anspruch verjährt. Nach § 1378 IV 1 BGB begann die Frist mit Rechtskraft der Scheidung (14. 07. 1990)[29] am 15. 07. 1990 und endete damit am 14. 07. 1993 (§§ 187, 188 BGB).[30] Nachdem die Widerklage am 07. 07. 1993 bei Gericht einging und die Zustellung demnächst erfolgte, wurde die Verjährung bereits vorher unterbrochen (§§ 253 I, 270 III ZPO, 209 I BGB).[31]

Die Beklagte hat aber keinen Zugewinnausgleichsanspruch. Der Kläger hatte zwar ein Endvermögen von 10 000,– DM (§ 1375 I BGB),[32] das mangels Anfangsvermögens zugleich seinen Zugewinn darstellt, § 1373 BGB. Schmerzensgeld ist, auch wenn es einen Ersatz für einen immateriellen persönlichen Schaden darstellt und auch eine Genugtuungsfunktion hat, ein beim Zugewinnausgleich zu berücksichtigender Vermögenswert. Denn auch Schmerzensgeld ist eine bewertbare Vermögensposition, da es übertragbar (§ 847 I 2 BGB), pfändbar und vererblich ist.[33] Ein Ausschlußgrund nach § 1381 BGB wurde nicht vorgetragen.

Die Beklagte hatte jedoch ebenfalls einen Zugewinn von 10 000,– DM (§ 1373 BGB). Beim Zugewinnausgleich gilt zwar das Ausschließlichkeitsprinzip,[34] von dem nur der Hausrat und der Versorgungsausgleich nicht betroffen wird.[35] Eine Kapitallebensversicherung ist aber keine von §§ 1587 III, 1587 a II Nr. 5 BGB erfaßte Versorgungsanwartschaft wegen Alters oder Berufs- oder Erwerbsunfähigkeit und stellt damit in Höhe des Rückkaufswertes Vermögen im Sinn des § 1375 I BGB dar.[36] Die Hausratsauseinandersetzung geht

---

[29] Auch wenn für die Berechnung des Endvermögens Stichtag die Rechtshängigkeit des Scheidungsverfahrens ist, § 1384 BGB, um den Zugewinn als Verbundverfahren durchführen zu können, endet der Güterstand erst mit Rechtskraft der Scheidung, vgl. von Heintschel-Heinegg/Gerhardt § 3 Rdnr. 229; Seidl S. 182. Mangels gegenteiliger Behauptung war dabei zu unterstellen, daß der Beklagten der genaue Zeitpunkt der Rechtskraft der Scheidung bekannt war.

[30] Soweit es um die Einhaltung von Fristen geht, empfiehlt es sich in Klausuren immer, kurz die einzelnen Daten in der zeitlichen Abfolge einschließlich aller möglichen Unterbrechungshandlungen zu notieren.

[31] Vgl. Palandt-Diederichsen § 209 Rdnr. 7; Seidl S. 182. Nicht ausreichend war, wenn ein Bearbeiter allein auf § 209 I BGB abstellte, da eine Klageerhebung nach § 253 I ZPO nicht mit Einreichung der Klage, sondern mit deren Zustellung vorliegt.

[32] Stichtag für das Endvermögen: 12. 07. 1989 (vgl. § 1384 BGB). Hierauf mußte im Urteil jedoch nicht näher eingegangen werden, weil die Parteien die Vermögenswerte beim Endvermögen unstreitig gestellt hatten.

[33] BGH FamRZ 1981, 755; Palandt-Diederichsen § 1375 Rdnr. 3; von Heintschel-Heinegg/Gerhardt § 3 Rdnr. 194 mit Gegenmeinung von Schwab.

[34] BGH FamRZ 1984, 144; Palandt-Diederichsen § 1372 Rdnr. 2; von Heintschel-Heinegg/Gerhardt § 3 Rdnr. 168.

[35] Palandt-Diederichsen aaO; von Heintschel-Heinegg/Gerhardt § 3 Rdnr. 165 f.

[36] Palandt-Diederichsen § 1375 Rdnr. 3.

dem Zugewinnausgleich als Sonderregelung nur vor, soweit dabei Hausratsgegenstände verteilt werden können.[37] Dies gilt nach § 8 HausratsV nur für die den Eheleuten gemeinsam gehörenden Gegenstände. Hausratsgegenstände, die im Alleineigentum eines Ehegatten stehen, werden von einer Hausratsteilung nicht erfaßt. Ein Ausnahmefall nach § 9 HausratsV, daß der Kläger im Rahmen einer Hausratsauseinandersetzung die Zuweisung des der Beklagten gehörenden Bauernschranks verlangte, weil er auf dessen Weiterbenutzung angewiesen war, liegt durch den Vortrag der Parteien nicht vor. Der allein der Beklagten gehörende Bauernschrank fällt somit ebenfalls ins Endvermögen der Beklagten. Der unstreitige Rückkaufswert der Kapitallebensversicherung in Höhe von 5000,– DM und des Bauernschrankes in Höhe von ebenfalls 5000,– DM ergibt einen Zugewinn der Beklagten von 10 000,– DM, wodurch ein Ausgleich nach § 1378 BGB entfällt.

Die Widerklage war somit abzuweisen.

Die Kostenentscheidung beruht auf § 91 ZPO.

Der Ausspruch über die vorläufige Vollstreckbarkeit ergibt sich aus § 709 ZPO.[38]

Schluderer
Richter am Amtsgericht

Hilfsgutachten

1. Bei einem Unterhaltsanspruch nach § 1572 BGB kommt es nicht darauf an, ob die Erwerbsunfähigkeit verschuldet ist.[39] Das Regulativ bei einer selbstverschuldeten Erwerbsunfähigkeit ergibt sich nur aus den Verwirkungstatbeständen des § 1579 BGB.[40]

2. Die ehelichen Lebensverhältnisse der Parteien nach § 1578 BGB wurden durch das Einkommen des Klägers und der Beklagten bestimmt.[41] Nachdem es dem Lebensplan der Parteien entsprach, daß

---

[37] BGH FamRZ 1984, 144; Palandt-Diederichsen § 1375 Rdnr. 3; von Heintschel-Heinegg/Gerhardt § 3 Rdnr. 108. Von den Bearbeitern mußte erkannt werden, daß nur der gemeinschaftliche Hausrat der Hausratsverteilung nach der HausratsV unterliegt.

[38] Zu vollstrecken sind nur die Kosten. Diese liegen über 2000,– DM (vgl. Hilfsgutachten Ziff. 5), so daß § 708 Nr. 11 ZPO nicht eingreift.

[39] Vgl. Gesetzestext.

[40] § 1579 Nr. 3 BGB, z. B. bei Alkoholsucht; vgl. BGH FamRZ 1988, 375 ff., 377; Palandt-Diederichsen § 1572 Rdnr. 3, von Heintschel-Heinegg/Gerhardt § 2 Rdnr. 269. Eine mutwillige Herbeiführung der Bedürftigkeit käme bei dem im Sachverhalt geschilderten Unfall nicht in Betracht.

[41] Die ehelichen Lebensverhältnisse nach § 1578 BGB werden nur durch die prägenden Einkünfte der Parteien bestimmt, vgl. Palandt-Diederichsen § 1578 Rdnr. 6 und ausführlich von Heintschel-Heinegg/Gerhardt § 2 Rdnr. 297.

die Beklagte nach dem Studium arbeitet und sie diesen Lebensplan noch vor der Scheidung verwirklichte, handelt es sich bei ihrem Einkommen um prägende Einkünfte.[42] Da beide Parteien gleichviel verdienten, deckte das Einkommen der Beklagten voll ihren Bedarf, § 1577 I BGB.

3. Ein eheliches Fehlverhalten hindert die Bejahung eines Unterhaltsanspruchs aus Billigkeitsgründen nach § 1576 BGB nicht (§ 1576 S. 2 BGB). Im Rahmen einer Gesamtabwägung könnte dies jedoch berücksichtigt werden. Vortragungs- und beweispflichtig für eine grobe Unbilligkeit wäre in dem Fall das § 1579 BGB der Kläger.[43] Sein Sachvortrag zu einem ehelichen Fehlverhalten ist zum einen bereits zu unsubstantiert, im übrigen widersprach die Beklagte und der Kläger bot keinen Beweis hierfür an.

4. Stichtage für die Vermögensbewertung beim Zugewinn ist bei einer Scheidung und gesetzlichem Güterstand während der gesamten Ehe für das Anfangsvermögen die Eheschließung (§ 1374 I BGB), für das Endvermögen die Rechtshängigkeit des Scheidungsverfahrens (§ 1384 BGB).

5. Der Streitwert für das Verfahren beträgt für die Klage nach § 17 I, IV GKG 13 000,– DM (§ 17 I GKG: 12 × 1000,– DM; § 17 IV GKG: 1000,– DM),[44] für die Widerklage 5000,– DM, damit insgesamt 18 000,– DM, da Klage und Widerklage verschiedene Streitgegenstände sind und damit nicht zusammengerechnet werden, § 19 I 2 GKG. Nach §§ 25, 26, 31 I Nr. 1, 2, 4, II BRAGO betragen die Anwaltsgebühren des Klägers bei diesem Streitwert 1856,– DM (2 × 787,– DM + 40,– DM + 242,– DM = 15% Mwst), die verauslagte Gerichtsgebühr 258,– DM, da sie nur für den Streitwert der Klage (= 13 000,– DM) bezahlt wurde, insgesamt somit 2114,– DM, aufgerundet 2150,– DM.

---

[42] BGH FamRZ 1984, 149 f., 150; zur Abgrenzung prägende und nichtprägende Einkünfte vgl. näher von Heintschel-Heinegg/Gerhardt § 2 Rdnr. 297 ff.

[43] Die Beweislast, daß eine grobe Unbilligkeit vorliegt, trägt wie bei § 1579 BGB der Unterhaltsverpflichtete, vgl. insoweit Palandt-Diederichsen § 1579 Rdnr. 34, von Heintschel-Heinegg/Gerhardt § 2 Rdnr. 321, Seidl S. 153.

[44] Der Streitwert in Untersuchungsverfahren richtet sich nach § 17 GKG, wobei für den laufenden Unterhalt der Jahresbetrag (§ 17 I GKG) anzusetzen ist, der nach § 17 IV GKG um Rückstände vor Einreichung der Klage zu erhöhen ist.

11. KLAUSUR: Viel Ärger für Herrn Vetter

Vorbemerkung: Die Aufgaben im Assessorexamen umfassen nicht nur die Anfertigung von Urteilen, sondern auch die Erstellung von Gutachten. Die nachfolgenden Klausuren 11 und 12 sollen dazu als Beispiel dienen.

Sachverhalt

Teil I

Vetter war Eigentümer eines in München gelegenen Grundstücks, Flurstücknummer 28/1. Sein Eigentum war im Grundbuch für München, Gemarkung Neuhausen, Band 2, Bl. 106 eingetragen. Auf dem Grundstück stand ein Zweifamilienhaus, dessen Parterrewohnung Vetter selbst bewohnte. Die Wohnung im Obergeschoß seines Hauses hatte er seit 1984 an den Regierungsobersekretär Mader vermietet.

1. Am 1. 8. 1992 erwarb Mader bei der Firma Elektronic-Sound ein Tonbandgerät für DM 400,– und stellte es in seiner Wohnung auf. Vetter lieh sich am 10. 8. 1992 für drei Tage dieses Gerät von Mader aus, da sein eigenes Gerät vorübergehend nicht funktionsbereit war. Am 15. 8. 1992 verkaufte und übereignete Mader das Gerät an Egler, indem er ihm seinen Herausgabeanspruch aus dem Leihvertrag gegenüber Vetter abtrat, bei dem das Gerät noch war. Als Egler von Vetter Herausgabe des Tonbandgeräts verlangte, weigerte sich dieser mit der Begründung, er habe gegen Mader noch eine Schadensersatzforderung in Höhe von DM 300,–. In der Tat hatte Mader am 25. 1. 1992 das Waschbecken im Badezimmer der Mietwohnung aus Unachtsamkeit beschädigt. Den Schaden hatte Mader am 27. 1. 1992 seinem Vermieter schriftlich angezeigt. Obwohl Vetter wenige Tage danach den Schaden ausbessern ließ, beglich Mader die entstandenen Reparaturkosten in Höhe von DM 300,– nicht.

Demgegenüber berief sich Egler ausdrücklich darauf, daß etwaige Schadensersatzansprüche Vetters gegen Mader längst verjährt seien: Maßgeblich sei nämlich der zwischen Vetter und Mader abgeschlossene Mietvertrag, der unter § 3 folgende Bestimmung enthielt:

„Der Mieter ist verpflichtet, Beschädigungen der Mietsache dem Vermieter unverzüglich anzuzeigen. Die gesetzliche Verjährungsfrist von 6 Monaten beginnt für Ansprüche auf Ersatz dieser Schäden mit der Anzeige an den Vermieter."

Mader hat Egler zur Geltendmachung der Verjährungseinrede gegenüber Vetter ausdrücklich ermächtigt.

2. Des Grundstücks überdrüssig verkaufte Vetter am 1. 2. 1993 sein Grundstück an Koch. In dem notariell beurkundeten Kaufvertrag wurde vereinbart, daß Auflassung des Grundstücks und Besitzeinräumung Zug um Zug gegen Zahlung des Kaufpreises in Höhe von DM 400 000,– am 1. 3. 1993 erfolgen sollten. Am 15. 2. 1993 geriet Koch unerwartet in finanzielle Schwierigkeiten. In einer privatschriftlich abgeschlossenen Vereinbarung vom 16. 2. 1993 wurde der Vertrag vom 1. 2. 1993 dahingehend abgeändert, daß der Kaufpreis bis zum 1. 5. 1993 gestundet sei. Dessen ungeachtet erfolgte am 1. 3. 1993 Besitzeinräumung und Auflassung des Grundstücks in notariell beurkundeter Form. Gleichzeitig beantragte Vetter, Koch als neuen Eigentümer im Grundbuch einzutragen.

Als Koch auch am 1. 5. 1993 zur Zahlung des Kaufpreises nicht in der Lage war, setzte ihm Vetter am 3. 5. 1993 eine Zahlungsfrist bis zum 15. 5. 1993 mit dem gleichzeitigen Hinweis, daß er nach diesem Zeitpunkt an einer Begleichung der Kaufpreisschuld nicht mehr interessiert sei. Nach erfolglosem Ablauf der erwähnten Frist erklärte Vetter am 17. 5. 1993 den Widerruf der Auflassung und den Rücktritt vom Kaufvertrag. Zwei Tage später focht er zusätzlich noch den Kaufvertrag an mit der Begründung, daß er sich über den Wert des Grundstückes getäuscht habe. Er sei nämlich bei Vertragsabschluß davon ausgegangen, daß das Grundstück nicht weiter bebaut werden könne. Soeben habe er aber erfahren, daß das Grundstück seit Januar 1993 doch noch bebaut werden könnte. Das Grundbuchamt trug den Eigentumsübergang zum 1. 6. 1993 ein. Nunmehr bat Vetter Rechtsanwalt Klug um Rat. Er wollte wissen, ob er Ansprüchen des Egler hinsichtlich des Tonbandgeräts ausgesetzt sei und ob er gegenüber Koch Rückgängigmachung der Grundstücksübereignung erreichen könne. Rechtsanwalt Klug übergab die Sache seinem Stationsreferendar Einser mit der Bitte, ein umfassendes Gutachten zu den aufgeworfenen Fragen zu erstatten.

Teil II

Am 1. 6. 1992 fand in Kempten ein Fußballspiel zwischen Bavaria München und dem FC Kempten statt. Kurz vor Spielende prallte der Kemptener Verteidiger Hart mit Vetter, der für Bavaria München als Stürmer spielte, zusammen. Dabei erlitt Vetter erhebliche Verletzungen, die zu einem dreiwöchigen Krankenhausaufenthalt führten. Rechtsanwalt Klug, den Vetter erneut eingeschaltet hatte, forderte Hart mehrfach schriftlich auf, die Krankenhauskosten in Höhe von DM 12 000,– umgehend zu erstatten. Daraufhin erhob Hart vor dem Landgericht Kempten Klage auf Feststellung, daß er Vetter den Betrag von DM 12 000,– nicht schulde. Vetter seinerseits beantragte Klageabweisung und erhob gleichzeitig Widerklage auf Zahlung von DM 12 000,–. Ferner klagte Vetter auf Feststellung, daß Hart für jeden in der Zukunft noch auftretenden Schaden aufgrund der Gehirnerschütterung, die er sich bei dem Zusammenprall am 1. 6. 1992 zugezogen hatte, ersatzpflichtig sei. Auf Grund der Beweisaufnahme ging das Gericht von der Möglichkeit eines Zukunftsschadens aus. Trotz Ausschöpfung aller Beweismittel konnte das Gericht jedoch nicht klären, ob sich Hart bei dem Zusammenprall mit Vetter regelgemäß oder regelwidrig verhalten hatte.

Der Vorsitzende Richter Hauser der zuständigen Zivilkammer am Landgericht Kempten übergab die Akte dem Rechtsreferendar Zweier mit der Bitte, ein umfassendes Gutachten in formeller und materieller Hinsicht zu erstatten.

Vermerk für den Bearbeiter: Die Gutachten der Rechtsreferendare Einser und Zweier sind zu entwerfen. Der Sachbericht ist erlassen.

Lösungsvorschlag

Teil I

I. Anspruch des Egler (E) gegen Vetter (V) auf Herausgabe des Tonbandgeräts aus § 985 BGB.[1]

Voraussetzung für diese Anspruchsgrundlage ist, daß E Eigentümer und V nichtberechtigter Besitzer des Tonbands geworden sind. Mader (M) verschaffte E das Eigentum dadurch, daß er sich mit ihm über den Eigentumsübergang einigte und seinen Herausgabeanspruch gegen den unmittelbaren Besitzer V aus dem Leihvertrag abtrat (§§ 931, 604 BGB). Damit wurde E am 15. 8. 1992 bereits Eigentümer des Tonbandgeräts, ohne daß es auf die Übergabe der Sache selbst mehr ankam.

Fraglich ist, ob sich V dem E gegenüber auf ein Recht zum Besitz gemäß § 986 I BGB berufen kann.[2] In Betracht kommt ein Vermie-

---

[1] Examenskandidaten kann nicht nachhaltig genug vor Augen gehalten werden, streng auf die Fragestellung der Klausur zu achten. Nach dem Bearbeitervermerk geht es nur darum, ob V verpflichtet ist, dem E das Tonbandgerät herauszugeben. Andere Rechtsbeziehungen sind nicht zu untersuchen. Abgesehen davon, daß überflüssige Ausführungen die Gefahr von zusätzlichen Fehlern in sich bergen, verliert der Bearbeiter der Klausur unnötig Zeit, die ihm dann bei der Lösung der eigentlichen Probleme des Falles abgeht. – Außer § 985 BGB erscheint keine andere Anspruchsgrundlage prüfenswert. Dies gilt insbesondere für §§ 861, 1007, 812 BGB, da der Sachverhalt für eine Prüfung dieser Anspruchsgrundlagen in der vorliegenden Klausur keinerlei Anlaß gibt.

[2] Das Recht zum Besitz kann schuldrechtlicher oder dinglicher Natur sein (vgl. Palandt-Bassenge, § 986 Rdnrn. 3, 4).

terpfandrecht gemäß § 559 BGB. Zwar ist das Vermieterpfandrecht
ein besitzloses Pfandrecht[3] und gibt daher kein Recht zum Besitz. Als
Inhaber des Vermieterpfandrechts könnte aber V von E seinerseits das
Tonbandgerät zum Zweck der Verwertung für seine Forderung gegen
M aus dem Mietverhältnis herausverlangen, so daß die Geltendmachung des Herausgabeanspruchs aus § 985 BGB durch E gegen V als
treuwidrig anzusehen wäre (§ 242 BGB).[4]

Die entscheidende Frage ist somit, ob V ein Vermieterpfandrecht
gemäß § 559 BGB zusteht. Unter § 559 BGB fallen nicht nur
Ansprüche auf den Mietzins, sondern auch etwaige Schadensersatzansprüche des Vermieters aus dem Mietverhältnis.[5] Daher erfaßt das
Vermieterpfandrecht des § 559 BGB auch die hier geltend gemachte
Schadensersatzforderung aus positiver Vertragsverletzung des Miet-
vertrags. Ein Vermieterpfandrecht erlischt auch nicht gemäß § 560
BGB, wenn die pfandverhaftete Sache nicht auf Dauer vom Mietgrundstück entfernt wird, wie es bei der Leihe der Fall ist.[6] Hinzu
kommt, daß die Sache in den Besitz des Vermieters gelangt und die
Herrschaftsbeziehung des Vermieters damit verstärkt wird. Der Grund
für das Erlöschen des Vermieterpfandrechts gemäß § 560 Satz 1 BGB
liegt aber darin, daß mit der Entfernung der Mietsache (hier aus den
gemieteten Räumen, § 580 BGB) jede Herrschaftsbeziehung erlischt.

Die Berufung des V auf ein Vermieterpfandrecht könnte aber
daran scheitern, daß ein solches Recht überhaupt nicht entstanden ist.
Das Entstehen eines Vermieterpfandrechts setzt voraus:
– das Bestehen einer Forderung, die nicht unter § 559 Satz 2 BGB
fällt und
– das Einbringen einer dem Mieter gehörenden, pfändbaren Sache
auf das Mietgrundstück.

Diese Voraussetzungen liegen hier vor. Das Vermieterpfandrecht
könnte jedoch deshalb nicht zur Entstehung gelangt sein, weil die
Forderung im Zeitpunkt des Einbringens der Sache, dem 1. 8. 1992,
bereits verjährt war und E sich, von M ausdrücklich ermächtigt, auf
diese Einrede berufen hat.

Nach § 558 I BGB verjähren Schadensersatzansprüche aus dem
Mietverhältnis, auch soweit sie auf positive Vertragsverletzung gestützt

---

[3] Im Gegensatz dazu ist z. B. das Unternehmerpfandrecht des § 647 BGB ein
besitzgebundenes Pfandrecht.
[4] Vgl. Palandt-Heinrichs, § 242 Rdnr. 79. – Viele Examenskandidaten haben es
sich an dieser Stelle der Klausur zu leicht gemacht, indem sie ohne weiteres aus
§ 559 BGB ein Recht zum Besitz im Sinn des § 986 BGB hergeleitet haben. Die
gebotene Lösung über § 242 BGB wurde häufig nicht erkannt, obwohl dieser
Gedanke naheliegend war.
[5] Vgl. Palandt-Putzo, § 559 Rdnr. 12.
[6] Vgl. Palandt-Putzo, § 560 Rdnr. 4.

werden,[7] innerhalb von 6 Monaten. Unbedenklich ist, daß der Lauf der Verjährungsfrist abweichend vom Gesetz im Zeitpunkt der Schadensmeldung beginnen soll. Eine Erleichterung der Verjährung durch Vorverlegung des Verjährungstermins ist zulässig.[8] Der Anspruch des V gegen M auf Ersatz des Schadens am Waschbecken im Badezimmer verjährte daher mit Ablauf des 27. 7. 1992 (§§ 187 I, 188 II BGB).

Das Gesetz regelt die Frage nicht, ob für eine verjährte Forderung ein Vermieterpfandrecht entstehen kann. Es stellt in § 223 BGB lediglich klar, daß sich der Gläubiger aus einem bereits bestehenden Sicherungsrecht auch dann noch befriedigen kann, wenn die zu sichernde Forderung verjährt ist. Geht man davon aus, daß der Gläubiger nur das nicht aufzugeben braucht, was er schon hat[9] und daß § 559 BGB restriktiv auszulegen ist,[10] erscheint es nicht im Sinn des Gesetzes, Sachen die nach Eintritt der Verjährung in das Mietgrundstück oder die gemieteten Räume eingebracht worden sind, dem Zugriff des Gläubigers einer verjährten Forderung zu unterwerfen.[11] Kann sich V somit E gegenüber nicht auf ein Vermieterpfandrecht berufen, scheidet der Einwand des Rechtsmißbrauchs (§ 242 BGB) gegenüber dem Herausgabeanspruch gemäß § 985 BGB aus.[12]

Schließlich kommt noch ein Recht zum Besitz für V gemäß § 986 II BGB in Betracht.[13] V könnte dem fälligen Herausgabeanspruch des M aus dem Leihvertrag (§ 604 BGB) seinerseits einen Schadensersatzanspruch aus positiver Vertragsverletzung im Rahmen des § 273 I BGB

---

[7] Vgl. Palandt-Putzo, § 558 Rdnr. 6.

[8] Palandt-Heinrichs, § 225 Rdnr. 4.

[9] Vgl. von Feldmann in Münchner Kommentar, 2. Aufl. 1984, § 223 Rdnr. 2.

[10] Vgl. Voelskow in Münchner Kommentar, 2. Aufl. 1988, § 559 Rdnr. 7.

[11] Mit am meisten bereitete den Kandidaten Schwierigkeiten, wie sich die Forderungsverjährung auf das Entstehen des Vermieterpfandrechts auswirkt. Viele Bearbeiter waren der Ansicht, daß V eine Art „einredebehaftetes Vermieterpfandrecht" erworben habe, was von der Begründung her viel zu ungenau war. Andere Bearbeiter stolperten über die Vorschrift des § 223 BGB, indem sie aus ihr unzutreffend herauslasen, daß trotz Forderungsverjährung stets ein gesetzliches Pfandrecht entstehe und diese Schlußfolgerung unbesehen auf den vorliegenden Fall übertrugen.

[12] Schließt man sich der oben dargelegten Auffassung nicht an, so ist zu prüfen, ob das entstandene Vermieterpfandrecht durch lastenfreien Erwerb des E untergegangen ist. An mit einem Vermieterpfandrecht belasteten Sachen ist ein gutgläubiger, lastenfreier Erwerb nur unter den Voraussetzungen des § 936 BGB möglich. E ist aber bösgläubig im Sinn der §§ 936 II, 932 II BGB, da er weiß, daß sich die erworbene Sache bei bestehendem Mietverhältnis auf dem Mietgrundstück befindet. Bei einem Eigentumserwerb nach § 931 BGB erlischt das Recht überdies auch bei gutem Glauben des Erwerbers nicht, wenn der dingliche Berechtigte, hier also V, unmittelbarer Besitzer der Sache war (§ 936 BGB).

[13] Diese Möglichkeit wurde von den Bearbeitern der Examensklausur häufig übersehen. Viele Kandidaten gaben sich mit der Möglichkeit des § 986 I 1 in Verbindung mit § 559 BGB zufrieden.

entgegenhalten. Mag es sich auch bei dem Leihvertrag und dem Mietvertrag rechtlich um zwei selbständige Vertragsabschlüsse handeln, so
liegt doch ein einheitliches Lebensverhältnis im Sinn des § 273 BGB
vor. Ein Zurückbehaltungsrecht könnte V über § 986 II BGB auch dem
neuen Eigentümer E gegenüber geltend machen.[14] Dabei schadet es an
sich nicht, daß die Forderung, die das Zurückbehaltungsrecht des § 273
BGB begründet, bereits verjährt ist. Vielmehr folgt aus dem Rechtsgedanken des § 390 Satz 2 BGB, daß auch ein bereits verjährter Anspruch
ein Zurückbehaltungsrecht rechtfertigen kann, wenn die Verjährung
noch nicht vollendet war, als der Anspruch des Gläubigers entstand.[15]
Hier war jedoch die Forderung aus positiver Vertragsverletzung zu dem
Zeitpunkt, zu dem erstmals die Rückgabe des Geräts gem. § 604 BGB
verlangt werden konnte, nämlich nach Ablauf der Leihzeit längst verjährt. Bei dieser Sachlage steht V nach dem Grundgedanken des § 390
Satz 1 BGB ein Zurückbehaltungsrecht nicht zu.

Nach alledem kann E von V die Herausgabe des Tonbandgeräts
verlangen.

II. Ansprüche des V gegen Koch (K)

1. Ein Anspruch auf Berichtigung des Grundbuchs steht V nicht zu.
Ein Berichtigungsanspruch nach § 894 BGB setzt voraus, daß das
Grundbuch unrichtig ist. Das ist hier aber nicht der Fall, da K nach
§§ 873 I, 925 I 1 BGB Eigentümer des Grundstückes geworden ist.
Die Auflassung wurde wirksam vorgenommen, da die nach § 873 I
BGB erforderliche Einigung des Veräußerers und des Erwerbers vor
dem Notar zustandegekommen ist (§ 925 I 1 BGB). Eine weitere
Form ist für die Wirksamkeit der Auflassung an sich nicht erforderlich.[16] Da die Auflassung aber dem Grundbuchamt in der Form des
§ 29 GBO nachgewiesen werden muß, und ein solcher Nachweis
ohne formgerechte Beurkundung nicht geführt werden kann, war die
Beurkundung durch den Notar sinnvoll.[17] Ein Widerruf der Auflassungserklärung vor der später erfolgten Eintragung im Grundbuch
gemäß § 873 II BGB kommt nicht in Betracht. Dabei kann dahingestellt bleiben, ob § 873 II im Rahmen des § 925 BGB überhaupt
anwendbar ist.[18] Selbst wenn man diese Frage bejaht,[19] ist zu beachten, daß die Auflassung hier für beide Vertragsbeteiligte bereits bin-
dend war, weil die Erklärungen des § 925 I 1 BGB notariell beurkun-

---

[14] Vgl. BGHZ 64, 122; a. M. Palandt-Bassenge, § 986 Rdnr. 4.
[15] Palandt-Heinrichs, § 273 Rdnr. 8; BGHZ 48, 116.
[16] Vgl. Palandt-Bassenge, § 925 Rdnr. 3.
[17] Vgl. Horber, GBO, 19. Aufl. 1991, § 20 Anm. 9.
[18] Verneinend BayOBLGZ 1957, 229.
[19] Vgl. Palandt-Bassenge, § 925 Rdnr. 22; Bassenge, Rpfleger 1977, 8.

det worden waren (vgl. § 873 II BGB). Ebenso kann an dieser Stelle offen bleiben, ob V ein Rücktritts- oder Anfechtungsrecht zusteht. Im Hinblick auf das Abstraktionsprinzip kann dadurch allenfalls die Wirksamkeit des obligatorischen Geschäfts (Kaufvertrag), nicht aber das dingliche Rechtsgeschäft (Auflassung) berührt werden.[20]

2. V kann seinen Anspruch auch nicht auf § 812 I BGB stützen. Zwar ist § 812 BGB neben § 894 BGB anwendbar.[21] Die Voraussetzungen des § 812 BGB sind hier aber nicht gegeben, da keine Buchposition eines Nichtberechtigten vorliegt. Vielmehr wurde K zu Recht als Eigentümer im Grundbuch eingetragen. Schließlich kann V seinen Anspruch auch nicht auf § 1004 BGB stützen, da diese Bestimmung schon von vornherein gegenüber der Sondervorschrift des § 894 BGB zurücktritt.[22]

3. V kann aber von K nach § 812 I BGB Rückübereignung des Grundstückes verlangen, da der Rechtsgrund für den Eigentumserwerb am Grundstück, der schuldrechtliche Kaufvertrag, durch die Anfechtung gemäß § 119 II BGB rückwirkend entfallen ist (§ 142 I BGB). Wegen der weitergehenden Wirkung der Anfechtung kann diese auch noch nach vorangegangener Rücktrittserklärung erfolgen.[23] Die Voraussetzungen für eine wirksame Anfechtung nach § 119 II BGB liegen vor. Zwar ist der Wert einer Sache grundsätzlich nicht als wesentliche Eigenschaft im Sinn des § 119 II BGB anzusehen. Da der Wert einer Sache sich jedoch aus wertbildenden Faktoren zusammensetzt, kann eine Anfechtung dann Platz greifen, wenn ein wertbildender Faktor sich als Eigenschaft im Sinn des § 119 II BGB darstellt. So ist die Bebaubarkeit eines Grundstücks als wertbildender Faktor und damit als wesentliche Eigenschaft im Sinn des § 119 II BGB anerkannt.[24] Da auch die übrigen Voraussetzungen der Anfechtung (§§ 121, 143 BGB) vorliegen, ist K nach § 812 I BGB verpflichtet, im Wege der Auflassung das erlangte Grundstück zurückzuübereignen.

Auf Grund des Rückübereignungsanspruchs aus § 812 I BGB kann V lediglich verlangen, daß K die Auflassung an ihn erklärt. Im Hinblick auf § 20 GBO ist K nicht verpflichtet, eine Eintragungsbewilligung nach § 19 GBO abzugeben. Ebensowenig ist K verpflichtet, den für den Rückerwerb des Eigentums erforderlichen Eintragungsantrag

---

[20] Dieser Gesichtspunkt wurde von vielen Prüflingen übersehen. Meist wurde die etwaige Fehlerhaftigkeit des obligatorischen Grundgeschäfts mit der Frage der Wirksamkeit des dinglichen Rechtsgeschäfts vermengt, und somit die eigentliche Bedeutung der Anspruchsgrundlage des § 894 BGB verkannt.

[21] Vgl. Palandt-Bassenge, § 894 Rdnr. 18.

[22] Vgl. Palandt-Bassenge, § 1004 Rdnr. 3.

[23] Vgl. Janßen in Münchner Kommentar, 2. Auflage 1985, Vorbem. § 346, Rdnr. 21.

[24] Palandt-Heinrichs, § 119 Rdnr. 27.

(§ 13 I 1 GBO) zu stellen, da die Eintragung im Grundbuch auch von V beantragt werden kann (§ 13 II GBO).

3. V kann dagegen die Rückübereignung des Grundstücks nicht nach §§ 326, 327, 346 BGB verlangen. Zwar liegen die Voraussetzungen des § 326 I BGB vor. Insbesondere geriet K am Fälligkeitsdatum (wegen § 193 BGB erst am 2. 5. 1993) ohne Mahnung (§ 284 II 1 BGB) in Verzug, weil man als Schuldner für seine finanzielle Leistungsfähigkeit stets einstehen muß (§§ 279, 285 BGB). Auch die für § 326 I BGB erforderliche angemessene Nachfristsetzung mit Ablehnungsandrohung liegt vor. Letztlich scheitert § 326 BGB und damit das von V in Anspruch genommene Rücktrittsrecht jedoch an der Vorschrift des § 454 BGB.[25] Der Normzweck dieser Vorschrift ergibt sich aus der Vorstellung, daß der Verkäufer, wenn er den Kaufvertrag seinerseits erfüllt und den Kaufpreis stundet, dem Käufer einen Kredit gewährt. Damit wäre es nicht vereinbar, im Falle der Nichtzahlung die Kaufsache zurückzufordern. Die Vorschrift nimmt dem Verkäufer daher das Rücktrittsrecht, das ihm zusteht, wenn er bei Nichtzahlung über § 326 BGB vorgehen möchte.[26] Mag diese Vorschrift auch als rechtspolitisch verfehlt angesehen werden,[27] so ändert dies nichts daran, daß sie derzeit noch geltendes Recht ist.

Im vorliegenden Fall ist eine Rücktrittserklärung des V am 17. 5. 1993 nach § 454 BGB ausgeschlossen, weil er den Vertrag als Verkäufer bereits erfüllt und den Kaufpreis gestundet hat. Wann ein Verkäufer erfüllt hat, bestimmt sich grundsätzlich nach § 433 I BGB. Beim Kauf eines Grundstücks genügt neben der Besitzeinräumung die Auflassung durch den eingetragenen Verkäufer, während die Eintragung des Käufers nicht mehr geschuldet wird.[28] Zwar setzt der Begriff der Erfüllung in der Regel Eintritt des Leistungserfolges, d. h. Vollendung des Rechtserwerbs durch Auflassung und Eintragung im Grundbuch voraus. Im Hinblick darauf, daß der Verkäufer aber regelmäßig keinen Einfluß darauf hat, wann das Grundbuchamt die beantragte Eintragung vornimmt, muß es für § 454 BGB ausreichen, daß V die Auflassungserklärung in der Form des § 29 GBO abgegeben und den Antrag auf Eintragung des K im Grundbuch gestellt hat (§ 13 GBO).

---

[25] Unabhängig davon, daß die Anspruchsgrundlage der §§ 326, 327, 346 BGB durch die Vorschrift des § 454 BGB ausgeschlossen ist, muß darauf hingewiesen werden, daß durch die Rückwirkung der Anfechtung vom 19. 5. 1993 (§ 142 I BGB) ein zeitlich vorher erklärter Rücktritt wohl wirkungslos geworden ist, so daß auch aus diesem Grund eine Rückübereignung des Grundstücks nach §§ 326, 327, 346 ausscheidet.

[26] Vgl. Palandt-Bassenge, § 454 Rdnr. 3; Westermann in Münchner Kommentar, 2. Aufl. 1988, § 454 Rdnr. 1.

[27] In diese Richtungen gehen die Ausführungen bei Westermann aaO.

[28] Palandt-Putzo, § 454 Rdnr. 4; BGH NJW 1951, 761.

Eine zusätzliche Eintragungsbewilligung ist nicht erforderlich, da § 20 GBO eine Durchbrechung des formellen Konsensprinzips des § 19 GBO darstellt.[29] Hat V somit das seinerseits Erforderliche getan, so hat er im Sinn des § 454 BGB erfüllt.

Weitere Voraussetzung des § 454 BGB ist, daß der Kaufpreis wirksam gestunden worden ist. Eine solche Stundungsabrede haben die Vertragspartner nach Abschluß des Kaufvertrages vorgenommen. Diese Abrede war auch wirksam. Zwar handelt es sich um eine nachträgliche Änderung des notariellen Kaufvertrages, da Verpflichtungen des ursprünglichen Vertrags betroffen werden. Diese Änderung unterliegt aber nicht dem Formzwang des § 313 Satz 1 BGB. Maßgeblich ist nämlich, daß die nachträgliche Vereinbarung letztlich der Beseitigung einer bei der Abwicklung des Geschäfts aufgetretenen unvorhergesehenen Schwierigkeit dient und den Inhalt der gegenseitigen Leistungsverpflichtungen des Kaufvertrages im Kern unberührt läßt.[30]

Teil II

I. Die Feststellungsklage des Hart

1. Zulässigkeit der Klage

Das LG Kempten ist gem. §§ 23, 71 GVG für die Klage sachlich zuständig. Nach §§ 12, 13 ZPO wäre die örtliche Zuständigkeit in München gegeben, da dort V seinen Wohnsitz hat. Über den besonderen Gerichtsstand des § 32 ZPO ist jedoch das LG Kempten als zuständig anzusehen, und da der Kläger gem. § 35 ZPO grundsätzlich ein Wahlrecht zwischen dem allgemeinen und einem besonderen Gerichtsstand hat, bestehen gegen die örtliche Zuständigkeit des LG Kempten keine Bedenken.

Bei der von Hart erhobenen Klage handelt es sich um eine negative Feststellungsklage, mit der ein etwaiger Schadensersatzanspruch des V von 12 000 DM geleugnet werden soll. Diese Feststellungsklage ist zulässig, da es um die Feststellung eines Rechtsverhältnisses geht und der Kläger im Hinblick darauf, daß V sich über seinen Anwalt wiederholt eines Schadensersatzanspruches in Höhe von 12 000 DM rühmte, ein berechtigtes Interesse an der alsbaldigen Feststellung hat, daß er nicht zum Schadensersatz verpflichtet sei. Das ursprünglich bestehende Rechtsschutzinteresse des Klägers an der negativen Feststellungsklage entfällt jedoch nachträglich durch die Erhebung der Leistungswiderklage des V, da diese zu einer umfassenderen Klärung des Rechtsverhältnisses führt. Mit seinem Abweisungsantrag, bezogen auf die Leistungswiderklage, kann der Käger

---

[29] Vgl. Horber, § 20 Rdnr. 1.
[30] Vgl. Palandt-Heinrichs, § 313 Rdnr. 43.

nämlich die gleiche gerichtliche Feststellung erreichen, die er mit seiner negativen Feststellungsklage beabsichtigt hatte. Umgekehrt wird bei einem Unterliegen des Klägers die gegen ihn bestehende Forderung der Höhe nach sogar in Form eines Vollstreckungstitels festgehalten. Die negative Feststellungsklage wird allerdings nur dann unzulässig, wenn die nachträglich erhobene Leistungswiderklage nicht mehr einseitig zurückgenommen werden kann.[31] Letztere Voraussetzung liegt vor, da die Rücknahme der Widerklage nicht mehr einseitig, d. h. ohne Einwilligung des Klägers erfolgen kann, weil beide Parteien zur Klage und Widerklage bereits verhandelt haben. Nach alldem ist die Feststellungsklage des Hart unzulässig geworden.

2. Begründetheit der Klage

Anspruchsgrundlage für einen Schadensersatzanspruch des V gegen Hart ist § 823 I BGB. Der Tatbestand dieser Vorschrift ist erfüllt, da V in seiner körperlichen Integrität verletzt worden ist. Zweifelhaft ist, ob die Tat auch rechtswidrig ist. Als Rechtfertigungsgrund kommt hier die Einwilligung des Verletzten in Betracht. Bei Wettkampfspielen wie Fußball geht die Rechtsprechung davon aus, daß jeder Teilnehmer diejenigen Verletzungen, selbst mit schwersten Folgen, in Kauf nimmt, die bei regelgerechtem Spiel nach den anerkannten Regeln der jeweiligen Sportart nicht zu vermeiden waren. Aufgrund dieser materiellrechtlichen Wertung ergeben sich auch Folgen für das Prozeßrecht. Danach trifft den verletzten Spieler die Beweislast, daß sich der schädigende Mitspieler nicht regelgerecht verhalten hat.[32] Da im vorliegenden Fall nicht geklärt werden konnte, ob sich Hart regelgemäß oder regelwidrig verhalten hat, trägt V als Verletzter die Beweislast. Das bedeutet, daß Hart nach § 823 I BGB nicht zum Schadensersatz verpflichtet ist, da V der Nachweis der Rechtswidrigkeit des Angriffs durch Hart nicht gelungen ist. Wenn sich also V eines Schadensersatzanspruches gegenüber Hart rühmt, so geschieht dies zu Unrecht. Die negative Feststellungsklage des Hart wäre daher begründet, wäre sie nicht schon unzulässig.

3. Einseitige Erledigungserklärung

Als Reaktion auf das Unzulässigwerden der Feststellungsklage und um eine Abweisung der Feststellungsklage als unzulässig mit der Kostenfolge des § 91 ZPO zu vermeiden, muß Hart die negative Feststellungsklage für erledigt erklären. Hierauf wird das Gericht nach §§ 139, 278 III ZPO hinweisen. Die Voraussetzungen der einseitigen Erledigungserklärung liegen vor, weil die Klage zunächst zulässig und begrün-

---

[31] Vgl. Thomas-Putzo, § 256 Rdnr. 19; BGH NJW 1973, 1500.
[32] Vgl. Palandt-Thomas, § 823 Rdnr. 122 zu dem Stichwort Sportausübung; BGHZ 63, 140.

det war und sich erst durch die Erhebung der Widerklage tatsächlich erledigt hat.[33] Im Rahmen der einheitlichen, im Endurteil zu treffenden Kostenentscheidung wird über die Kosten des Teilstreitgegenstandes der negativen Feststellungsklage gem. § 91 a ZPO entschieden werden. Insoweit muß V die Kosten tragen, da sich die negative Feststellungsklage bis zu ihrer Erledigung als begründet herausgestellt hat.

II. Die Leistungswiderklage des V

1. Zulässigkeit der Klage

Das LG Kempten ist sachlich zuständig (§§ 23, 71 GVG). Die örtliche Zuständigkeit folgt schon aus §§ 12, 13 ZPO.[34] Eine etwaige Erledigungserklärung der Klage steht der Zulässigkeit der Widerklage nicht entgegen. Ausreichend ist, daß die Klage im Zeitpunkt der Erhebung der Widerklage anhängig war. Ein späterer Wegfall der Rechtshängigkeit der Klage berührt das selbständige Schicksal der Widerklage nicht mehr.[35]

2. Begründetheit der Klage

Die Widerklage ist aus den oben unter I 2 erwähnten Gründen unbegründet.

III. Die Feststellungswiderklage des V

1. Zulässigkeit der Klage

Die sachliche (§§ 23, 71 GVG) und örtliche Zuständigkeit (§§ 12, 13 ZPO) liegen vor. Es handelt sich um eine positive Feststellungsklage. Für diese ist erforderlich, daß eine Leistungsklage aus besonderen Gründen derzeit noch nicht möglich ist. Diese Voraussetzung ist hier erfüllt, weil wegen etwaiger Spätfolgen des Unfalls die Schadenshöhe im Zeitpunkt der Klage noch nicht beziffert werden kann.[36] Im Hinblick darauf und unter Berücksichtigung der sonst drohenden Verjährung des § 852 BGB besteht daher ein Rechtsschutzinteresse an der erhobenen Feststellungsklage.

2. Begründetheit der Klage

Die Widerklage ist aus den oben unter I 2 erwähnten Gründen unbegründet.

---

[33] Vgl. Thomas-Putzo, § 91 a Rdnr. 33.
[34] Die örtliche Zuständigkeit folgt auch aus § 32 ZPO und § 33 ZPO. Der für § 33 ZPO erforderliche Zusammenhang ist gegeben, da Klage und Widerklage demselben Rechtsverhältnis, nämlich dem Sportunfall vom 1. 6. 1992 entspringen. §§ 12, 13 ZPO und § 32 ZPO bzw. § 33 ZPO sind nebeneinander anwendbar, wie § 35 ZPO klarstellt.
[35] Vgl. BGH NJW 1964, 44; Thomas-Putzo, § 33 Rdnr. 23.
[36] Vgl. Thomas-Putzo, § 256 Rdnrn. 20, 21.

12. KLAUSUR: Unliebsame Autogeschäfte

Sachverhalt

Teil I

1. Der Münchner Heizölhändler Geldig (G) gewährte seinem Freund, dem kaufmännischen Angestellten Ärmlich (A), ein Darlehen in Höhe von 10 000 DM. Zur Sicherheit übereignete A dem G seinen gebrauchten Pkw; nach Tilgung des Darlehens sollte das Eigentum an dem Pkw wieder dem A zustehen. A übergab dem G den Kfz-Brief, blieb aber selbst im Besitz des Wagens. G verlangte jedoch weitere Sicherheit. Daraufhin bestellte der Onkel des A, der Pensionist Ruhsam (R), dem G auf seinem in Kempten gelegenen Grundstück eine Grundschuld in Höhe von 10 000 DM. Wenige Monate später verkaufte A den Pkw unter Eigentumsvorbehalt an Neu (N). Das Auto wurde dem N gegen eine Anzahlung sogleich übergeben; der Restkaufpreis sollte in monatlichen Raten beglichen werden. Als A kurze Zeit danach das fällige Darlehen nicht zurückzahlen konnte, gestand er dem G ein, daß er den Wagen zwischenzeitlich an N veräußert hatte. G verlangte nunmehr von N die Herausgabe des Pkw mit dem Hinweis, daß er seine Rechte als Sicherungseigentümer wahrnehmen und sich aus dem Sicherungsgut befriedigen wolle. Da N die Herausgabe des Pkw an G verweigerte, bat dieser Rechtsanwalt Klug um Rat, ob eine Klage gegen N Aussicht auf Erfolg haben würde.

Außerdem teilte G seinen Anwalt mit, daß sich R bereiterklärt habe, 10 000 DM an ihn zu zahlen, um einer drohenden Klage zu entgehen. Er bat daher auch um Auskunft, wie sich eine solche Zahlung des R auf die Grundschuld und die Darlehensforderung auswirken würde.

2. Geldig war auch Eigentümer eines gebrauchten Pkw, Marke Opel. Er beabsichtigte, den Wagen gegen einen gleichwertigen Pkw der Marke Ford zu tauschen. Deshalb bat er seinen 17jährigen Vetter Viktor, sich auf dem Gebrauchtwagenmarkt nach einem geeigneten Tauschobjekt umzusehen. Aufgrund einer Zeitungsanzeige des Viktor (V) meldete sich Becker (B) aus Traunstein, der seinerseits Eigentümer eines Pkw Marke Ford war und am Opel des G Interesse zeigte. Daraufhin beauftragte und bevollmächtigte G seinen Vetter, das Tauschgeschäft mit B vorzunehmen. Am 1. August 1992 schlossen B und V

im Namen des G den Tauschvertrag ab. Beide vereinbarten, daß V nach seinem 18. Geburtstag und Erhalt des Führerscheins den Wagen des G dem B am 2. September 1992 nach Traunstein bringen und bei dieser Gelegenheit das Auto des B mitnehmen sollte.

Als V am 2. September 1992 wie vereinbart mit dem Opel bei B vorfuhr, weigerte sich dieser, den Pkw Ford herauszugeben, da seine Ehefrau den Wagen an diesem Tag noch dringend benötigte. B, der bereit war, den Pkw Opel zu übernehmen, bot V an, den Ford tags darauf zu ihm nach München zu bringen. V ging jedoch auf dieses Angebot nicht ein. Er entschloß sich vielmehr, mit dem Pkw des G wieder nach Hause zurückzukehren. Auf dem Rückweg verursachte V noch innerhalb Traunsteins aufgrund leichter Fahrlässigkeit einen Verkehrsunfall, indem er auf den Wagen des Unger (U) auffuhr. Der Wagen des G wurde völlig zerstört. Auch am Pkw des U entstand Totalschaden. Das Auto des U hatte einen Verkehrswert von 3500 DM. U erwarb von einem Privatmann ein Ersatzfahrzeug, für das er 3500 DM aufwenden mußte. Mehrwertsteuer fiel dabei nicht an.

Als V zu Hause ankam, bemerkte er, daß Hauseigentümer Reich (R) die Fassade des Mietshauses, in dem V mit seinen Eltern wohnte, renovieren ließ. Interessiert blieb V zusammen mit anderen Passanten auf der Straße stehen und sah den Renovierungsarbeiten einige Zeit zu. Als sich V gerade entschloß, die elterliche Wohnung aufzusuchen, entglitt dem Flüchtig (F), der von R mit der Renovierung der Außenfassade des Hauses beauftragt worden war, infolge Unaufmerksamkeit ein Hammer, der V am Kopf traf. V erlitt nicht unerhebliche Verletzungen und mußte Arztkosten in Höhe von 1200 DM aufwenden.

Um das Maß vollzumachen, erschien am 3. September 1992 B bei V und teilte diesem mit, daß er soeben auf seiner Fahrt zu V mit dem Pkw Ford in einen Verkehrsunfall verwickelt worden sei, bei dem am Auto Totalschaden eingetreten sei. Wie sich im nachhinein herausstellte, traf B an diesem Unfall keinerlei Verschulden.

G bittet erneut RA Klug ein Gutachten über die Ansprüche der Beteiligten untereinander zu erstellen.

Teil II

Am 15. Oktober 1992 verklagte U den G und dessen Haftpflichtversicherung Securitas gemäß § 3 Nr. 1 und 2 PflVG als Gesamtschuldner. Mit der zum Amtsgericht Traunstein erhobenen Klage verlangte er Zahlung von Schadensersatz in Höhe von 3500 DM nebst 14% Mehrwertsteuer aufgrund des Unfalls vom 2. September 1992. Dabei wies U in seiner Klageschrift darauf hin, daß er auch beim Kauf von einem Privatmann die Wiederbeschaffungskosten für seinen Pkw einschließlich Mehrwertsteuer verlangen könne.

Zum frühen ersten Termin lud das Gericht G und U persönlich, sowie den Prozeßbevollmächtigten der Securitas-Versicherung, Rechtsanwalt Dr. Sorgfältig. Die Ladung zum Termin wurde dem in den Kanzleiräumen des Rechtsanwalts Dr. Sorgfältig anwesenden und diesem zur Ausbildung zugewiesenen Rechtsreferendar Hurtig ausgehändigt.

Im Termin vom 11. November 1992 erschienen nur U und G. U beantragte den Erlaß eines Versäumnisurteils gegen die Versicherungsgesellschaft. Sein Vortrag war jedoch so wirr, daß das Gericht ernsthaft an seiner Prozeßfähigkeit zweifelte. G widersprach dem Antrag des U, da die Securitas-Versicherung sowohl im Hinblick auf § 3 Nr. 2 PflVG als auch unter Berücksichtigung des § 3 Nr. 8 PflVG durch ihn als vertreten anzusehen sei. Darauf unterbrach der Amtsrichter die Sitzung und bat den ihm zur Ausbildung zugewiesenen Rechtsreferendar Tüchtig um die Erstattung eines Gutachtens über die prozessualen Probleme der Klage.

Vermerk für den Bearbeiter:

Zu Teil I: Das umfassende Gutachten des Rechtsanwalts Klug ist zu entwerfen. Der Sachbericht ist erlassen.

Zu Teil II: Das Gutachten des Rechtsreferendars Tüchtig über die prozessualen Probleme der Klage ist zu entwerfen. Der Sachbericht ist erlassen.

Lösungsvorschlag

Teil I

Frage 1: Anspruch des G gegen N auf Herausgabe des Wagens

1. § 985

Diese Anspruchsgrundlage setzt voraus, daß G Eigentümer und N nichtberechtigter Besitzer des Pkw ist.

a) Ursprünglich stand das Eigentum dem A zu. Im Wege der Sicherungsübereignung ging dieses auf G über (§ 930 BGB). Eine Eigentumsübertragung nach § 930 BGB verlangt neben der dinglichen Einigung die Vereinbarung eines konkreten Besitzmittlungsverhältnisses im Sinn des § 868 BGB. Bei der Sicherungsübereignung ist jedoch anerkannt, daß bereits die Sicherungsabrede selbst ein ausreichendes Besitzkonstitut darstellt, so daß keine zusätzliche Vereinbarung mehr erforderlich ist.[1]

---

[1] Vgl. Palandt-Bassenge, § 930 Rdnr. 7.

Fraglich ist, ob G sein Eigentum dadurch verloren hat, daß A später den Wagen an N veräußert hat. Auf Grund des zwischen A und N vereinbarten Eigentumsvorbehalts (§ 455 BGB) sollte N zunächst nur ein Anwartschaftsrecht und erst bei Zahlung der letzten Kaufpreisrate das volle Eigentum erwerben. Ein Eigentumsübergang auf N war daher schon nach dem Inhalt der sachenrechtlichen Einigung zwischen A und N zunächst nicht gewollt.[2] G ist somit Eigentümer des Wagens geblieben.

b) G dringt mit seinem Herausgabeanspruch aus § 985 BGB jedoch nur dann durch, wenn sich N auf kein Recht zum Besitz berufen kann (§ 986 BGB). Ein solches Recht zum Besitz kann dinglicher oder schuldrechtlicher Natur sein.

aa) Zu den dinglichen Rechten im Sinn des § 986 BGB zählt nach überwiegender Auffassung auch das sog. Anwartschaftsrecht.[3] Eine solche Rechtsposition erlangt grundsätzlich der Käufer beim Eigentumsvorbehaltskauf. Der Erwerb des Anwartschaftsrechts setzt aber wie der Erwerb des Vollrechts voraus, daß diese Rechtsstellung vom Berechtigten eingeräumt wird, d. h. daß der Verkäufer A Eigentümer der Sache sein muß. Da dies nicht der Fall ist, scheidet diese Möglichkeit von vornherein aus.

In Betracht kommt daher allenfalls ein gutgläubiger Erwerb des Anwartschaftsrechts analog §§ 932 ff. BGB.[4] Nach der Rechtsprechung des Bundesgerichtshofs ist für den gutgläubigen Erwerb des Eigentums an einem Pkw grundsätzlich erforderlich, daß sich der Erwerber vom Veräußerer den Kfz-Brief übergeben läßt. Bei der Bestellung eines Anwaltschaftsrechts wird man zwar nicht so strenge Anforderungen stellen müssen, weil das Eigentum nach dem Willen der Parteien noch beim Veräußerer bleiben soll. Doch wird man auch in diesen Fällen verlangen müssen, daß sich der Erwerber den Kfz-Brief zumindest vorlegen läßt, um auf diese Weise Sicherheit über die Berechtigung des Eigentümers zu erlangen. Da aber A seinerseits den Kfz-Brief im Rahmen der Sicherungsübereignung an G übergeben hatte, war er zu einer solchen Vorlage des Dokuments gegenüber N nicht in der Lage. Somit konnte sich N auf keinen gutgläubigen Erwerb des Anwartschaftsrechts berufen. Zwar ist die Verschaffung eines Anwartschaftsrechts, das seine Rechtsgrundlage in dem zwischen A und N abgeschlossenen Kaufvertrag findet, im Hinblick auf die fehlende Gutgläubigkeit des N gescheitert, doch könnte das fehl-

---

[2] Aus diesem Grunde war es daher auch verfehlt, daß mehrere Bearbeiter die Voraussetzungen für einen gutgläubigen Eigentumserwerb des N nach §§ 932 ff. BGB geprüft haben. Fehlt es nämlich bereits an einer Willenseinigung über den Eigentumsübergang als solchen, scheiden die §§ 932 ff. BGB von vornherein aus.
[3] Vgl. Palandt-Bassenge, § 929 Rdnr. 41 m. w. Nachweisen.
[4] Vgl. Palandt-Bassenge, § 929 Rdnr. 38.

geschlagene Rechtsgeschäft nach § 140 BGB dahingehend umgedeutet werden, daß A dem N ein ihm aus der Sicherungsübereignung des Wagens zustehendes Anwartschaftsrecht übertragen hat.[5] Voraussetzung dafür ist zunächst einmal, daß dem A ein dahingehendes Anwartschaftsrecht überhaupt zusteht. Dies ist dann zu bejahen, wenn die Sicherungsübereignung unter der auflösenden Bedingung vorgenommen wurde, daß bei Rückzahlung des Darlehens das Sicherungseigentum automatisch auf den Sicherungsgeber zurückfallen soll und nicht etwa erst im Weg des § 929 Satz 2 BGB vom Sicherungsnehmer auf den Sicherungsgeber zurückübertragen werden muß.[6] Die Parteien haben vereinbart, daß A nach Tilgung des Darlehens wieder Eigentümer werden sollte, ein Übertragungsakt also nicht mehr erforderlich sein sollte. Doch auch in dem Falle, daß die Sicherungsabrede keine ausdrückliche Bestimmung enthält, entspricht es der beiderseitigen Interessenlage, eine auflösende Bedingung anzunehmen. Stand somit A ein Anwartschaftsrecht zu, so konnte er dieses Anwartschaftsrecht ohne weiteres an N übertragen. Insbesondere kommt es auf die Frage der Gutgläubigkeit des N nicht an, da dieser ja vom Berechtigten erwarb.[7] Auf Grund dieses Anwartschaftsrechts ist N wie vorher A dem G gegenüber grundsätzlich zum Besitz berechtigt. Das Anwartschaftsrecht besteht allerdings nur so lange, als mit dem Eintritt der auflösenden Bedingung gerechnet werden kann.[8] Steht dagegen fest, daß die Bedingung ausfällt, so erlischt das Anwartschaftsrecht. Das bedeutet im vorliegenden Fall, daß sich N nur so lange auf das ihm übertragene Anwartschaftsrecht berufen kann, als A seinen Verpflichtungen aus dem mit G abgeschlossenen Darlehensvertrag nachkommt. Da A jedoch nicht mehr in der Lage ist, das Darlehen an G zurückzuzahlen, erlischt für N von diesem Zeitpunkt an auch das Anwartschaftsrecht und damit das Recht zum Besitz.[9]

---

[5] Viele Bearbeiter haben sich damit zufriedengegeben, daß ein Erwerb des Anwartschaftsrechts auf der Rechtsgrundlage des zwischen A und N abgeschlossenen Kaufvertrags nicht in Betracht kommt, ohne die nachfolgende Umdeutungsproblematik überhaupt zu erkennen.

[6] Vgl. Palandt-Bassenge, § 930 Rdnr. 15.

[7] Diesen Gesichtspunkt haben mehrere Examenskandidaten übersehen und sich fälschlicherweise auf eine Auseinandersetzung über die analoge Anwendung der §§ 932 ff. BGB eingelassen.

[8] Vgl. Palandt-Bassenge, § 929 Rdnr. 40.

[9] Vertretbar ist auch folgende Auffassung: Ein Ausfall der Bedingung liegt nicht vor, da die Bedingung unabhängig von der derzeitigen wirtschaftlichen Lage des A noch eintreten kann. Eine objektive naturwissenschaftliche bzw. rechtliche Unmöglichkeit des Bedingungseintritts ist somit nicht gegeben. Auch im Konkurs des Anwartschaftskäufers erlischt das Anwartschaftsrecht nicht wegen Ausfall der Bedingung sondern fällt in die Masse (vgl. Palandt-Bassenge, § 929 Rdnrn. 57 ff.).

bb) Neben dinglichen Rechtspositionen fallen jedoch auch obligatorische Rechte unter § 986 BGB. Ein *Recht zum Besitz* könnte sich für N aus dem zwischen A und ihm abgeschlossenen Kaufvertrag ergeben. Eine solche Rechtsstellung wirkt jedoch nur im Verhältnis gegenüber A, nicht aber im Verhältnis gegenüber dem Eigentümer G. Nach § 986 I 1 BGB kann jedoch der Besitzer auch dann die Herausgabe verweigern, wenn der mittelbare Besitzer, von dem er sein Recht zum Besitz herleitet, dem Eigentümer gegenüber zum Besitz berechtigt ist. Auf Grund des zwischen A und N abgeschlossenen Eigentumsvorbehaltskaufs ist A im Verhältnis zu N als mittelbarer Besitzer anzusehen. Das Besitzmittlungsverhältnis zwischen beiden Parteien ergibt sich aus der Eigentumsvorbehaltsabrede.[10] Da der mittelbare Besitzer A seinerseits auf Grund der Sicherungsabrede dem G gegenüber zum Besitz berechtigt ist, scheinen die Voraussetzungen des § 986 I 1 BGB erfüllt zu sein. Dies gilt jedoch nur so lange, als A seinen Verpflichtungen aus dem Darlehensvertrag nachkommt. Kann er wie hier das Darlehen nicht zurückzahlen, so erlischt auch sein aus der Sicherungsabrede abgeleitetes Recht zum Besitz. Vielmehr ist nunmehr der Eigentümer G berechtigt, die Sache zum Zweck der Verwertung vom Sicherungsgeber herauszuverlangen. Endet somit die Besitzberechtigung des mittelbaren Besitzers A, so kann sich im Rahmen des § 986 I 1 BGB auch der unmittelbare Besitzer N dem Eigentümer G gegenüber nicht mehr auf das Besitzrecht des mittelbaren Besitzers berufen. Der Eigentümer G kann somit vom nichtberechtigten Besitzer N die Herausgabe des Wagens verlangen.

2. § 869 BGB

Diese Anspruchsgrundlage scheidet für den mittelbaren Besitzer G von vornherein aus, da N die Sache dem unmittelbaren Besitzer A nicht durch verbotene Eigenmacht entzogen hat (§ 858 I).

Ebenfalls kann bei Zahlungsverzug des Vorbehaltskäufers die Sache nicht zurückgefordert werden. Erforderlich ist, daß der Vertrag gelöst wird, da das Anwartschaftsrecht an den rechtlichen Bestand der Forderung geknüpft ist. Geht der Bearbeiter von der Auffassung aus, daß das Anwartschaftsrecht nicht erloschen sei, so muß er jedoch zum Ergebnis kommen, daß aufgrund der Sicherungsabrede der Sicherungsnehmer G bei Fälligkeit der Forderung berechtigt ist, das Sicherungsgut zu verwerten und zu diesem Zweck die Herausgabe der Sache verlangen kann. Auch nach dieser Auffassung könnte sich N also nicht mehr, zumal die Verwertung angedroht wurde, auf ein aus dem Anwartschaftsrecht sich ergebendes Besitzrecht berufen.

[10] Vgl. Palandt-Bassenge, § 868 Rdnr. 15. – Mehrere Bearbeiter der Examensklausur waren bemüht, künstlich ein Besitzmittlungsverhältnis im Sinn des § 868 BGB zu konstruieren, ohne zu erkennen, daß die Eigentumsvorbehaltsabrede selbst bereits das Besitzmittlungsverhältnis darstellt.

3. § 1007 I BGB

§ 1007 I BGB gilt auch für den mittelbaren Besitzer.[11] Daher kann G gegen N, der analog § 932 BGB als bösgläubiger Besitzer anzusehen ist, grundsätzlich aus § 1007 I BGB vorgehen. Zwar soll der mittelbare Besitzer analog § 869 Satz 2 BGB nur Besitzeinräumung an den früheren unmittelbaren Besitzer verlangen können. Ob dies auch dann gelten soll, wenn der Sicherungsnehmer vom Dritten die Sache zum Zweck der Verwertung herausverlangt, weil der Sicherungsgeber seine Verpflichtung gegenüber dem Sicherungsnehmer nicht mehr erfüllt, ist äußerst zweifelhaft. Vielmehr erscheint es sachgerechter, daß die in § 869 Satz 2 BGB vorgesehene Beschränkung dann nicht eingreift, wenn das Besitzrecht des früheren unmittelbaren Besitzers dem mittelbaren Besitzer gegenüber inzwischen erloschen ist.[12]

4. § 1007 II BGB

Eine Prüfung dieser Anspruchsgrundlage erübrigt sich schon deshalb, weil die Sache nicht abhanden gekommen ist.

5. § 812 BGB

Zwar hat N den Besitz am Pkw nicht durch die Leistung des G erlangt, so daß die Leistungskondiktion von vornherein ausscheidet. In Betracht kommt jedoch eine Eingriffskondiktion. Diese ist jedoch so lange subsidiär, als der Vermögenszuwachs des Bereicherten auf eine Leistung zurückzuführen ist.[13] Dabei spielt es keine Rolle, ob es sich um eine Leistung des Entreicherten oder die eines Dritten handelt. Da N den Besitz an der Sache durch eine Leistung des A erlangt hat, kann G die Sache nicht über die Eingriffskondiktion herausverlangen.

Frage 2: Auswirkungen der Zahlung des R auf Grundschuld und Darlehensforderung

1. Zahlung auf Darlehen oder Grundschuld

Wenn R an G einen Betrag von 10 000 DM leistet, so stellt sich als erstes die Frage, ob auf das Darlehen oder auf die Grundschuld bezahlt wird. Maßgeblich ist der Wille des Leistenden. Wenn der Eigentümer, der nicht persönlicher Schuldner ist, zahlt, so will er im Zweifel nach §§ 1192, 1142 BGB die Grundschuld ablösen. Dies ist hier um so mehr anzunehmen, als R eine drohende Zwangsvollstreckung in sein Grundstück (§§ 1192, 1147 BGB) abwenden will. Die Zahlung von 10 000 DM führt dazu, daß die Grundschuld als Eigentümergrundschuld auf R übergeht. Dabei spielt es keine Rolle, ob

---

[11] Vgl. Palandt-Bassenge, § 1007 Rdnr. 2.
[12] Vgl. Westermann, Sachenrecht, 6. Aufl. 1990, § 26 III 1 b.
[13] Vgl. Palandt-Thomas, § 812 Rdnr. 2.

man dieses Ergebnis[14] nach §§ 1192, 1143 BGB, nach anderer Auffassung nach §§ 1192, 1163 BGB[15] oder über §§ 1192, 1168, 1170 BGB begründet, da nach jeder vertretenen Ansicht eine Eigentümergrundschuld entsteht.[16]

2. Anspruch auf Abtretung der Darlehensforderung

Jedenfalls erlischt die persönliche Darlehensforderung nicht allein schon deshalb, weil R auf die Grundschuld leistet.[17] Freilich wäre es ebenso unbillig, wenn die Forderung in der Person des G bestehen bliebe. Den Vorzug dürfte daher folgender Lösungsvorschlag verdienen: Anders als bei der Hypothek geht die Darlehensforderung zwar nicht kraft Gesetzes nach § 1143 BGB auf den Eigentümer R über, doch hat dieser zumindest einen schuldrechtlichen Anspruch gegen dem Gläubiger auf Abtretung der Darlehensforderung gemäß § 398 BGB.[18] Der innere Grund für diese Abtretungsverpflichtung ist, daß dem Darlehensschuldner die Leistung des Grundschuldners nicht zugute kommen darf. Vielmehr soll der Darlehensschuldner, der von Anfang an zur Zahlung verpflichtet war, letztlich auch für seine Verpflichtung einstehen müssen.[19]

Frage 3: Ansprüche aus den Vorfällen vom 2./3. 9. 1992

1. Ansprüche des B gegen G

– §§ 515, 433 I BGB

Voraussetzung für diese Anspruchsgrundlage ist zunächst, daß zwischen den Parteien überhaupt ein wirksamer Tauschvertrag zustande gekommen ist. B hat mit G selbst keinen Vertrag geschlossen. Aus dem zwischen B und V abgeschlossenen Tauschvertrag wurde jedoch G dann verpflichtet, wenn er durch V wirksam vertreten worden ist (§ 164 I 1 BGB).

---

[14] Vgl. die Literaturhinweise bei Palandt-Bassenge, § 1191 Rdnr. 33.

[15] Vgl. Westermann, § 133 III.

[16] Vgl. Palandt-Bassenge, § 1191 Rdnr. 33.

[17] Vgl. Palandt-Bassenge, § 1191 Rdnr. 33.

[18] Vgl. die Literaturnachweise bei Palandt-Bassenge, § 1191 Rdnr. 33.

[19] Die weitere Frage, ob mit der Abtretung der Darlehensforderung an R auch das Sicherungseigentum, das dem G zusteht, auf R übergeht, war nach der Fragestellung der Klausur nicht mehr zu bearbeiten. Auch hier haben sich manche Kandidatendas Leben unnötig schwer gemacht und insoweit überflüssige Ausführungen gemacht. Soweit dieses Problem erörtert worden ist, sei kurz auf folgendes hingewiesen: Ein gesetzlicher Übergang des Sicherungseigentums nach § 401 BGB scheidet von vornherein aus, da nach dieser Vorschrift nur akzessorische Rechte übergehen, wozu das Sicherungseigentum nicht gehört. Eine andere Frage ist, ob G schuldrechtlich verpflichtet ist, das ihm zustehende Sicherungseigentum auf R zu übertragen. Das wird man dann bejahen können, wenn die Abrede mit dem Sicherungsgeber A dem nicht entgegensteht (vgl. dazu Palandt-Heinrichs, § 401 Rdnr. 5).

V ist für den Vertragsgegner erkennbar in fremdem Namen aufgetreten. G hatte ihm auch wirksam Vertretungsmacht eingeräumt. Die Erteilung der Vollmacht ist ein einseitiges empfangsbedürftiges Rechtsgeschäft, für dessen Entgegennahme durch den Minderjährigen die §§ 107 ff. BGB nicht gelten.[20] Mag auch im Hinblick auf die beschränkte Geschäftsfähigkeit des V im Innenverhältnis zwischen Vollmachtgeber und Vollmachtnehmer kein wirksames Auftragsverhältnis (§§ 662 ff. BGB) vorliegen, so ist dies jedenfalls für die Wirksamkeit der Vollmacht ohne Belang, da diese unabhängig von der Entstehung des ihr zugrundeliegenden Rechtsverhältnisses ist.[21]

Schließlich steht die beschränkte Geschäftsfähigkeit des V auch nicht der Wirksamkeit des für G abgeschlossenen Tauschvertrages entgegen, wie § 165 BGB ausdrücklich klarstellt. Durch den Unfall am 2. 9. 1992 ist dem G die Erfüllung seiner Leistungsverpflichtung aus dem Tauschvertrag nachträglich objektiv unmöglich geworden. Er ist daher von seiner Verpflichtung zur Übereignung des Opel frei geworden (§ 275 BGB).

– §§ 515, 440 I, 325 I BGB

Nach §§ 515, 440 I BGB bestimmen sich für den Fall der Unmöglichkeit die Rechte nach § 325 I BGB. Danach kann B Schadensersatz verlangen oder vom Vertrag zurücktreten, wenn G die Unmöglichkeit zu vertreten hat. Gemäß § 276 I BGB hat der Schuldner für jede Fahrlässigkeit einzustehen. Zwar hat G selbst den Unfall nicht schuldhaft verursacht, jedoch ist ihm die Fahrlässigkeit seines Erfüllungsgehilfen V gemäß § 278 BGB grundsätzlich zuzurechnen. Eine Ausnahme vom Haftungsmaßstab der §§ 276, 278 BGB stellt allerdings § 300 I BGB dar. Danach hat der Schuldner während des Gläubigerannahmeverzugs nur für Vorsatz und grobe Fahrlässigkeit einzustehen.

Fraglich ist somit, ob die Voraussetzungen des Gläubigerannahmeverzugs vorliegen. Zwar ist V termingerecht bei B mit dem Pkw Opel vorgefahren, so daß die Voraussetzungen eines ordnungsgemäßen Angebots im Sinn der §§ 293, 294 BGB vorliegen. Schwierigkeiten bereitet jedoch der Umstand, daß für den Gläubigerannahmeverzug ferner erforderlich ist, daß der Gläubiger die Leistung nicht annimmt. Hier war B durchaus bereit, den Pkw Opel entgegenzunehmen, wollte nur seinerseits seine Leistung, nämlich die Übereignung des Pkw Ford, nicht sofort erbringen. Nach § 298 BGB kommt der Gläubiger jedoch auch dann in Annahmeverzug, wenn er trotz seiner Bereitschaft zur Annahme der ihm gebührenden Leistung die auf Verlangen des

---

[20] Dieser naheliegende Gesichtspunkt wurde erstaunlicherweise in mehreren Klausurbearbeitungen nicht erkannt.
[21] Vgl. Palandt-Heinrichs, § 167 Rdnr. 4.

Schuldners ihm obliegende Gegenleistung nicht anbietet.[22] Da sich B somit im Annahmeverzug befand, als V mit dem Pkw Opel verunglückte, hat G das leichte Verschulden seines Erfüllungsgehilfen V gemäß §§ 278, 300 Abs. 1 BGB nicht zu vertreten. Es bestehen daher gemäß §§ 440 I, 325 I BGB keine Ansprüche des B gegen G.[23]

2. Ansprüche des G gegen B

– §§ 515, 433 I BGB

Aufgrund des wirksam abgeschlossenen Tauschvertrages ist für G zunächst ein Anspruch auf Übereignung des Pkw Ford entstanden. Dieser Erfüllungsanspruch des G wurde nicht dadurch berührt, daß ihm seinerseits die Erbringung seiner Leistung, nämlich die Übereignung des Opels, unmöglich geworden war. Vielmehr bestand der Anspruch auf die Gegenleistung, also der Anspruch auf Übereignung des Pkw Ford, gemäß § 324 II BGB fort. Der Erfüllungsanspruch des G wurde jedoch dadurch gegenstandslos, daß B am 3. 9. 1992 aufgrund des eingetretenen Unfalls zur Erbringung seiner Leistung nicht mehr in der Lage war (§ 275 BGB). B ist daher von seiner Verpflichtung zur Übereignung des Fords frei geworden.

– §§ 515, 440 I, 325 I BGB

Die Rechte nach § 325 I BGB setzen voraus, daß B die nachträgliche Unmöglichkeit seiner Leistung zu vertreten hat. Nach § 276 BGB haftet der Schuldner grundsätzlich für Vorsatz und Fahrlässigkeit. Über § 276 BGB muß der Schuldner allerdings auch für den zufälligen Untergang der Sache einstehen, wenn er mit der Erbringung seiner Leistung in Schuldnerverzug ist (§ 287 Satz 2 BGB). Die Voraussetzungen des Schuldnerverzuges auf seiten des B liegen vor. Die von ihm zu erbringende Leistung war nach der Vereinbarung des Tauschvertrages am 2. 9. 1992 fällig. Einer Mahnung bedurfte es im Hinblick auf § 284 II 1 BGB nicht. Dessen ungeachtet hat B die Übereignung des Fords nicht termingerecht vorgenommen und diese Leistungsverzögerung im Hinblick auf § 285 BGB auch zu vertreten. Er befand sich daher am 3. 9. 1992, als ihm die Erbringung seiner Leistung durch den unverschuldeten Verkehrsunfall unmöglich wurde, in Verzug. Deshalb mußte er auch für den zufälligen Untergang der Sache einstehen. G kann somit gegenüber B gemäß §§ 440 I, 325 I BGB vom Tauschvertrag zurücktreten oder von ihm Schadensersatz wegen Nichterfüllung verlangen. Ferner stehen ihm die Rechte des § 323 BGB zu (§ 325 I 3 BGB).

---

[22] Vgl. Palandt-Heinrichs, § 298 Rdnr. 1.

[23] Soweit man einen Schadensersatzanspruch des G gegen V bejaht (vgl. dazu unter 3.), kann B gemäß § 281 I BGB Abtretung dieses Schadensersatzanspruches von G verlangen.

3. Ansprüche des G gegen V

– Positive Vertragsverletzung eines Auftrages (§ 662 BGB)

Ein vertraglicher Schadensersatzanspruch setzt zunächst ein bestehendes Auftragsverhältnis voraus. Aufgrund der Umstände, insbesondere wegen der eigenen Verhandlungs- und Abschlußvollmacht, sowie der Verpflichtung, die Fahrzeuge zwischen München und Traunstein zu überführen, ist von einem beiderseitigen Rechtsbindungswillen auszugehen, so daß nicht nur eine Gefälligkeitsabrede vorliegt. Das vor Vollendung des 18. Lebensjahres von V eingegangene Auftragsverhältnis war zunächst schwebend unwirksam (§§ 2, 107, 108 BGB). In der Ausführung des Auftrags durch V ist aber die konkludente Genehmigung des Vertrages zu sehen (§ 108 III BGB), da man davon ausgehen kann, daß V die schwebende Unwirksamkeit kannte oder mit ihr rechnete.[24] Schließlich stellt die nach Sachverhalt vorgegebene fahrlässige Unfallverursachung eine schuldhafte Sorgfaltspflichtverletzung des V im Rahmen des Auftragsverhältnisses dar.

Da sich B z. Zt. des Unfalls in Annahmeverzug befand, wurde G von seiner Leistungspflicht frei (vgl. oben 1.) und behielt grundsätzlich seinen Anspruch auf die Gegenleistung nach § 324 II BGB (vgl. oben 2.), so daß durch die Pflichtverletzung des V ihm an sich kein Schaden entstanden ist. Umgekehrt hat B einen Schaden erlitten, ohne einen Anspruch gegen V geltend machen zu können. Bei dieser Sachlage ist G ausnahmsweise berechtigt, den Schaden des B bei V zu liquidieren.[25]

– § 823 I BGB

Obige Ausführungen gelten entsprechend für einen Schadensersatzanspruch des G gegen V aus § 823 I BGB wegen der eingetretenen Eigentumsverletzung.[26]

4. Ansprüche des V gegen F

– Positive Verletzung eines Werkvertrages mit Schutzwirkung für Dritte

Zwischen R und F ist ein Werkvertrag gemäß § 631 BGB zustande gekommen, der die Renovierung der Hausfassade zum Gegenstand hatte. Zwar stand der Anspruch auf die geschuldete Hauptleistung aus diesem Vertrag allein dem R zu. Darüber hinaus oblag dem F jedoch als Nebenpflicht, dafür Sorge zu tragen, daß bei den Renovierungsarbeiten nicht nur R, sondern auch dessen Mieter nicht zu Schaden kommen. Für F war erkennbar, daß vor allem die Mieter des R

---

[24] Vgl. BGHZ 53, 174.
[25] Zu den Grundsätzen der Schadensliquidation im Drittinteresse vgl. Palandt-Heinrichs, § 249 Vorbem. Rdnrn. 112 ff.
[26] Vgl. Palandt-Heinrichs, § 249 Vorbem. Rdnr. 114.

zwangsweise mit den Renovierungsarbeiten in Berührung kommen mußten.[27] Das bedeutet insbesondere, daß nicht nur die Eltern des V, die den Mietvertrag abgeschlossen hatten, sondern auch deren Sohn zu dem geschützten Personenkreis zu rechnen sind.

Zweifelhaft ist jedoch, ob der eingetretene Schaden unter den sog. Schutzzweck der verletzten Norm fällt.[28] Danach muß es sich bei dem eingetretenen Schaden um Nachteile handeln, die aus dem Bereich der Gefahren stammen, zu deren Abwendung die verletzte Norm erlassen worden ist. Die Lehre vom Schutzzweck der Norm ist nicht nur auf gesetzliche Ansprüche, sondern auf Schadensersatzansprüche aller Art, also auch auf Ansprüche aus einem Vertrag mit Schutzwirkung für Dritte anwendbar.[29] Die entscheidende Frage ist somit, ob der hier eingetretene Schaden zu den Gefahren gehört, vor denen üblicherweise das Rechtsinstitut des Vertrages mit Schutzwirkung für Dritte schützen will.

Wenn V wie andere Straßenpassanten auf der Straße steht und die Renovierungsarbeiten beobachtet, so erscheint ein stärkerer, aus der vertraglichen Sonderverbindung des Mietverhältnisses resultierender Schutz in diesem Fall nicht gerechtfertigt. Ein solcher Schutz ist nämlich nur für Personen geboten, die durch den Gläubiger mit der Leistung des Schuldners zwangsweise in Berührung kommen und bei denen der Schuldner damit rechnen muß, daß er die von ihm geschuldete Obhut auch diesem Personenkreis entgegenbringen muß.[30] Für F war jedoch nicht erkennbar, daß unter den Straßenpassanten auch der Sohn eines Mieters stand, dem gegenüber eine erhöhte Fürsorgepflicht bestand. Ähnlich wie Lieferanten und Gäste des Mieters nicht zu dem geschützten Kreis des Vertrages mit Schutzwirkung zugunsten Dritter zu zählen sind,[31] muß dies auch für V gelten, wenn dieser nicht in seiner Eigenschaft als Familienangehöriger eines Mieters, sondern wie ein vorübergehender Passant zu Schaden kommt.[32]

– § 823 I BGB

Durch das herabfallende Werkzeug wurde V körperlich verletzt. Da F diesen Vorfall im Hinblick auf seine Unachtsamkeit zu vertreten

---

[27] Vgl. zu den Einzelheiten des Vertrages mit Schutzwirkung zugunsten Dritter: Palandt-Heinrichs, § 328 Rdnrn. 13 ff.

[28] Vgl. dazu Larenz, Schuldrecht Allgem. Teil, 14. Aufl. 1987, § 27 III 2, S. 440 ff.; Palandt-Heinrichs, § 249 Vorbem. Rdnrn. 62 ff.

[29] Vgl. Palandt-Heinrichs aaO Rdnr. 63.

[30] Vgl. BGHZ 66, 57.

[31] Vgl. Palandt-Heinrichs, § 328 Rdnr. 28.

[32] Angesichts dessen, daß es sich hier um einen Grenzfall handelt, war in der Examensklausur die gegenteilige Auffassung bei entsprechender Begründung durchaus vertretbar.

hat (§ 276 BGB), ist er gemäß § 823 I BGB zum Schadensersatz verpflichtet.

– § 823 II BGB, § 230 StGB

Der Tatbestand des § 230 StGB liegt vor. Diese Vorschrift ist als Schutzgesetz im Sinn des § 823 II BGB anerkannt.

– § 847 BGB

Im Hinblick auf die unerlaubte Handlung des § 823 I BGB ist F dem V gegenüber auch zur Zahlung von Schmerzensgeld verpflichtet.

5. Anspruch des V gegen R

– Positive Verletzung des Mietvertrages mit Schutzwirkung für Dritte

Aufgrund des zwischen den Eltern des V und R zustande gekommenen Mietvertrages war R verpflichtet, jede Schädigung von Familienangehörigen des Mieters zu verhindern. Zwar hat R den Schaden selbst nicht verursacht, doch muß er sich das Verhalten seines Erfüllungsgehilfen F gemäß § 278 BGB zurechnen lassen. Daß es sich bei F um einen selbständigen Handwerksmeister handelt, steht seiner Stellung als Erfüllungsgehilfe nicht entgegen. Maßgeblich ist, daß sich R des F im Rahmen der Erhaltungspflicht des § 536 BGB bedient hat.[33] Eine Schadensersatzverpflichtung des R scheitert aber daran, daß der eingetretene Schaden aus den oben erwähnten Gründen erneut nicht in den Schutzbereich der Norm fällt.[34]

– § 831 BGB

F hat tatbestandsmäßig und rechtswidrig i. S. des § 823 I BGB gehandelt. Für § 831 BGB ist jedoch weiter erforderlich, daß F als Verrichtungshilfe des R anzusehen ist. Dies ist nur dann der Fall, wenn der Gehilfe dem Weisungsrecht des Geschäftsherrn unterworfen ist. Selbständige Unternehmer und Handwerker fallen jedoch nicht unter den Begriff des Verrichtungsgehilfen.[35] V kann somit keinen Schadensersatzanspruch gegenüber R aus § 831 BGB geltend machen.

6. Ansprüche des U gegen V

– § 823 I BGB

Die Beschädigung des Pkw des U durch V erfüllt den Tatbestand des § 823 I BGB. Da V den Unfall fahrlässig verursacht hat, ist er zum Schadensersatz verpflichtet. Fraglich ist lediglich, ob 3500 DM nebst 14% Mehrwertsteuer verlangt werden können. Aus §§ 249, 251 I BGB folgt, daß der Geschädigte verlangen kann, so gestellt zu wer-

---

[33] Vgl. Palandt-Heinrichs, § 278 Rdnr. 7.
[34] Auch hier ist wie oben die gegenteilige Meinung bei entsprechender Begründung vertretbar (vgl. Fußnote 32).
[35] Vgl. Palandt-Thomas, § 831 Rdnr. 6.

den, daß er einen dem beschädigten Pkw vergleichbaren gebrauchten Wagen nach einer gründlichen technischen Überprüfung mit Werkstattgarantie von einem seriösen Gebrauchtwagenhändler erwerben kann. Zu ersetzen ist daher der Wiederbeschaffungswert und nicht der in der Regel geringere Zeitwert des zerstörten Fahrzeugs. Bestandteil des Wiederbeschaffungswertes ist auch die Mehrwertsteuer. Diese ist bei der Schadensberechnung als Preisfaktor des Wiederbeschaffungswertes zu berücksichtigen, ohne daß es darauf ankommt, ob der Geschädigte eine Ersatzbeschaffung überhaupt vornimmt und ob ggfls. bei dieser Ersatzbeschaffung Mehrwertsteuer anfällt.[36]

– § 823 II BGB i. V. m. § 4 StVO

Die Vorschriften der Straßenverkehrsordnung sind in der Regel als Schutzgesetze im Sinn des § 823 II BGB anzusehen. Dies gilt jedenfalls für das Abstandsgebot des § 4 StVO, gegen das V verstoßen hat.[37]

– § 18 StVG

Als Führer des Fahrzeugs ist V nach dieser Vorschrift zum Schadensersatz verpflichtet. Den Entlastungsbeweis nach § 18 I 2 StVG kann er nicht erbringen.

7. Ansprüche des U gegen G

– § 7 StVG

Als Halter des Pkw ist G nach den Grundsätzen der Gefährdungshaftung des § 7 I StVG schadensersatzpflichtig. Der Entlastungsbeweis nach § 7 II StVG ist nicht zu erbringen.

Teil II

I. Ob ein Versäumnisurteil gegen die beklagte Versicherungsgesellschaft ergehen kann, hängt davon ab, ob die Voraussetzungen des § 331 ZPO vorliegen.

1. Der für das Versäumnisurteil erforderliche Antrag des Klägers wurde gestellt. Säumnis liegt ebenfalls vor, da der Prozeßbevollmächtigte der beklagten Versicherungsgesellschaft nicht zum Termin erschienen ist, obwohl er rechtzeitig (§ 217 ZPO) und auch sonst ordnungsgemäß im Sinn des § 183 II ZPO geladen worden ist. Gehilfe im Sinn des § 183 II ZPO ist nämlich auch ein Referendar.[38] Fraglich ist jedoch, ob die Säumnis der beklagten Versicherung durch die Anwesenheit des Versicherungsnehmers abgewendet werden konnte. Dies würde voraussetzen, daß es sich bei den Beteiligten um notwendige Streitgenossen im Sinn des § 62 ZPO handelt.

---

[36] Vgl. im einzelnen BGH NJW 1982, 1804 m. w. Nachweisen.
[37] Vgl. Palandt-Thomas, § 823 Rdnr. 150.
[38] Vgl. Thomas-Putzo, § 183 Rdnr. 6.

2. Zunächst sind Versicherer und Versicherungsnehmer als Gesamt-
schuldner (§ 3 Nr. 2 PflVG) einfache Streitgenossen im Sinn des § 60
ZPO.[39] Mit der Qualifizierung als Gesamtschuld ist jedoch die
Besonderheit der Rechtsbeziehung zwischen Versicherung und Versicherungsnehmer noch nicht hinreichend berücksichtigt. In § 3 Nr. 8
PflVG ist atypisch zu der sonst üblichen Rechtslage bei Gesamt-
schuldnern eine gewisse Rechtskrafterstreckung normiert worden.
Danach wirkt das Urteil, das zwischen dem Geschädigten und dem
Versicherungsnehmer ergeht, auch zugunsten der Versicherung. Es
handelt sich also um eine einseitige Rechtskrafterstreckung, die auf
den Fall begrenzt ist, daß über den Schadensersatzanspruch negativ
entschieden wird.[40] Diese Beschränkung der Urteilswirkung stünde
aber an sich nicht der ersten Alternative des § 62 I ZPO entgegen,
wonach eine notwendige Streitgenossenschaft dann besteht, wenn das
streitige Rechtsverhältnis den Streitgenossen gegenüber nur einheitlich festgestellt werden kann. Ob eine notwendige Streitgenossenschaft vorliegt oder nicht, ist nämlich für das Verfahren generell zu
entscheiden. Darum muß allein die bloße konkrete Möglichkeit einer
Rechtskrafterstreckung für die Annahme einer aus prozeßrechtlichen
Gründen notwendigen Streitgenossenschaft ausreichen.

Entscheidend gegen die Annahme einer notwendigen Streitgenossenschaft spricht jedoch der Umstand, daß die Entscheidung gegen
Versicherungsgesellschaft und Versicherungsnehmer keinesfalls zwingend einheitlich ausfallen muß. Dies gilt insbesondere dann, wenn
der Versicherer einen Risikoausschlußgrund oder seine nur subsidiäre
Haftung in einem „kranken" Versicherungsverhältnis geltend macht.
Umgekehrt nimmt die Verurteilung der Versicherung dem Versicherungsnehmer nicht seine persönlichen Einwendungen gegenüber
dem Geschädigten. So kann er etwa einen Verzicht geltend machen,
den der Geschädigte ihm gegenüber außerprozessual erklärt hat. Zu
Recht hat der Bundesgerichtshof darauf abgestellt, daß die Rechtslage
vergleichbar ist, wenn der Gläubiger einer offenen Handelsgesell-
schaft in einem Verfahren seine Forderung sowohl gegenüber der
OHG als auch gegenüber einem Gesellschafter geltend macht. Für
diese Fälle wird aber einhellig die Annahme einer notwendigen
Streitgenossenschaft verneint. Läßt sich somit aus § 3 Nr. 8 PflVG
keine notwendige Streitgenossenschaft herleiten,[41] so kann G die
Säumnisfolgen von der verklagten Versicherungsgesellschaft nicht abwenden. Vielmehr bleibt es dabei, daß diese als säumig anzusehen ist.

---

[39] Vgl. Thomas-Putzo, § 60 Rdnr. 2.
[40] Vgl. BGHZ 63, 54.
[41] Vgl. Thomas-Putzo, § 62 Rdnr. 8; BGHZ 63, 51; Denk, VersR 1980, 708; zur
Gegenmeinung vgl. die Literaturnachweise in BGHZ 63, 53.

3. Ein Versäumnisurteil als Sachurteil setzt weiterhin voraus, daß die Klage gegen die Securitas-Versicherungsgesellschaft überhaupt zulässig ist. Die sachliche Zuständigkeit für das Amtsgericht Traunstein folgt aus §§ 23, 71 GVG, da der Streitwert unter 10 000 DM liegt. Die örtliche Zuständigkeit für den auf § 7 StVG gestützten Schadensersatzanspruch folgt aus § 20 StVG, da sich der Unfall in Traunstein ereignete.

Schwierigkeiten bestehen jedoch hinsichtlich der Prozeßfähigkeit des Klägers. Zwar geht das materielle Recht grundsätzlich vom Regelfall der vollen Geschäftsfähigkeit aus, wie der Systematik der §§ 104 ff. BGB zu entnehmen ist. Insofern trägt der die Beweislast, der sich auf den Ausnahmefall der Geschäftsunfähigkeit beruft. Mit dieser, nur für das materielle Recht bedeutsamen Feststellung, ist jedoch noch nichts für die Beantwortung der Frage gewonnen, wer die Beweislast für das Vorliegen der Sachurteilsvoraussetzung „Prozeßfähigkeit" trägt.[42] Nach allgemeinen Grundsätzen muß die Beweislast für Sachurteilsvoraussetzungen denjenigen treffen, der aus ihrem Vorliegen eine ihm günstige Rechtsfolge ableiten will.[43] Dies ist hier der Kläger, da er den Erlaß eines Versäumnisurteils zu erreichen versucht. Steht die Prozeßfähigkeit des Klägers nicht zur Überzeugung des Gerichts fest, darf im Termin kein Versäumnisurteil ergehen (§ 335 I Nr. 1 ZPO). Der fehlende Nachweis der Prozeßfähigkeit führt mittelbar dazu, daß eine weitere Sachurteilsvoraussetzung, nämlich die sog. wirksame Klageerhebung nach § 253 ZPO, zweifelhaft ist. Im Hinblick auf die Doppelnatur der Prozeßfähigkeit als Sachurteilsvoraussetzung und zugleich Prozeßhandlungsvoraussetzung führt letzterer Mangel dazu, daß der Kläger eine Prozeßhandlung wie die Klageerhebung nicht ordnungsgemäß vornehmen konnte, falls er nicht prozeßfähig sein sollte.[44] Im Termin darf jedenfalls kein Versäumnisurteil ergehen.

II. Bei dieser Sachlage wird das Gericht dem insoweit beweispflichtigen Kläger aufgeben, durch Vorlage eines entsprechenden Attestes den Nachweis für seine Prozeßfähigkeit und damit indirekt auch für eine ordnungsgemäße Klageerhebung zu führen. Gelingt dem Kläger im Laufe des Verfahrens dieser Nachweis, ist die Klage als zulässig und begründet anzusehen. Andernfalls wird die Klage durch Prozeßurteil als unzulässig abgewiesen werden.

---

[42] Vgl. Palandt-Heinrichs, § 104 Rdnr. 8 m. w. Nachweisen.
[43] Vgl. Thomas-Putzo, § 253 Vorbem. Rdnr. 13.
[44] Vgl. Thomas-Putzo, § 51 Rdnr. 3.

Buchanzeigen

In gleicher Ausstattung sind erschienen:

Die Anwaltsklausur in der Assessorprüfung

Von Manfred Mürbe, Richter am Oberlandgericht und hauptamtl.
Arbeitsgemeinschaftsleiter für Rechtsreferendare, Harald Geiger, Richter am
Bay. Verwaltungsgerichtshof, und Helmut Wenz, Richter am Landgericht

1993. VII, 222 Seiten. Kartoniert DM 34,– ISBN 3-406-37324-0

Dieses Werk stellt die beratende und rechtsgestaltende Tätigkeit des Anwalts in
den Mittelpunkt. Zehn Musterklausuren behandeln diesen für die Referendarausbildung immer wichtiger werdenden Bereich. Der Benutzer lernt, aus den vorge-
tragenen Behauptungen, Beweisangeboten und Fakten die für die eigene Man-
dantschaft günstigen Argumente auszuwählen und sich des geeigneten Rechtsbe-
helfs zu bedienen. Gleichzeitig vermittelt der Band das Verständnis für
anwaltliche Taktik, das nötige Fingerspitzengefühl und Phantasie für ungewöhn-
liche Lösungswege.

Alle Klausuren sind einheitlich aufgebaut und enthalten
– eine systematische Einführung in die Aufgabenstellung mit Hinweisen zur
  Sachverhaltserfassung und zur Beweissituation
– den gesamten Prüfungstext
– einen Lösungsvorschlag mit Hinweisen auf einschlägige Rechtsprechung und
  Literatur
– klausurtaktische Hilfestellungen.

Anwaltstypische Aufgabenstellungen, wie sie immer häufiger im Examen
verlangt werden, bietet dieser Band aus den Gebieten Zivilrecht, Strafrecht, öf-
fentliches Recht und freiwillige Gerichtsbarkeit:
– Erstellung einer zivilrechtlichen Klageschrift nach Mandantengespräch
– Erstellung einer zivilrechtlichen Klageerwiderung
– Formulierung eines Antrages auf einstweiligen Rechtsschutz
– Überprüfung und Neugestaltung allgemeiner Geschäftsbedingungen
– ausführliche anwaltliche Beratung in Strafsachen
– teilweiser Einspruch gegen Strafbefehl sowie ausführliche schriftliche Mandan-
  tenberatung
– Anfertigung einer Berufungsschrift im Verwaltungsprozeß
– Erlangung einstweiligen Rechtsschutzes im Verwaltungsverfahren
– Entwurf einer gemeindlichen Satzung
– Entwurf eines gemeinschaftlichen Testamentes mit Erläuterung für die Man-
  danten.

Verlag C.H.Beck München

Schmitz/Hüßtege
Strafrechtliche
Musterklausuren
für die Assessorprüfung

Von Dr. Günther Schmitz, Richter am Bayer. Obersten Landesgericht München, und Rainer Hüßtege, Richter am Oberlandesgericht, hauptamtlicher Arbeitsgemeinschaftsleiter für Rechtsreferendare bei dem Landgericht München I

1992. VII, 149 Seiten. Kartoniert DM 28,– ISBN 3-406-36664-3

Diese Neuerscheinung enthält acht ausgewählte Examensklausuren aus dem Strafrecht. Im Anschluß an die Aufgabenstellung sind nicht nur ausführliche Musterlösungen, sondern auch klausurtaktische Hinweise abgedruckt. Die Klausuren sind aktualisierte Fassungen von Originalarbeiten, die in den letzten Jahren im bayerischen Assessorexamen gestellt wurden.

Als ideale Vorbereitung für Rechtsreferendare auf die Zweite Juristische Staatsprüfung berücksichtigt das Buch die verschiedenen typischen strafprozessualen Aufgabenstellungen, nämlich
– Anfertigung eines Gutachtens mit Entscheidungsvorschlag,
– Anfertigung einer Anklageschrift,
– Erstellung einer Einstellungsverfügung
– Abfassung eines Strafurteiles erster Instanz,
– Gutachten zu den Erfolgsaussichten einer Revision,
– Anfertigung einer Revisionsbegründungsschrift.

Der Band ermöglicht somit eine gute häusliche Vorbereitung auf die strafrechtlichen Klausuren im Assessorexamen, wobei der besondere didaktische Wert in den Prüferanmerkungen liegt, die ergänzend zur Musterlösung aus der Erfahrung vieler korrigierter Arbeiten auf typische Fehler hinweisen, die von den Bearbeitern der gestellten Aufgaben in der Vergangenheit gemacht wurden, aber auch alternative Lösungsmöglichkeiten aufzeigen.

Verlag C.H.Beck München